Nürnberg
Klausur-Leitfaden Erbschaftsteuer und Bewertung

Zusätzliche digitale Inhalte für Sie!

Zu diesem Buch stehen Ihnen kostenlos folgende digitale Inhalte zur Verfügung:

@ Online-Version

Sie haben das gedruckte Exemplar Ihres Buches nicht zur Hand oder möchten etwas schnell recherchieren? Dann nutzen Sie die Online-Version Ihres Buches. Diese steht Ihnen nach Eingabe des folgenden Freischaltcodes direkt zur Verfügung.

Schalten Sie sich das Buch inklusive Mehrwert direkt frei.

Scannen Sie den QR-Code **oder** rufen Sie die Seite mein.kiehl.de auf.
Geben Sie den Freischaltcode ein und folgen Sie dem Anmeldedialog. Fertig!

Ihr Freischaltcode

BWHTGONZVBXSLEXEVPTTYR

www.nwb.de

Klausur-Leitfaden Erbschaftsteuer und Bewertung

Von
Dipl.-Finanzwirt (FH) Philip Nürnberg, M.I.Tax, Steuerberater

nwb

ISBN 978-3-482-**68681**-8

1. Auflage 2025

NWB Verlag GmbH & Co. KG
Eschstr. 22
44629 Herne
service@nwb.de

Die bestimmungsgemäße Handhabung dieses Produkts stellt kein Risiko für die Gesundheit oder Sicherheit im Sinne der Verordnung über die allgemeine Produktsicherheit (EU) 2023/988 (GPSR) dar.

Satz: PMGi Agentur für intelligente Medien GmbH, Hamm
Druck: mediaprint solutions, Paderborn

Um eine gute Lesbarkeit zu gewährleisten, verwenden wir in Fachtexten in der Regel geschlechtsspezifische Personenbezeichnungen. Selbstverständlich sind damit alle Menschen gleichermaßen gemeint.

VORWORT

Das Erbschaft- und Schenkungsteuerrecht samt Bewertungsrecht in seiner Gesamtheit auf knapp über 100 Seiten darzustellen, ist eine schier unmögliche Aufgabe. Genau dies will der vorliegende Leitfaden auch gar nicht versuchen, sondern verfolgt einen anderen Zweck. Es wird dargestellt, welche Besonderheiten die Erbschaft- und Schenkungsteuer- bzw. Bewertungsklausur als Teil der Steuerberaterprüfung auszeichnen und was bei der Bearbeitung von Sachverhalten im Allgemeinen zu beachten ist. Diesbezüglich werden allgemeine Ausführungen zu Prüfungsschwerpunkten der letzten Jahre aber auch zur Klausurtechnik aufgezeigt.

Herzstück des Werkes ist die kompakte Darstellung des Grundlagenwissens entsprechend der Prüfungsreihenfolge, die bei der Prüfung von erbschaftsteuerlichen, schenkungsteuerlichen und bewertungsrechtlichen Sachverhalten nach dem Schema zur Lösung dieser Sachverhalte beachtet werden sollte. Es geht dabei ausdrücklich nicht darum, die Themen in aller Tiefe zu erklären, sondern vielmehr an gebotener Stelle darauf hinzuweisen, welche Besonderheiten sich bereits bei Beachtung des Grundlagenwissens bei der Prüfung eines Prüfungssachverhaltes ergeben können.

Diese Sichtweise wird dadurch unterstützt, dass explizite Prüfungsschwerpunkte der letzten Steuerberaterprüfung im Erbschaft- und Schenkungsteuerrecht samt Bewertungsrecht extrahiert wurden und für die jeweiligen Schwerpunkte klausurrelevante Ausführungen vorgenommen wurden. Ganz dem Zweck dieses Buches folgend, wird zudem bei der Schwerpunktvorstellung auch Stellung bezogen, wie bestimmte Fragestellungen zu beantworten sind. Diesbezüglich werden auch Fallstricke bei der Bearbeitung der Klausurlösung vorgestellt und darauf hingewiesen, wie sie vermieden werden können.

Nimmt man beides, d.h. das Grundlagenwissen, das in der Regel für die Einleitung und für den Standardfall eines Klausursachverhaltes von Bedeutung ist und den grundsätzlichen Schemata des Erbschaft- und Schenkungsteuerrecht sowie Bewertungsrecht folgt und die Schwerpunkte zusammen, gelangt man zu einer kompakten Zusammenstellung, welche Themen behandelt werden. Diese sind zwar nicht immer Gegenstand der Klausuren, aber nach den Erfahrungen der Klausuren der letzten Jahre doch regelmäßig anzutreffen. Dies verhindert zwar nicht, dass bisweilen die eine oder andere Aufgabe in der Klausur für eine Überraschung sorgt. Allerdings hat man so die wichtigen und häufigen Klausursachverhalte vor Augen.

Um zu testen, ob sich das dargestellte Wissen verfestigt hat, sind viele verschiedene Beispiele und vier Übungsklausuren zum Erbschaft- und Schenkungsteuerrecht und Bewertungsrecht beigefügt.

Ziel des Leitfadens ist es, zum einen in der Anfangsphase der Vorbereitung auf die Steuerberaterprüfung dafür zu sensibilisieren, in welche Richtung sich die Wissenserweiterung während des Lernprozesses bewegt und auf welche Fragestellungen man sich einzulassen hat. Andererseits dienen grafische und tabellarische Darstellungen auch in der laufenden Vorbereitung immer wieder dazu, dass das wachsende Wissen systematisiert wird. Kurz vor Absolvierung der Prüfung kann dann nochmal die Bearbeitung der beiden umfassenden Klausurübungen gut auf die Prüfungssituation vorbereiten.

Explizit hervorzuheben ist, dass dieser Leitfaden kein Lehrbuch ersetzt. Er hilft erbschaft- und schenkungsteuerrechtliche Kenntnisse sowie die relevanten Aspekte des Bewertungsrechts in Klausuren anzuwenden und dient der Vertiefung. Zudem eignet er sich zur Wiederholung des Stoffs vor den Prüfungsklausuren. Mithin soll der Leitfaden dazu befähigen, den Lösungsaufbau auch bei komplexen und schwierigen Fällen zu meistern, um dadurch überdurchschnittlich zu punkten.

Auch für die Erbschaftsteuer, Schenkungsteuer und das Bewertungsrecht gilt: Übung macht den Meister. Es sollten möglichst viele Übungsklausuren geschrieben werden, insbesondere alle die in den Vorbereitungskursen auf die Steuerberaterprüfung angeboten werden. Genauso wichtig ist, das Bearbeiten von großen Prüfungsklausuren in Klausurenkursen zu üben, sei es bei einem Anbieter vor Ort (in „Klausurpräsenzkursen" oder „Klausuren-Crashkursen") oder zu Hause (in „Klausurfernkursen").

Hinweise, Verbesserungswünsche aber auch Fragen ganz im Allgemeinen können gerne an *philip.nuernberg@roedl.com* gerichtet werden.

Hamburg im März 2025

Philip Nürnberg

INHALTSVERZEICHNIS

Vorwort V

Inhaltsverzeichnis VII

Abkürzungsverzeichnis XI

I. GEGENSTAND DER PRÜFUNGSKLAUSUREN „ERBSCHAFTSTEUER, SCHENKUNGSTEUER UND BEWERTUNGSRECHT“ 1

1. Die Erbschaftsteuer- und Bewertungsklausur als Teil der Steuerberaterprüfung 1
2. Wichtige Prüfungsschwerpunkte der letzten Jahre 1
3. Vorbereitung und Vorgehen für die schriftliche Steuerberaterprüfung 3
4. Hilfsmittel bei der schriftlichen Steuerberaterprüfung 3

II. KLAUSURTECHNIK UND METHODIK 5

1. Lernen im Erbschaftsteuerrecht und Umgang mit dem ErbStG und dem BewG 5
2. Klausurtechnik im Erbschaftsteuerrecht – Lösungsschema 6
   - 2.1 Klausurgliederung 6
     - 2.1.1 Einleitung 6
     - 2.1.2 Durchführung ggf. erforderlicher gesonderter Feststellungen (§§ 151 ff. BewG) 6
     - 2.1.3 Ermittlung steuerpflichtiger Erwerb (§ 10 ErbStG, 4 Schema in R E 10.1 ErbStR) 7
     - 2.1.4 Festzusetzende Erbschaftsteuer (R E 10.1 ErbStR) 7
     - 2.1.5 Steuerschuldner 8
   - 2.2. Überblick der Grundbesitzbewertung für Zwecke der Erbschaftsteuer und Schenkungsteuer 8

III. GRUNDLAGENWISSEN ERBSCHAFTSTEUERRECHT UND BEWERTUNGSRECHT 9

1. Vorüberlegungen 9
2. Steuerpflichtiger Vorgang als Erwerb von Todes wegen und Schenkung unter Lebenden 10
   - 2.1 Erwerb von Todes wegen 10
   - 2.2 Schenkung unter Lebenden 11
3. Unbeschränkte und beschränkte Steuerpflicht 12
   - 3.1 Unbeschränkte Steuerpflicht 12
   - 3.2 Beschränkte Steuerpflicht 12
4. „Brückenparagraph“ zum Bewertungsgesetz 13
5. Allgemeine Angaben 14
   - 5.1 Steuerentstehung und Bewertungsstichtag 14
   - 5.2 Steuerklasse und Freibeträge 14
6. Bewertung des Grundbesitzes 15
   - 6.1 Unbebaute Grundstücke 15
   - 6.2 Bebaute Grundstücke 16
   - 6.3 Sonderfälle 21
7. Bewertung des Betriebsvermögens und von Kapitalgesellschaftsanteilen 24
   - 7.1 Betriebsvermögen i. S. d. Bewertungsgesetzes 24
   - 7.2 Bewertungsrechtliche Wirtschaftsgüter des Betriebsvermögens 24
   - 7.3 Bewertungsrechtliche Wirtschaftsgüter des Betriebsvermögens einer Personengesellschaft 25

Seite

7.4 Betriebsgrundstück 25
7.5 Berücksichtigung von Schulden und sonstigen Abzügen 26
7.6 Wertansatz und Ermittlung des Betriebsvermögens 26
7.7 Aufteilung des gemeinen Wertes 27
8. Wertpapiere und Anteile an Kapitalgesellschaften nach dem Bewertungsgesetz 28
8.1 Grundlagen 28
8.2 Wertermittlung des Anteils an einer Kapitalgesellschaft 29
9. Ermittlung des steuerpflichtigen Erwerbs 29
10. Erbschaftsteuerermittlung und Steuerschuldnerschaft 31
10.1 Steuersätze und Tarifbegrenzung 31
10.2 Steuerfestsetzung und Steuererhebung 32

IV. INHALTLICHE SCHWERPUNKTE DER LETZTEN STEUERBERATERPRÜFUNGEN 33

1. Bewertung von Grundvermögen 33
1.1 Allgemeines 33
1.2 Bewertung unbebauter Grundstücke 33
1.2.1 Begriff des unbebauten Grundstücks 33
1.2.2 Bewertungsverfahren 34
1.3 Bewertung bebauter Grundstücke 34
1.3.1 Allgemeines 34
1.3.2 Vergleichswertverfahren 35
1.3.3 Ertragswertverfahren 35
1.3.3.1 Allgemeines 35
1.3.3.2 Rohertrag 36
1.3.3.3 Ermittlung des Reinertrags 37
1.3.3.4 Liegenschaftszinssatz / Bodenwertverzinsung 38
1.3.3.5 Vervielfältiger 38
1.3.4 Sachwertverfahren 39
1.3.4.1 Regelherstellungskosten 40
1.3.4.2 Baupreisindex 41
1.3.4.3 Bruttogrundfläche 41
1.3.4.4 Altersminderungsfaktor 41
1.3.4.5 Regionalfaktor 42
1.3.4.6 Wertzahl 42
1.4 Sonderfälle 44
1.4.1 Bewertung bei Erbbaurechtsfällen 44
1.4.2 Gebäude auf fremden Grund und Boden 45
1.4.3 Grundstücke im Zustand der Bebauung 45
1.4.4 Ausländischer Grundbesitz 46
1.4.5 Nachweis des niedrigeren gemeinen Werts 46
1.4.5.1 Nachweis durch ein Gutachten 46
1.4.5.2 Nachweis durch einen Kaufpreis 46
2. Wertermittlung im vereinfachten Ertragswertverfahren 47
2.1 Grundlagen 47
2.2 Berechnungsschritte im vereinfachten Ertragswertverfahren 48
2.3 Paketzuschlag 49

Seite

3. Substanzwertermittlung 50
   3.1 Grundlagen 50
   3.2 Ermittlung dem Grunde nach 50
   3.3 Ermittlung der Höhe nach 51
   3.4 Vereinfachungsregeln 51
   3.5 Negativer Substanzwert 52
4. Steuerbefreiungen des §§ 13 bis 13d ErbStG 53
   4.1 Steuerbefreiung des § 13 ErbStG 53
   4.2 Steuerbefreiung des §§ 13a bis 13c ErbStG 54
   4.3 Steuerbefreiung des § 13d ErbStG 58
5. Kapitalforderungen, Schulden und wiederkehrende Nutzungen und Leistungen 59
   5.1 Kapitalforderungen und Schulden 59
   5.2 Wiederkehrende Nutzungen und Leistungen 62
6. Sonderthemen 63
   6.1 Vor- und Nacherbschaft 63
   6.2 Auflösung Zugewinngemeinschaft 64
   6.3 Frühere Erwerbe von derselben Person 65

V. FALLBEARBEITUNG VON ERBSCHAFTSTEUERKLAUSUREN 67

1. Klausurübung „Sport ist Mord“ 67
   1.1 Sachverhalt – 40 Punkte 67
      1.1.1 Das Haus in München 67
      1.1.2 Die Einzelfirma 68
      1.1.3 Die weiteren Vermögensgegenständen 68
   1.2 Aufgabenstellung 69
   1.3 Bearbeitungshinweise 69
   1.4 Lösungshinweise 69
      1.4.1 Steuerpflicht 69
      1.4.2 Bewertung des Grundvermögens 69
      1.4.3 Bewertung des Betriebsvermögens 71
      1.4.4 Übriges Vermögen 73
      1.4.5 Nachlassverbindlichkeiten 73
      1.4.6 Erbschaftsteuer 76
   1.5 Punkteschlüssel 76
2. Klausurübung „Aus Schreck verstorben“ 77
   2.1 Sachverhalt – 40 Punkte 77
   2.2 Aufgabenstellung 79
   2.3 Bearbeitungshinweise 79
   2.4 Lösungshinweise 79
      2.4.1 Steuerpflicht 79
      2.4.2 Bewertung des Einzelunternehmens 79
      2.4.3 Bewertung des Gebäudes in Lüneburg 83
      2.4.4 Bewertung des Gebäudes in Hamburg 86
      2.4.5 Bewertung des übrigen Vermögens 87
      2.4.6 Nachlassverbindlichkeiten 88
      2.4.7 Erbschaftsteuerermittlung 89
   2.5 Punkteschlüssel 89

Seite

3. Klausurübung „Sonderfälle der Erbschaftsteuerklausur“ 90
   3.1 Sachverhalt 1 – 16 Punkte 90
      3.1.1 Sachverhalt 90
      3.1.2 Aufgabenstellung 90
      3.1.3 Bearbeitungshinweise 90
   3.2 Lösungshinweise 90
   3.3 Sachverhalt 2 – 24 Punkte 93
      3.3.1 Sachverhalt und Aufgabenstellung 93
      3.3.2 Bearbeitungshinweise 94
   3.4 Lösungshinweise 94
      3.4.1 Fallkonstellation 1 94
      3.4.2 Fallkonstellation 2 98
   3.5 Punkteschlüssel 99
4. Klausurübung „Zu viel Strom auf der Leitung“ 100
   4.1 Sachverhalt – 40 Punkte 100
      4.1.1 Das Haus in Hamburg 100
      4.1.2 Die GmbH 100
      4.1.3 Die Kamera 101
      4.1.4 Motorrad 101
   4.2 Aufgabenstellung 101
   4.3 Bearbeitungshinweise 101
   4.4 Lösungshinweise 101
      4.4.1 Steuerpflicht 101
      4.4.2 Haus in Hamburg 102
      4.4.3 GmbH-Anteil 103
      4.4.4 Weiteres Vermögen und Nachlassverbindlichkeiten 105
      4.4.5 Ermittlung Erbschaftsteuer 106
   4.5 Punkteschlüssel 107

Stichwortverzeichnis **109**

ABKÜRZUNGSVERZEICHNIS

A

Abl.	Ablauf
Abs.	Absatz
Abschn.	Abschnitt
abzgl.	abzüglich
AfA	Absetzung für Abnutzung
Alt.	Alternative

B

BewG	Bewertungsgesetz
BFH	Bundesfinanzhof
BGB	Bürgerliches Gesetzbuch
BMF	Bundesministerium der Finanzen
Buchst.	Buchstabe
bzgl.	bezüglich

D

d. h.	das heißt

E

ESt	Einkommensteuer
EStG	Einkommensteuergesetz
ErbStG	Erbschaft- und Schenkungsteuergesetz
etc.	et cetera

F

f., ff.	folgend, folgende
FA	Finanzamt

G

gem.	gemäß
GewSt	Gewerbesteuer
GewStG	Gewerbesteuergesetz
ggf.	gegebenenfalls
grds.	grundsätzlich

H

h. M.	herrschende Meinung
Halbs.	Halbsatz
HGB	Handelsgesetzbuch

I

i. d. R.	in der Regel
i. H.	in Höhe
i. S. d.	im Sinne des
i. V. m.	in Verbindung mit

K

Kap.	Kapitel
Kfz	Kraftfahrzeug
KSt	Körperschaftsteuer
KStG	Körperschaftsteuergesetz

L

LStR	Lohnsteuer Richtlinien

N

Nr.	Nummer

O

o. g.	oben genannt

P

Pkw	Personenkraftwagen

S

s. o.	siehe oben
StB	Steuerberater
Stpfl.	Steuerpflichtiger

T

Tz.	Textziffer

U

u. a.	unter anderem
USt	Umsatzsteuer
UStAE	Umsatzsteueranwendungserlass
UStG	Umsatzsteuergesetz

V

vgl.	vergleiche

Z

z. B.	zum Beispiel
zzgl.	zuzüglich

I. Gegenstand der Prüfungsklausuren „Erbschaftsteuer, Schenkungsteuer und Bewertungsrecht“

1. Die Erbschaftsteuer- und Bewertungsklausur als Teil der Steuerberaterprüfung

Die Erbschaftsteuer-, Schenkungsteuer und Bewertungsklausur (nachfolgend Erbschaftsteuerklausur) stellt eine Teilaufgabe der schriftlichen Steuerberaterprüfung am ersten Prüfungstag dar. Erfahrungsgemäß setzt sich die Aufgabe und die Lösung aus grundlegenden Sachverhalten, die dem allgemeine Prüfungsschema der Erbschaftsteuer folgen (vgl. dazu insbesondere III.) und speziellen Sondersachverhalten als Schwerpunkte (vgl. dazu insbesondere IV.) zusammen. Die Kenntnis beider Themenbereiche sollte in Vorbereitung auf die Prüfung zwingend erfolgen. Die Zeit ist wie bei allen Klausuren sehr knapp bemessen, weswegen Grundlagenwissen sicher abgerufen werden sollte.

Besonderheit der Erbschaftsteuerprüfung ist, dass diese zusammen mit dem Teil Abgabenordnung und Finanzgerichtsordnung geschrieben wird. Außerdem ist auch der Teil Umsatzsteuer enthalten. In Beachtung der zu verteilenden Punkte für den Erbschaftsteuerteil sollten maximal zwei Zeitstunden, eher etwas weniger Zeit, avisiert werden. Es sollte stets darauf geachtet werden, dass auch für die verbleibenden Teile Abgabenordnung/Finanzgerichtsordnung und Umsatzsteuer hinreichend Zeit zur Verfügung steht. Von den zu verteilenden 100 Punkten des ersten Prüfungstags entfallen regelmäßig 30 Wertungspunkte auf den Erbschaftsteuerteil. Insbesondere Sondersachverhalte nehmen dabei einen hohen Anteil der Wertungspunkte ein. Einige dieser Sondersachverhalte oder auch Schwerpunkte der letzten Jahre werden, wie erwähnt, in diesem Leitfaden unter V. dargestellt.

Die vergangenen Prüfungsjahre haben gezeigt, dass die Aufgabenstellungen zur Prüfung regelmäßig aus einem zusammenfassenden Sachverhalt bestanden haben, der mit Einzelaufgaben weiterentwickelt wird. Es ist in der Regel ein Todesfall bzw. eine Erbschaft zu prüfen. Die Personenanzahl der zu prüfenden Personen variiert stark. In der Regel sind einer oder mehrere Erben steuerlich zu würdigen.

Die Gesamtnote der Prüfung für den ersten Prüfungstag ergibt sich mithin aus den drei Themengebieten also der Abgabenordnung/Finanzgerichtsordnung, des Umsatzsteuerrechts und der Erbschaftsteuer. Wie bei allen Prüfungen kann es sein, dass bisweilen auch Aspekte aus anderen Themengebieten einfließen.

2. Wichtige Prüfungsschwerpunkte der letzten Jahre

Betrachtet man die erbschaftsteuerlichen Prüfungsklausuren der Steuerberaterprüfung der letzten Jahre, so fällt auf, dass in aller Regel allgemeine Grundsätze des Erbschaftsteuerrechts und des Bewertungsrechts geprüft wurden. Nichtsdestotrotz werden zusätzlich auch komplexe Sachverhalte sowie verschiedene Besonderheiten geprüft. Die Schwerpunkte der letzten Jahre können der Darstellung der nachfolgenden Tabelle entnommen werden:

	2024	2023	2022	2021	2020	2019	2018	2017	2016	2015	Kapitel
BewG											
Kapitalanforderung, -schulden	x			x		x	x				IV. 5
Leibrenten, Veräußerungs-renten				x					x	x	IV. 5
Nutzung oder Leistung von unbestimmter Dauer				x							IV. 5
Grundbesitzbewertung											
Unbebautes Grundstück/ Grundriss gem. § 194 BewG						x		x			IV. 1.2
Ertragswertverfahren							x				IV. 1.3
Sachwertverfahren										x	IV. 1.3
Erbbaugrundstück (§ 194 BewG)			x		x						IV. 1.4
Grundstück im Zustand der Bebauung (§ 196 BewG)						x					IV. 1.4
Prüfung § 198 BewG					x	x	x	x		x	IV. 1.4
Gesonderte Feststellungen § 151 Abs. 1 und 2 BewG			x		x	x	x	x		x	III. 6
Bewertung **GmbH-Anteil** ggf. inkl. Aufteilung				x	x			x			IV. 7.2
Bewertung **Einzelunterneh-men**		x					x		x	x	IV. 7.1
Bewertung Betriebsver-mögen **PersG** ggf. inkl. Auf-teilung	x		x			x			x		IV. 7.1
Erbschaftsteuer/Schen-kungsteuer											
Unbeschränkte Steuer-pflicht	x	x	x	x	x	x	x		x	x	III. 3.1
Beschränkte Steuerpflicht								x			III. 3.2
Erwerb von Todes wegen durch Erbanfall	x	x	x	x		x	x	x	x	x	III 2.1
Schenkung unter Lebenden, § 7 ErbStG		x			x						III. 2.1
Wertansätze gem § 10 ErbStG	x	x	x	x	x	x	x	x	x	x	III. 8
Grundbesitz	x	x	x	x		x	x	x	x	x	IV. 1
Betriebsvermögen	x	x	x			x	x		x	x	IV. 2
Anteile an GmbH				x	x			x			IV. 2
Betriebsgrundstück		x								x	IV. 2

Unabhängig der Schwerpunkte ist insbesondere das Erbschaftsteuerrecht eines der Prüfungsfelder, in dem es von entscheidender Bedeutung ist, dass die sogenannten „Basics“ beherrscht werden. Dies liegt daran, dass das Erbschaftsteuerrecht an sich sehr strukturiert aufgebaut ist und dadurch eine stringente Abarbeitung der Prüfungsfälle in der chronologischen Reihenfolge des Gesetzes grundsätzlich ermöglicht wird. Um hinreichend Zeit für die Beurteilung komplexer Schwerpunkte zu haben, sollten daher die einleitenden Ausführungen bestens beherrscht werden. Dazu wird einleitend auf II. verwiesen. Im Anschluss werden diese Ausführungen in III. weiter aufbereitet.

Die tiefergehenden Ausführungen unter IV. sind anschließend themenbezogen behandelt. Entsprechende Grundlagen werden möglichst nicht mehr angesprochen, um die jeweilige Schwerpunktfrage unter Beachtung des Umfangs dieses Buches zu würdigen. Insoweit wird mit verschiedenen thematischen Hinweisen gearbeitet. Die Prüfungsschwerpunkte werden dadurch abgerundet, dass jeweils die Jahre genannt werden, in welchen vergleichbare Schwerpunkte Gegenstand der Prüfungen waren.

3. Vorbereitung und Vorgehen für die schriftliche Steuerberaterprüfung

Seit vielen Jahren ist die Aufgabenstellung bei Erbschaftsteuerklausuren am Ende des Sachverhalts zu finden. Gleiches gilt für die allgemeinen Hinweise. Hilfreich ist es, zunächst die Aufgabenstellung genau zu lesen. Dafür können zunächst Sachverhalt und allgemeine Hinweise vernachlässigt werden. Da es im Klausursachverhalt häufig um mehrere Personen geht und in der Aufgabenstellung gefordert wird, dass man zu mehreren Personen Stellung bezieht, ist es sinnvoll sich vor dem Lesen des Sachverhalts damit vertraut zu machen, auf welche Personen man besonders achten muss. Dies ergibt sich in der Regel aus der Aufgabenstellung. Zudem wird im Sachverhalt der Bewertungsstichtag dargestellt, dem aufgrund des strengen Stichtagsprinzips eine besondere Bedeutung zukommt.

Aufgabenstellungen sind meist allgemein dahingehend aufgebaut, dass die entsprechenden Sachverhalte in ihrer erbschaftsteuerlichen Auswirkung beurteilt werden sollen. Dazu folgen bisweilen Konkretisierungen hinsichtlich einzelner Aspekte wie z. B. der Erben, Schenker oder Beschenkten. Sofern Problemstellungen oder Aussagen begründet werden sollen, ist dazu zwingend auf die gesetzlichen Grundlagen des Erbschaftsteuergesetzes und des Bewertungsgesetzes zurückzugreifen. Ausführungen aus den ErbStR, ErbStH und den BMF-Schreiben sind nicht zwangsläufig vorzunehmen. Zwar dienen diese als wichtige Hilfsmittel um Fragestellungen zu lösen. Aus Zeitgründen empfiehlt es sich jedoch Zitierungen nur soweit wirklich erforderlich vorzunehmen. In den letzten Jahren zeichnete sich ab, dass die Steuerberaterprüfungen der Erbschaftsteuer in der Regel dem dargestellten Regelfall der Aufgabenstellung entsprachen und Grundbesitzbewertungen einen Schwerpunkt darstellten. Etwaige allgemeine Hinweise stellen indes hilfreiche Handreichungen des Klausurerstellers dar, welche den Sachverhalt ergänzen. Diese sollten ebenfalls beachtet werden, bevor sich dem Sachverhalt zugewandt wird. Aus den Hinweisen lassen sich unter anderem Rückschlüsse auf die zu erstellende Lösung ziehen.

4. Hilfsmittel bei der schriftlichen Steuerberaterprüfung

Die Hilfsmittelliste für die Steuerberaterprüfung wird von den obersten Finanzbehörden der Länder und des Bundes einheitlichen Verfahren bestimmt, § 37 Abs. 2 StBerG.

Aus dem Hilfsmittelerlass 2025 vom 8.11.2024 NWB VAAAJ-78684 geht hervor: „Für den schriftlichen Teil der Steuerberaterprüfung 2025 werden als Hilfsmittel Texte der folgenden Gesetze (Textausgaben) einschließlich ggf. hierzu erlassener Durchführungsverordnungen und Richtlinien zugelassen:

- Abgabenordnung, Finanzgerichtsordnung, Verwaltungszustellungsgesetz,
- Erbschaftsteuer- und Schenkungsteuergesetz, Bewertungsgesetz,
- Umsatzsteuergesetz,
- Einkommensteuergesetz, Körperschaftsteuergesetz, Gewerbesteuergesetz,
- Umwandlungsgesetz, Umwandlungssteuergesetz,
- Außensteuergesetz,
- Investitionszulagengesetz,
- Grunderwerbsteuergesetz, Grundsteuergesetz,
- Bürgerliches Gesetzbuch, Handelsgesetzbuch, Aktiengesetz, GmbH-Gesetz,
- Steuerberatungsgesetz.

[...]

Die Textausgaben dürfen weitere Gesetzestexte, Verwaltungsanweisungen der Finanzbehörden, Leitsatzzusammenstellungen, Fußnoten und Stichwortverzeichnisse enthalten. Fachkommentare sind ausdrücklich nicht zugelassen.“ Dies bedeutet für die Erbschaftsteuer und das Bewertungsrecht, dass insbesondere folgenden Hilfsmittel von Bedeutung sind:

- Erbschaftsteuergesetz (ErbStG)
- Erbschaftsteuer-Durchführungsverordnung (ErbStDV)
- Bewertungsgesetz (BewG)
- Erbschaftsteuerrichtlinien (ErbStR)
- Erbschaftsteuerhinweise (ErbStH)

Zu beachten ist weiterhin gemäß dem Erlass vom 8.11.2024: „Die jeweiligen Textausgaben sind von den Bewerbern selbst zu beschaffen und zur Prüfung mitzubringen. Sie dürfen außer Unterstreichungen, Markierungen und Hilfen zum schnelleren Auffinden der Vorschriften (sog. Griffregister) keine weiteren Anmerkungen oder Eintragungen enthalten. Die Griffregister dürfen Stichworte aus der Überschrift und Paragrafen enthalten. Eine weitere Beschriftung ist nicht zulässig.“

II. Klausurtechnik und Methodik

1. Lernen im Erbschaftsteuerrecht und Umgang mit dem ErbStG und dem BewG

Der Lernprozess im Erbschaftsteuerrecht und auch im Bewertungsrecht kann sehr gut systematisiert erfolgen. Im Grundsatz ist es geeignet, das ErbStG und das BewG in der Reihenfolge des Gesetzes zu bearbeiten und zu erlernen. Dass dieser Aufbau der Prüfung des jeweiligen Sachverhalts grundsätzlich entspricht, zeigt sich auch an dem Prüfungsschema zur Lösung erbschaftsteuerlicher Sachverhalte, das nachfolgend dargestellt wird.

Wichtig beim Lernprozess ist es, darauf zu achten, dass erbschaft- und bewertungsrechtliche Fragestellungen grundsätzlich eigenständig zu lösen sind und nicht mit z. B. ertragsteuerlichen Fragestellungen oder Lösungsansätzen verbunden werden. Nur in Ausnahmefällen ergibt sich ein Zusammenspiel. Dies könnte z. B. bei der Grunderwerbsteuer der Fall sein. Zudem ist es ein wesentlicher Erfolgsfaktor, sich bewusst zu machen, dass viele erbschaftsteuerliche Problematiken in den ErbStR und ErbStH ausführlich ausgeführt werden. Sie geben Antworten auf Fragestellungen, die sich aus dem Gesetzestext ergeben.

Es empfiehlt sich im Lernprozess, zunächst die Grundlagen des ErbStG und BewG zu verinnerlichen. Insoweit bietet es sich an, auf den Grundlagen aufbauend komplexe Sachverhalte zu erschließen. Zu Verwirrungen kann es führen, wenn man versucht von Beginn an neben den Grundsachverhalten auch die jeweiligen Besonderheiten der Normen zu erfassen.

Im Lernprozess sollte das ErbStG und das BewG als stetiger Begleiter und Freund betrachtet werden. Zwar ist es zwingend erforderlich, um die Sachverhalte in hinreichender Zeit zu lösen, dass man im späteren Verlauf der Bearbeitung von Klausursachverhalten das kleine 1x1, also die Grundlagen und den Vorspann einer Lösung, ohne Blick in das Gesetz schreiben kann. Dennoch macht gerade der Lernprozess und der erstmalige Umgang mit dem Gesetz, sowie die sich darauf aufbauende Wiederholung es möglich, dass die Normen sich setzen und in Prüfungssituationen schnell abgerufen werden können.

Hervorzuheben ist, dass den ErbStR und auch den ErbStH eine besondere Bedeutung und Hilfestellung beim Lernen und auch Lösen von Klausuren zukommen kann. Zudem sind auch die BMF-Schreiben zum Erbschaftsteuerrecht und Bewertungsrecht bisweilen sehr wichtig. Gerade in der Vorbereitung und im Lernprozess kann es zudem hilfreich sein auch auf Kommentierungen zum ErbStG und BewG zurückzugreifen. Dies bietet sich insbesondere in den Fällen an, in welchen Normen nochmal mit anderen Worten gelesen werden sollen oder man das Bedürfnis hat sich vertiefend mit Sachverhalten auseinander zu setzen. In Klausuren sind Kommentierungen indes nicht erlaubt.

Das auch Lehrbücher eine wesentlich in der Vorbereitung auf die Prüfung im Erbschaftsteuerrecht und Bewertungsrecht sind, muss an dieser Stelle nicht weiter erwähnt werden. Hilfreich ist es mit mehreren Lehrbüchern zu lernen, da so verschiedene Blickwinkel eingenommen werden können. Zudem ist es zwingend erforderlich, dass so viele Klausurübungen wie möglich geschrieben werden. Nur so kann ein Zeitgefühl entwickelt werden und sich mit den entsprechenden Fragestellungen in Klausuren auseinandergesetzt werden. Unter anderem bietet es sich dabei an, auf verschiedene Anbieter zurückzugreifen, um verschiedene Klausurstile kennen zu lernen und sich mit diesen vertraut zu machen.

Zum Lernprozess im Allgemeinen, der Vorbereitung auf diesen und Hinweisen zur Ortswahl und zum Zeitpunkt des Lernens sowie der Erstellung eines Lernplans wird angeraten, auf die einschlägige Literatur zurückzugreifen. Es sollte sich damit vertraut gemacht werden, wie man selbst am besten lernen kann. Die beste Lernart, der beste Lernort und die beste Lernzeit sind bekanntlich für jeden Menschen unterschiedlich.

2. Klausurtechnik im Erbschaftsteuerrecht – Lösungsschema

2.1 Klausurgliederung

Jede Lösung einer Erbschaftsteuerklausur sollte eine Einführung enthalten. In dieser wird in der Regel zu den allgemeinen Angaben des Sachverhalts Stellung genommen. Vorteil einer solchen Einleitung ist, dass bei der Lösung der folgenden Einzelsachverhalte nicht jedes Mal auf die Fragestellungen eingegangen werden muss, die für den Sachverhalt von allgemeiner Bedeutung sind. Somit kann bei der Klausurlösung wichtige Zeit gespart werden, da die Einleitung Allgemeines vorzieht. In der Regel sind dabei die folgenden Überlegungen vorzunehmen:

2.1.1 Einleitung

Steuerpflichtiger Vorgang (§ 1 ErbStG)

- Erwerb von Todes wegen (§ 3 ErbStG, § 1922 BGB)
- Schenkung unter Lebenden (§ 7 ErbStG, § 1 Abs. 2 ErbStG, R E 1.1 ErbStR)

Unbeschränkte oder beschränkte Steuerpflicht (§ 2 ErbStG, § 8 AO)

- mindestens ein Beteiligter ist Inländer: gesamter Vermögensanfall
- kein Beteiligter ist Inländer: nur inländischer Vermögensanfall

Allgemeine Angaben

- Tag der Steuerentstehung und Bewertungsstichtag (§§ 9, 11 ErbStG)
- Grundsätze der Ermittlung des steuerpflichtigen Erwerbs (§ 10 ErbStG, R E 7.4 ErbStR)
- Angabe zur Steuerklasse (§ 15 ErbStG)
- Angaben zur Steuerschuldnerschaft (§ 20 ErbStG)

2.1.2 Durchführung ggf. erforderlicher gesonderter Feststellungen (§§ 151 ff. BewG)

Gesonderte Feststellung von Grundbesitzwerten des Grundvermögens:

- Ermittlung des Bewertungsobjekts (§§ 2, 19, 176 BewG)
- Das Feststellungsverfahren ist knapp darzustellen (z. B. örtliche Zuständigkeit, § 152 Nr. 1 BewG, anzuwendende Wertverhältnisse, § 157 Abs. 1, 3 BewG usw.)
- Ermittlung der Grundstücksart (§ 181 BewG)
- Durchführung des entsprechenden Bewertungsverfahrens:
  - Vergleichswertverfahren (§§ 182, 183 BewG)
  - Ertragswertverfahren (§§ 182, 184-188 BewG)
  - Sachwertverfahren (§§ 182, 189-191 BewG)
  - Sonderfälle (§§ 192-197 BewG)
  - Nachweis nach § 198 BewG beachten!
- Darstellung der vorzunehmenden Feststellungen (§ 151 Abs. 1 und 2 BewG)

Gesonderte Feststellung von Betriebsvermögenswerten (EU, PersG):

- Ermittlung des Bewertungsobjekts (§ 2 BewG, §§ 95 ff. BewG)
- Das Feststellungsverfahren ist knapp darzustellen (z. B. örtliche Zuständigkeit, § 152 Nr. 2 BewG, anzuwendenden Wertverhältnisse, § 157 Abs. 5 BewG usw.)
- Bewertung des BV/GHV (§ 109 i. V. m. § 11 Abs. 2 BewG):
  1. Vorrangig: Verkäufe unter fremden Dritten
  2. Nachrangig: Anerkanntes Verfahren (IDW-S 1, DCF-Methode usw.) oder vereinfachtes Ertragswertverfahren (§§ 199-203 BewG)
  3. Substanzwert als Mindestwert bei vereinfachtem Ertragswertverfahren beachten!
- Ggf. Bewertung des SBV

- Ggf. Aufteilung nach § 97 Abs. 1a BewG
- Darstellung der vorzunehmenden Feststellungen (§ 151 Abs. 1 und 2 BewG)

Gesonderte Feststellung von Anteilswerten (nicht notierte KapG):

- Ermittlung des Bewertungsobjekts (§ 2 BewG, §§ 95, 97 BewG)
- Das Feststellungsverfahren ist knapp darzustellen (z. B. örtliche Zuständigkeit, § 152 Nr. 3 BewG, anzuwendenden Wertverhältnisse, § 157 Abs. 4 BewG usw.)
- Bewertung des BV (§ 109 Abs. 2 i.V. m. § 11 Abs. 2 BewG):
  1. Vorrangig: Verkäufe unter fremden Dritten
  2. Nachrangig: Anerkanntes Verfahren (IDW-S 1, DCF-Methode usw.) oder vereinfachtes Ertragswertverfahren (§§ 199-203 BewG)
  3. Substanzwert als Mindestwert bei vereinfachtem Ertragswertverfahren beachten!
- Aufteilung nach § 97 Abs. 1b BewG
- Darstellung der vorzunehmenden Feststellungen (§ 151 Abs. 1 und 2 BewG)

HINWEIS

Grundbesitzwerte sind ggf. auch für das land- und forstwirtschaftliche Vermögen zu ermitteln und festzustellen.

Ggf. sind im Rahmen der Ermittlung des Betriebsvermögens- oder Anteilswertes weitere gesonderte Feststellungen vorzunehmen (z. B. Ermittlung des Grundbesitzwertes von Betriebsgrundstücken zur Anwendung des § 200 Abs. 2, 4 BewG)

2.1.3 Ermittlung steuerpflichtiger Erwerb (§ 10 ErbStG, Schema in R E 10.1 ErbStR)

	Erwerb von begünstigtem **Produktivvermögen** (§ 13b ErbStG) (gewerbliches und freiberufliches Betriebsvermögen, land- und forstwirtschaftliches Betriebsvermögen, Anteile an Kapitalgesellschaften > 25 %]
./.	ggf. Steuerbefreiung gem. § 13a ErbStG (ggf. § 13b ErbStG)
+	sonstiger Erwerb (Grundvermögen und übriges Vermögen)
./.	ggf. sonstige Steuerbefreiungen (z. B. § 13 Abs. 1 Nr. 1, Nr. 4a-4c, § 13d ErbStG)
=	**Vermögensanfall nach Steuerarten**
./.	anteiliger Schuldabzug bei begünstigtem Produktivvermögen (§ 10 Abs. 6 Satz 4 ErbStG)
./.	anteiliger Schuldabzug bei sonstigem steuerbefreitem Erwerb (§ 10 Abs. 6 Satz 1-3 ErbStG)
./.	sonstige, nicht direkt zurechenbare Nachlassverbindlichkeiten bei Erbschaften oder mit dem Erwerb zwangsläufig zusammenhängende Schulden und Lasten bei anderen Erwerben nach ggf. vorzunehmender Zurechnung und Kürzung (§ 10 Abs. 5 und 6 Satz 5 ff. ErbStG)
./.	ggf. weitere Steuerbefreiungen nach § 13 ErbStG
=	**Bereicherung des Erwerbers** (§ 10 Abs. 1 Satz 2 ErbStG)
./.	steuerfreier Zugewinnausgleich (§ 5 Abs. 1 ErbStG)
+	hinzuzurechnende Vorerwerbe (§ 14 ErbStG)
./.	persönliche Freibeträge (§ 16 ErbStG; ggf. §§ 6 Abs. 2, 15 Abs. 3 ErbStG)
./.	Versorgungsfreibeträge (§ 17 ErbStG)
=	**steuerpflichtiger Erwerb** (auf volle 100 € abgerundet; § 10 Abs. 1 Satz 1, 6 ErbStG)

2.1.4 Festzusetzende Erbschaftsteuer (R E 10.1 ErbStR)

- Steuersatz (§ 19 ErbStG; ggf. §§ 6 Abs. 2, 15 Abs. 3 ErbStG; ggf. Härteausgleich)
- Ermäßigungen (§§ 6 Abs. 3, 14 Abs. 1, 19a, 21-27 ErbStG)
- ggf. Stundung (§ 28 ErbStG)
- ggf. Verschonungsbedarfsprüfung (§ 28a ErbStG)

2.1.5 Steuerschuldner

- Steuerschuldner (§ 20 ErbStG)
- Anzeige innerhalb von drei Monaten nach Kenntniserlangung (§ 30 ErbStG)

HINWEIS

Für den Erwerb durch Erbanfall ist in § 10 Abs. 1 ErbStG klargestellt, wie die Bereicherung zu ermitteln ist. Für andere Erwerbe gibt es keine entsprechende Regelung. Die Bereicherung ist hier unmittelbar aus dem jeweiligen Tatbestand herzuleiten (siehe aber z. B. R E 7.4 Abs. 1 ErbStR).

2.2. Überblick der Grundbesitzbewertung für Zwecke der Erbschaftsteuer und Schenkungsteuer

Die Grundbesitzwerte gem. §§ 157-198 BewG werden nur bei Bedarf für die Erbschaftsteuer und Schenkungsteuer gesondert festgestellt (§§ 151 ff. BewG). Es werden die Wertverhältnisse und die tatsächlichen Verhältnisse zum Bewertungsstichtag zugrunde gelegt (§ 157 Abs. 1-3 BewG).

Vermögensart	Grundbesitz	Bewertungsmaßstab	Bewertungsverfahren
1. Land- und forstwirtschaftliches Vermögen	Land- und forstwirtschaftlicher Betrieb		
	Wirtschaftsteil	Gemeiner Wert	nachhaltig erzielbarer Reingewinn typisiert nach Region, Betriebsform und Betriebsgröße
	Betriebswohnung	Wie bebaute Grundstücke s.u	wie bebaute Grundstück, s. u. ./. 15 % bei Nähe zur Hofstelle
	Wohnteil	Wie bebaute Grundstücke s. u.	wie bebaute Grundstück, s. u. ./. 15 % bei Nähe zur Hofstelle
2. Grundvermögen	Grundbesitz unbebaut	Bodenrichtwert (BRW)	BRW x Fläche (Obergrenze: nachgewiesener gemeiner Wert)
	bebaut	- Vergleichswert - Grundstücksertragswert - Regelherstellungskosten	Vergleichswertverfahren Ertragswertverfahren Sachwertverfahren (Obergrenze: nachgewiesener gemeiner Wert; Untergrenze: GuB-Wert)
	im Bau befindlich	kombinierter Wert	Wert wie vor Baubeginn + HK für unfertiges Gebäude
3. Betriebsvermögen	Betriebsgrundstück	wie Grundstücke	s. o.

III. Grundlagenwissen Erbschaftsteuerrecht und Bewertungsrecht

1. Vorüberlegungen

Die deutsche Erbschaftsteuer ist eine **Erbanfallsteuer**. Sie erfasst nicht den Nachlass des Erblassers, sondern die Bereicherung des jeweiligen Erwerbers. Je nach dem Gliederungskriterium ist sie eine

- Landessteuer,
- Besitzsteuer (obwohl sie auch Elemente einer Verkehrsteuer aufweist),
- Steuer vom Vermögen,
- Personensteuer,
- direkte Steuer,
- nicht laufend veranlagte Steuer.

Soweit das ErbStG Rechtsvorgänge und Begriffe des BGB anspricht (vgl. § 3 ErbStG), ist auch die bürgerlich-rechtliche Betrachtungsweise maßgebend. Für eine wirtschaftliche Betrachtungsweise bleibt nur geringer Spielraum. Das gilt vor allem im erbschaftsteuerlichen Teil des Erbschaft- und Schenkungsteuerrechts.

Im Bereich der Schenkungsteuer hat die wirtschaftliche Betrachtungsweise bei der Beurteilung von Sachverhalten größere Bedeutung. Es werden z. B. die §§ 40 und 41 AO angewandt, wonach bürgerlich-rechtlich unwirksame Vorgänge (gesetz- oder sittenwidriges Handeln, unwirksame Rechtsgeschäfte) schenkungsteuerrechtlich nach ihrem wirtschaftlichen Ergebnis zu beurteilen sind.

Grundsätzlich unterliegen folgende Vorgänge **der Erbschaftsteuer bzw. Schenkungsteuer:**

1. Der Erwerb von Todes wegen (§ 3 ErbStG),
2. die Schenkung unter Lebenden (§ 7 ErbStG),
3. die Zweckzuwendung (§ 8 ErbStG),
4. der fingierte Erbanfall bei Familienstiftungen (= **Erbersatzsteuer**, alle 30 Jahre).

Soweit nichts anderes bestimmt ist, gelten die Vorschriften für den Erwerb von Todes wegen auch für Schenkungen unter Lebenden und Zweckzuwendungen.[1]

1 § 1 ErbStG, R E 1.1 ErbStR.

Es sollte sich bei der Bearbeitung von Klausursachverhalten stets an die systematische Prüfungsreihenfolge gehalten werden, welche nachfolgend für einen Erbfall dargestellt wird:

1) **Steuerpflichtiger Vorgang** (§ 1 ErbStG)

- Erwerb von Todes wegen (§ 3 ErbStG)
- Schenkung unter Lebenden (§ 7 ErbStG)

2) **unbeschränkte Steuerpflicht oder beschränkte Steuerpflicht**

- mindestens ein Beteiligter ist Inländer: gesamter Vermögensanfall
- kein Beteiligter ist Inländer: nur inländischer Vermögensanfall

3) **steuerpflichtiger Erwerb (§ 10 ErbStG, Schema in R E 10.1 ErbStR)**

Erwerb von **begünstigtem Vermögen** (§ 13b Abs. 1 und 2 ErbStG)
gewerbliches und freiberufliches BV, land- und forstwirtschaftliches BV, Anteile an KapG
./. Verschonungsabschlag (85 % oder 100 %) (§ 13a Abs. 1 und 10 ErbStG)
./. Abzugsbetrag (§ 13a Abs. 2 ErbStG)
\+ sonstiger Erwerb (Grundvermögen und übriges Vermögen)
= **Vermögensanfall nach Steuerarten**

./. (ggf. anteiliger) Abzug direkt zurechenbarer Schulden und Lasten/Nachlassverbindlichk. (§ 10 Abs. 5 und Abs. 6 Satz 2-4 ErbStG)
./. (ggf. anteiliger) Abzug nicht direkt zurechenb. Schulden und Lasten/Nachlassverbindlichk. (§ 10 Abs. 5 und 6 Satz 5-10 ErbStG)
./. Steuerbefreiungen (§ 13 ErbStG)
= **Bereicherung des Erwerbers**

./. steuerfreier Zugewinnausgleich (§ 5 Abs. 1 ErbStG)
\+ hinzuzurechnende Vorerwerbe (§ 14 ErbStG)
./. persönliche Freibeträge (§ 16 ErbStG)
./. Versorgungsfreibeträge (§ 17 ErbStG)
= **stpfl. Erwerb** (auf volle 100 € abgerundet)

4) **Festzusetzende Erbschaftsteuer (R E 10.1 ErbStR)**

- Steuersatz (§ 19 ErbStG)
- Ermäßigungen (§§ 19a, 14 Abs. 1, 6 Abs. 3, 21-27 ErbStG)

ggf. Stundung (§ 25, 28, 28a ErbStG)

5) **Steuerschuldner** (§ 20 ErbStG)

6) **Anzeige des Erwerbs** (§ 30 ErbStG)

2. Steuerpflichtiger Vorgang als Erwerb von Todes wegen und Schenkung unter Lebenden

2.1 Erwerb von Todes wegen

Der Erwerb von Todes wegen kann sich beispielsweise darstellen durch

1. Erbanfall (§ 1922 BGB)
2. Vermächtnis (§ 1939 BGB = Zuwendung eines einzelnen Vermögensvorteils im Wege der Verfügung von Todes wegen durch den Erblasser an den Vermächtnisnehmer, ohne dass dieser deswegen als Erbe anzusehen ist),
3. geltend gemachter Pflichtteilsanspruch (§§ 2303 ff. BGB),
4. Schenkung auf den Todesfall (§ 2301 BGB),
5. Erwerbe, auf die die für Vermächtnisse geltenden Vorschriften Anwendung finden,
6. Vermögensvorteile, die aufgrund eines vom Erblasser geschlossenen Vertrags bei dessen Tode von einem Dritten unmittelbar erworben wird,
7. Erwerbe des Vertrags- oder Schlusserben bei einem gemeinschaftlichen Testament wegen beeinträchtigender Schenkungen des Erblassers von dem Beschenkten nach den Vorschriften der ungerechtfertigten Bereicherung erlangt,
8. Abfindung für den Verzicht auf den Anspruch aus 1) bis 3) und 6).

Die Aufzählung ist nicht abschließend. Es gilt § 3 Abs. 1 und 2 ErbStG.

HINWEIS

Beachte: Der Anteil des verstorbenen Ehegatten oder verstorbenen Lebenspartners am Gesamtgut wird so behandelt, als ob er ausschließlich den anteilsberechtigten Abkömmlingen zugefallen wäre.

Als Schenkung auf den Todesfall gilt, wenn beim Tod eines Gesellschafters einer PersG oder KapG dessen Anteil aufgrund seines Ausscheidens auf den oder die anderen Gesellschafter (bei PersG) oder auf die Gesellschaft (bei KapG) übergeht, **soweit der Anteilswert** (§ 12 ErbStG) **Abfindungsansprüche Dritter** (z. B. der Erben) **übersteigt**.

Wird bei einer GmbH der **Geschäftsanteil** eines Gesellschafters bei dessen Tod aufgrund des Gesellschaftsvertrags **eingezogen** und übersteigt der sich nach § 12 ErbStG ergebende Anteilswert Abfindungsansprüche Dritter, so stellt auch die dadurch bewirkte Werterhöhung der Geschäftsanteile der verbleibenden Gesellschafter eine Schenkung auf den Todesfall dar.[2]

Eine Besonderheit stellt § 3 Abs. 1 Nr. 4 ErbStG dar. Auf die vom Erblasser auf den Todesfall abgeschlossenen **Renten- und Lebensversicherungen** (Verträge), in denen der Erwerber als Bezugsberechtigter benannt ist, gilt die Vorschrift. Der Vermögensvorteil (Versicherungsanspruch) wird daher vom Erwerber „unmittelbar" erworben und gelangt gar nicht in den – möglicherweise aufzuteilenden – Nachlass (§ 331 BGB). Wäre im Versicherungsvertrag kein Bezugsberechtigter benannt, fiele die Versicherungssumme in den Nachlass und wäre ein Erwerb durch Erbanfall nach § 3 Abs. 1 Nr. 1 ErbStG.[3]

2.2 Schenkung unter Lebenden

Die wichtigsten Tatbestände der **Schenkung unter Lebenden sind:**

1. die freigebige Zuwendung
2. die Bereicherung bei Vereinbarung der Gütergemeinschaft,
3. die Abfindung bei einem Erbverzicht,
4. der Vermögenserwerb durch Stiftungsgeschäft oder z. B. durch Aufhebung einer Stiftung.

Die Aufzählung ist nicht abschließend. Es gilt § 7 Abs. 1 ErbStG.

Als Schenkung unter Lebenden gilt auch unter bestimmten Voraussetzungen auch:

1. die Schenkung einer Beteiligung an einer PersG (§ 7 Abs. 5 ErbStG),
2. das Übermaß an Gewinnbeteiligung (§ 7 Abs. 6 ErbStG),
3. die beim Ausscheiden eines Gesellschafters eintretende Bereicherung (§ 7 Abs. 7 ErbStG),
4. die Werterhöhung von Anteilen an einer KapG, die eine an der Gesellschaft unmittelbar oder mittelbar beteiligte natürliche Person oder Stiftung durch die Leistung einer anderen Person an die Gesellschaft erlangt (§ 7 Abs. 8 ErbStG),
5. die Werterhöhung eines persönlich haftenden Gesellschafters einer KGaA (§ 7 Abs. 9 ErbStG).

Sowohl die Schenkung als auch die freigebige Zuwendung umfassen eine unentgeltliche Zuwendung, durch die der Bedachte auf Kosten des Zuwendenden bereichert wird. Während sich aber bei der Schenkung beide Teile über die Zuwendung einig sein müssen (= Vertrag), reicht für das Vorliegen einer freigebigen Zuwendung schon der Wille des Zuwendenden aus. Die freigebige Zuwendung stellt also den weitergehenden Begriff dar.

Eine Besonderheit stellen ehebedingte Zuwendungen dar. Zivilrechtlich werden ehebedingte Zuwendungen unter Ehegatten regelmäßig nicht als Schenkungen i. S. d. § 516 BGB angesehen, weil sie einen Beitrag zur Erhaltung und Sicherung der ehelichen Lebensgemeinschaft darstellen und daher nicht unentgeltlich sind (Ausgleich für geleistete Mitarbeit oder eheliches Zusammenwirken). Nach dem BGH ist eine Schenkung nur dann anzunehmen, wenn beide Ehegatten sich über die Unentgeltlichkeit der Zuwendung einig sind.

2 § 3 Abs. 1 Nr. 2 Satz 2 und 3 ErbStG, R E 3.3 und 3.4 ErbStR, H E 3.3 und 3.4 ErbStH, siehe auch § 7 Abs. 7 ErbStG.
3 R E 3.6 und 3.7 ErbStR.

Dieser Begriff der Unentgeltlichkeit dient dem Interessenausgleich bei vermögensrechtlichen Streitigkeiten in Ehesachen. Er ist nach Auffassung des BFH für die schenkungsteuerliche Beurteilung der ehebedingten (oder unbenannten) Zuwendung nicht geeignet. Für die freigebige Zuwendung i. S. d. § 7 Abs. 1 Nr. 1 ErbStG reicht der (einseitige) Wille des Zuwendenden für die Unentgeltlichkeit aus. Damit wird die ehebedingte Zuwendung regelmäßig der Schenkungsteuer unterliegen.[4]

Ist Gegenstand der Schenkung eine Beteiligung an einer PersG, in deren Gesellschaftsvertrag bestimmt ist, dass der neue Gesellschafter bei Auflösung der Gesellschaft sowie im Falle eines vorherigen Ausscheidens nur den Buchwert seines Kapitalanteils erhält (sog. Buchwertklausel), wird diese Bestimmung bei der Ermittlung des Wertes der Bereicherung nicht berücksichtigt. Soweit die Bereicherung den Buchwert des Kapitalanteils übersteigt, gilt sie als auflösend bedingt erworben. Das bedeutet, dass der geschenkte Anteil zunächst einmal nach § 12 Abs. 5 ErbStG i. V. m. §§ 95 ff. BewG ohne Berücksichtigung der Buchwertklausel zu bewerten ist.

Tritt die Bedingung (Auflösung oder Ausscheiden) ein, kann der Erwerber nach § 5 Abs. 2 BewG eine Berichtigung der Steuerfestsetzung beantragen. Die Steuer, die auf den Unterschiedsbetrag (Steuerwert abzgl. Abfindung im Zeitpunkt der Schenkung) entfällt, ist zu erstatten, höchstens jedoch die Steuer, die auf den Unterschiedsbetrag zwischen der Abfindung und dem höheren Steuerwert vom Zeitpunkt des Ausscheidens entfällt.[5]

3. Unbeschränkte und beschränkte Steuerpflicht

3.1 Unbeschränkte Steuerpflicht

Die **unbeschränkte Steuerpflicht** tritt ein, wenn der **Erblasser, Schenker oder der Erwerber Inländer** ist. Als **Inländer** gelten vor allem diejenigen Personen, Körperschaften, Personenvereinigungen (auch PersG) und Vermögensmassen, die ihren Wohnsitz oder gewöhnlichen Aufenthalt bzw. ihre Geschäftsleitung oder ihren Sitz im Inland (§ 2 Abs. 2 ErbStG) haben.[6]

Ebenfalls als Inländer gelten – ohne Wohnsitz oder gewöhnlichen Aufenthaltsort im Inland – deutsche Staatsangehörige,

- die sich nicht länger als fünf Jahre dauernd im Ausland aufgehalten haben (sog. **erweiterte unbeschränkte Steuerpflicht**)

oder

- die zu einer inländischen juristischen Person des öffentlichen Rechts in einem Dienstverhältnis stehen und dafür aus einer inländischen öffentlichen Kasse Arbeitslohn beziehen und die im Land des Wohnsitzes bzw. gewöhnlichen Aufenthalts lediglich wie beschränkt Stpfl. zu einer Nachlass- oder Erbanfallsteuer herangezogen werden (einschließlich Angehörige, die die deutsche Staatsangehörigkeit besitzen und zum Haushalt des Stpfl. gehören).

Die unbeschränkte Steuerpflicht erstreckt sich auf den gesamten in- und ausländischen Vermögensanfall, soweit **Doppelbesteuerungsabkommen** dem nicht entgegenstehen. Für Zwecke der Erbschaft- und Schenkungsteuer hat Deutschland derzeit nur Abkommen mit Dänemark, Frankreich, Griechenland, Schweden, der Schweiz und den USA abgeschlossen.

3.2 Beschränkte Steuerpflicht

Die **beschränkte Steuerpflicht** tritt in allen übrigen Fällen ein. Sie erstreckt sich auf das Inlandsvermögen i. S. d. § 121 BewG und auf die Nutzungsrechte daran.

Die **erweiterte beschränkte Steuerpflicht** (auf zehn Jahre begrenzt) ist in § 4 AStG geregelt. Sie erstreckt sich auf das erweiterte Inlandsvermögen (Inlandsvermögen i. S. d. § 121 BewG zuzüg-

4 R E 7.2 ErbStR, H E 7.2 ErbStH „Zuwendung eines Familienheims" R E 13.3 ErbStR.

5 § 7 Abs. 5 ErbStG, H E 7.8 ErbStH „Bedingte Beteiligung an den offenen und stillen Reserven einer PersG".

6 R E 2.1 und 2.2 ErbStR, H E 2.1 und 2.2 ErbStH.

lich des Vermögens, dessen Erträge bei unbeschränkter Einkommensteuerpflicht nicht ausländische Einkünfte i. S. d. § 34d EStG wären) und entspricht der erweitert beschränkten Einkommensteuerpflicht.

Persönliche Erbschaftsteuerpflicht			
Art der Steuerpflicht	unbeschränkte Steuerpflicht (§ 2 Abs. 1 Nr. 1 ErbStG)	beschränkte Stpfl. (§ 2 Abs. 1 Nr. 3 ErbStG)	erweiterte beschränkte Stpfl. (§§ 2 und 4 AStG)
Voraussetzungen für die Steuerpflicht	Vermögensüberträger und/oder Vermögensübernehmer ist Inländer, d.h. 1) natürliche Personen - ein Wohnsitz oder der gewöhnliche Aufenthalt im Inland 2) Körperschaften, Personenvereinigungen und Vermögensmassen - Geschäftsleitung oder Sitz im Inland 3) deutsche Staatsangehörige - weder ein Wohnsitz noch der gewöhnliche Aufenthalt im Inland aber: a) Aufenthalt im Ausland nicht länger als fünf Jahre oder b) - Dienstverhältnis zu inl. jPdöR - Gehalt von inl. öffentl. Kasse - im Ausland nur beschränkt zur ErbSt herangezogen - unbeschränkt stpfl. sind auch deutsche Staatsangehörige, die zu ihrem Haushalt gehören	Weder der Vermögensüberträger noch der Übernehmer ist Inländer i.S.d. linken Spalte	alle Fälle der vorhergehenden Spalte, wenn der Vermögensüberträger folgende Bedingungen erfüllt: - natürliche Person, - in den letzten zehn Jahren vor dem Wegzug ins Ausland als Deutscher mindestens fünf Jahre unbeschränkt einkommensteuerpflichtig, - im Ausland mit dem Einkommen nur niedrig besteuert, - wesentliche wirtschaftliche Interessen im Inland und - nicht den Nachweis erbringt, dass er mit dem über das Inlands vermögen hinausgehenden Vermögen im Ausland mit einer der deutschen ErbSt entsprechenden Steuer belastet wird, die mindestens 30 % der deutschen ErbSt beträgt.
Ausmaß der Steuerpflicht	gesamter in- und ausländischer Vermögensanfall	Anfall von Inlandsvermögen i.S.d. § 121 BewG	Anfall von Inlandsvermögen i.S.d. § 121 BewG zzgl. Vermögen, dessen Erträge bei unbeschränkter Einkommensteuer-Pflicht nicht ausländische Einkünfte i.S.d. § 34d EStG sind (erweitertes Inlandsvermögen)

4. „Brückenparagraph“ zum Bewertungsgesetz

Nach den **allgemeinen Bewertungsvorschriften des BewG** (§§ 1-16 BewG) erfolgt die Bewertung zum Zeitpunkt der Entstehung der Steuerschuld (§ 12 Abs. 1 ErbStG), **soweit nicht in § 12 Abs. 2-7 ErbStG etwas anderes** bestimmt ist. Dazu dient der § 12 ErbStG, welcher die Brücke in das BewG schlägt. Hinsichtlich § 12 Abs. 2-7 ErbStG kann von folgender grober Bewertungsübersicht ausgegangen werden:

1. **nicht notierte Anteile an einer KapG:** gesonderte Feststellung der Anteilswerte (§ 151 Abs. 1 Satz 1 Nr. 3, § 157 Abs. 4 BewG) (§ 12 Abs. 2 ErbStG)

   Bewertung mit dem **Anteilswert** (gemeiner Wert) nach § 11 Abs. 2 BewG

2. **Grundbesitz:** gesondert festzustellende **Grundbesitzwerte** (§ 151 Abs. 1 Satz 1 Nr. 1, § 157 Abs. 1 und 3 BewG) (§ 12 Abs. 3 ErbStG)

   Grundvermögen und Grundstücke i. S. d. § 99 Abs. 1 Nr. 2 BewG: §§ 159, 176-198 BewG

   Land- und forstwirtschaftliche Betriebe und Grundstücke i. S. d. § 99 Abs. 1 Nr. 2 BewG: §§ 158-175 BewG

3. **inländisches Betriebsvermögen:** gesonderte Feststellung des Betriebsvermögenswerts (§ 151 Abs. 1 Satz 1 Nr. 2, § 157 Abs. 5 BewG) (§ 12 Abs. 5 ErbStG)

   Bewertung des **Betriebsvermögenswerts** nach § 11 Abs. 2 i. V. m. § 109 Abs. 1 und 2 BewG

4. **Übriges Vermögen:** Wert der jeweiligen wirtschaftlichen Einheit oder Anteil am gesondert festgestellten Wert der wirtschaftlichen Einheit (§ 151 Abs. 1 Satz 1 Nr. 4 BewG, § 12 Abs. 6 ErbStG) nach den allgemeinen Bewertungsvorschriften (§ 12 Abs. 1 und 2 ErbStG), genereller Bewertungsmaßstab ist der gemeine Wert (§ 9 BewG), aber: Bodenschätze, die nicht zum BV gehören und für die bei der Einkünfteermittlung Absetzung für Substanzverringerung vorgenommen werden = ertragsteuerlicher Wert (§ 12 Abs. 4 ErbStG).
5. **Ausländisches Vermögen:** Wert der jeweiligen wirtschaftlichen Einheit oder des ausländischen Teils der wirtschaftlichen Einheit (i. d. R. gemeiner Wert, § 12 Abs. 1 und 7 ErbStG, § 31 und § 9 BewG, H B 9.5 ErbStH „Auslandsvermögen").

5. Allgemeine Angaben

5.1 Steuerentstehung und Bewertungsstichtag

Die Erbschaft- bzw. Schenkungsteuerschuld entsteht bei Erwerb von Todes wegen mit dem Tod des Erblassers, jedoch bei Pflichtteilsanspruch erst mit der Geltendmachung des Anspruchs. Indes entsteht sie bei Schenkung unter Lebenden mit der Ausführung der Zuwendung. Es gilt § 9 ErbStG. Der **Zeitpunkt der Zuwendung** bei einer Schenkung unter Lebenden ist grundsätzlich dann, wenn der Beschenkte das bürgerlich-rechtliche oder wirtschaftliche Eigentum (§ 39 Abs. 2 Nr. 1 AO) erlangt; d. h. mit Eintritt der wirtschaftlichen Bereicherung. Bei der Schenkung eines Grundstücks jedoch ausnahmsweise dann, wenn der notarielle Schenkungsvertrag (Auflassung, § 925 BGB) vorliegt und der Beschenkte durch die gestellten Eintragungsanträge in der Lage ist, beim Grundbuchamt die Eintragung herbeizuführen. Der Zeitpunkt des Besitzübergangs ist nur dann entscheidend, wenn die Vertragspartner einen Dritten bevollmächtigt haben, die erforderlichen Erklärungen abzugeben und entgegenzunehmen.[7]

HINWEIS

Bei Erbschaft erfolgt der Erwerb eines Grundstücks bereits zum Todeszeitpunkt.

Bewertungszeitpunkt ist der Zeitpunkt der Entstehung der Steuer (§ 9 ErbStG, Besteuerungszeitpunkt), soweit das ErbStG nicht etwas anderes bestimmt. Es gilt ein strenges Stichtagsprinzip (§ 11 ErbStG).

5.2 Steuerklasse und Freibeträge

Die drei 3 **Steuerklassen ergeben sich aus** § 15 Abs. 1 ErbStG. Als Abkömmlinge i. S. d. § 15 ErbStG (Steuerklasse I Nr. 3 und Steuerklasse II Nr. 3) sind auch Adoptivkinder und Stiefkinder anzusehen. Die Steuerklassen I und II Nr. 1-3 gelten auch dann, wenn die Verwandtschaft durch Annahme als Kind bürgerlich-rechtlich erloschen ist.

HINWEIS

Mit Urteil vom 5.12.2019, BStBl 2020 II S. 322 NWB IAAAH-44212, hat der BFH entschieden, dass die Steuerklasse III auf Erwerbe Anwendung findet, die dem Kind von seinem biologischen Vater zugewandt werden, der nicht auch gleichzeitig der rechtliche Vater ist.

Im Falle des § 2269 BGB (Berliner Testament) und soweit der überlebende Ehegatte oder der überlebende Lebenspartner an die Verfügung gebunden ist, ist auf Antrag der Versteuerung das Verhältnis des Schlusserben oder Vermächtnisnehmers zum zuerst verstorbenen Ehegatten oder dem zuerst verstorbenen Lebenspartner zugrunde zu legen, soweit sein Vermögen beim Tod des überlebenden Ehegatten oder des überlebenden Lebenspartners noch vorhanden ist. § 6 Abs. 2 Satz 3-5 ErbStG gilt entsprechend (§ 15 Abs. 3 ErbStG).

Es werden **persönliche Freibeträge** in den folgenden Fällen gewährt:

- Bei **unbeschränkter Steuerpflicht**: siehe zur Höhe § 16 Abs. 1 ErbStG.
- Bei **beschränkter Steuerpflicht:** siehe zur Höhe § 16 Abs. 2 ErbStG.

In den Fällen der **beschränkten Steuerpflicht** wird der Freibetrag um einen Teilbetrag gemindert. Dieser Teilbetrag entspricht dem Verhältnis der Summe der Werte des in demselben Zeit-

7 Für noch nicht vollständig erfüllte Grundstückkaufverträge finden R E 12.2 ErbStR und H E 12.2 ErbStH „Einzelfälle" Anwendung.

punkt erworbenen, nicht der beschränkten Steuerpflicht unterliegenden Vermögens und derjenigen, nicht der beschränkten Steuerpflicht unterliegenden Vermögensvorteile, die innerhalb von zehn Jahren von derselben Person angefallen sind, zum Wert des Vermögens, das insgesamt innerhalb von zehn Jahren von derselben Person angefallen ist. Die früheren Erwerbe sind mit ihrem früheren Wert anzusetzen.

Neben den allgemeinen Freibeträgen werden **Versorgungsfreibeträge** bei Erwerb von Todes wegen für Ehegatten und Lebenspartner in den folgenden Fällen gewährt:

- Bei **unbeschränkter Steuerpflicht**: siehe § 17 Abs. 1 und 2 ErbStG.
- Bei **beschränkter Steuerpflicht:** siehe § 17 Abs. 3 ErbStG.

Die Versorgungsfreibeträge vermindern sich um den Kapitalwert der nicht der Erbschaftsteuer unterliegenden Versorgungsbezüge. In den Fällen der **beschränkten Steuerpflicht** wird der besondere Versorgungsfreibetrag gewährt, wenn durch die Staaten, in denen der Erblasser ansässig war oder der Erwerber ansässig ist, Amtshilfe geleistet wird.

6. Bewertung des Grundbesitzes

Die Bewertung des Grundvermögens erfolgt zum **gemeinen Wert** (§ 9 BewG; = Verkehrswert), § 177 Abs. 1 BewG. Ergeben sich bei der Ermittlung des Grundbesitzwerts €-Beträge mit Nachkommastellen, sind diese grundsätzlich jeweils in der für den Stpfl. günstigsten Weise auf volle €-Beträge auf- bzw. abzurunden.[8]

Zum Grundvermögen gehören:

- Grund und Boden, Gebäude, sonstige Bestandteile und Zubehör
- Erbbaurecht
- Wohnungseigentum, Teileigentum, Wohnungserbbaurecht und Teilerbbaurecht

soweit es sich nicht um Land- und forstwirtschaftliches Vermögen (§§ 158, 159 BewG) oder um ein Betriebsgrundstück (§ 99 BewG) handelt.

Nicht zum Grundvermögen gehören Bodenschätze und Betriebsvorrichtungen (zur Abgrenzung des Grundvermögens von den Betriebsvorrichtungen: Gleichlautende Ländererlasse vom 5.6.2013, BStBl 2013 I S. 734 NWB DAAAE-40449). Die zu bewertende wirtschaftliche Einheit des Grundvermögens ist das **Grundstück**.

Weist der Stpfl. bei der Bewertung der wirtschaftlichen Einheiten des Grundvermögens nach, dass der gemeine Wert (§ 9 BewG) im Besteuerungszeitpunkt niedriger ist, dann soll dieser Wert angesetzt werden (Öffnungsklausel). Der Nachweis des niedrigeren gemeinen Werts kann für die nach § 179, §§ 182-196 BewG **bewerteten wirtschaftlichen Einheiten** geführt werden, wobei der Nachweis die jeweils **gesamte** wirtschaftliche Einheit umfassen muss. Bei Grundstücken im Zustand der Bebauung ist der Verkehrswertnachweis für die gesamte wirtschaftliche Einheit unter Berücksichtigung der baulichen Gegebenheiten zulässig.

6.1 Unbebaute Grundstücke

Unter unbebauten Grundstücken sind Grundstücke zu verstehen, auf denen sich keine benutzbaren Gebäude befinden. Die Benutzbarkeit beginnt im Zeitpunkt der Bezugsfertigkeit. Auch Grundstücke mit Gebäuden, die auf Dauer keiner Nutzung zugeführt werden können, gehören zu den unbebauten Grundstücken. Ebenfalls als unbebaut gilt ein Grundstück, auf dem infolge der Zerstörung oder des Verfalls der Gebäude auf Dauer benutzbarer Raum nicht mehr vorhanden ist.

Der **Wert** unbebauter Grundstücke bestimmt sich gem. § 179 Abs. 1 Satz 1 BewG regelmäßig nach ihrer Fläche und den **Bodenrichtwerten** (§ 196 BauGB).

	Fläche (qm)	
x	Bodenrichtwert (€/qm)	(auf volle Cent abzurunden)
=	gemeiner Wert (§ 9 BewG) unbebautes Grundstück	(auf volle € abzurunden)

8 Gleich lautende Erlasse vom 20.3.2023, BStBl 2023 I S. 738 – AEBew JStG 2022, Rz. 2-7 NWB VAAAJ-36842.

Bei den Bodenrichtwerten handelt es sich um durchschnittliche Lagewerte, die sich für ein Gebiet mit im Wesentlichen gleichen Lage- und Nutzungsverhältnissen je Quadratmeter der unbebauten oder bebauten Grundstücksfläche ergeben. Bei der Wertermittlung ist stets der Bodenrichtwert anzusetzen, der vom Gutachterausschuss nach § 196 BauGB zuletzt vor dem Bewertungsstichtag zu ermitteln war.

Der **Bodenwert** ist aus den Werten vergleichbarer Flächen **abzuleiten**, wenn sich von den Gutachterausschüssen kein Bodenrichtwert i. S. d. § 196 BauGB ermitteln lässt. Beim Bodenrichtwert sind Anpassungen vorzunehmen, wenn die lagetypischen Merkmale des Bewertungsobjekts von denen des Bodenrichtwertgrundstücks (Referenzgrundstücks) abweichen.

6.2 Bebaute Grundstücke

Bebaute Grundstücke sind Grundstücke, auf denen sich benutzbare Gebäude befinden. Folgende **Bewertungsverfahren** sind vorgesehen:

- Vergleichswertverfahren (§ 183 BewG)
- Ertragswertverfahren (§§ 184-188 BewG)
- Sachwertverfahren (§§ 189-191 BewG)

Den unterschiedlichen Grundstücksarten (§ 181 BewG) sind folgende Bewertungsverfahren zugeordnet:

Vergleichswertverfahren: Wohnungseigentum (§ 181 Abs. 4 BewG); Teileigentum (§ 181 Abs. 5 BewG); Ein- und Zweifamilienhäuser (§ 181 Abs. 2 BewG);

Ertragswertverfahren: Mietwohngrundstücke (§ 181 Abs. 3 BewG); Geschäftsgrundstücke (§ 181 Abs. 6 BewG) und gemischt genutzte Grundstücke (§ 181 Abs. 7 BewG), für die sich eine übliche Miete ermitteln lässt;

Sachwertverfahren: Wohnungseigentum (Sondereigentum an einer Wohnung in Verbindung mit dem Miteigentumsanteil an dem gemeinschaftlichen Eigentum, zu dem es gehört), Teileigentum (Sondereigentum an nicht zu Wohnzwecken dienenden Räumen eines Gebäudes in Verbindung mit dem Miteigentum an dem gemeinschaftlichen Eigentum, zu dem es gehört), Ein-/Zweifamilienhäuser, soweit ein Vergleichswert **nicht** vorliegt; Geschäftsgrundstücke und gemischt genutzte Grundstücke für die sich **keine** übliche Miete ermitteln lässt; sonstige bebaute Grundstücke.

Die Abgrenzung der Grundstücksarten in § 181 BewG ist nach dem **Verhältnis der Wohn- und Nutzfläche** vorzunehmen. Befinden sich auf einem Grundstück mehrere selbständige Gebäude oder Gebäudeteile und lässt sich für mindestens eines dieser Gebäude oder Gebäudeteile keine übliche Miete ermitteln, erfolgt die Wertermittlung für die gesamte wirtschaftliche Einheit einheitlich nach dem Sachwertverfahren.

§ 181 Abs. 9 BewG enthält die bewertungsrechtliche Definition der **Wohnung**. Die Wohnfläche dieser Zusammenfassung einer Mehrheit von Räumen, die die Führung eines selbständigen Haushalts ermöglicht, muss dabei mindestens 20 qm betragen.

Bei der Bewertung im Vergleichswertverfahren wird der Marktwert eines Grundstücks aus tatsächlichen realisierten Kaufpreisen von anderen Grundstücken (Vergleichsgrundstücken) abgeleitet. Vorrangig sind dabei die Vergleichspreise der Gutachterausschüsse zu verwenden. Alternativ kann die Ermittlung auch mittels durch die Gutachterausschüsse ermittelte Vergleichsfaktoren nach § 177 Abs. 2 und 3 BewG erfolgen. Diese beziehen sich dabei immer auf eine bestimmte Einheit, z. B. die Wohnfläche in qm. Der Vergleichswert des Grundstücks ergibt sich dann durch die Multiplikation der Bezugseinheit mit dem Vergleichsfaktor. Es sind dabei stets die Vergleichsfaktoren anzuwenden, die von den Gutachterausschüssen für den letzten Auswertungszeitraum abgeleitet worden sind, der vor dem Kalenderjahr endet, in dem der Bewertungsstichtag liegt.

Bei Verwendung von Vergleichsfaktoren, die sich nur auf das Gebäude beziehen, ist der Bodenwert nach § 179 BewG (unbebaute Grundstücke) gesondert zu berücksichtigen. Belastungen privatrechtlicher oder öffentlich-rechtlicher Art (z. B. Nießbrauch, Wohnrechte, Wegerechte etc.) sind nicht zu berücksichtigen.[9]

Bei der Bewertung im **Ertragswertverfahren ergibt sich der Ertragswert** sich aus dem **Bodenwert** (Fläche x Bodenrichtwert – wie unbebautes Grundstück) und dem **Gebäudeertragswert** (Summe des auf der Grundlage des Ertrags ermittelten Werts der baulichen Anlagen). Mindestens ist der Bodenwert anzusetzen (**Mindestwert**). Außenanlagen sind grds. mit dem Ertragswert abgegolten (§ 184 Abs. 4 BewG).

Schema Ertragswertverfahren:

Bodenrichtwert	**Rohertrag** des Grundstücks (Netto-Jahresmiete ohne Nebenkosten oder übliche Miete)
x Grundstücksfläche	./. Bewirtschaftungskosten (z.B. Instandhaltungs-/Verwaltungskosten)
= **Bodenwert**	= **Reinertrag** des Grundstücks
	./. Bodenwertverzinsung (Bodenwert x Liegenschaftszinssatz)
	= **Gebäudereinertrag**
	x Vervielfältiger (→ Anl. 21 BewG)
	= **Gebäudeertragswert (≥ 0)**

Ertragswert = Grundbesitzwert

Der Rohertrag ist die jährlich vereinbarte Sollmiete (inkl. Untermietzuschläge und Garagenmiete) ohne Berücksichtigung von Umlagen für Betriebskosten und Einnahmen für die Überlassung von Maschinen und Betriebsvorrichtungen. Bei eigengenutztem ungenutztem und zu vorübergehendem Gebrauch oder unentgeltlich überlassenen Grundstücken ist die **übliche Miete** (ohne Betriebskosten) anzusetzen. Die übliche Miete wird auch dann angesetzt, wenn die tatsächliche Miete um mehr als 20 % von der üblichen Miete abweicht. Die übliche Miete ist in Anlehnung an die Miete zu schätzen, die für Räume gleicher oder ähnlicher Art, Lage und Ausstattung regelmäßig gezahlt wird (ohne Betriebskosten). Die übliche Miete kann aus Vergleichsmieten oder Mietspiegeln abgeleitet, mit Hilfe einer Mietdatenbank (§ 558e BGB) geschätzt oder durch ein Mietgutachten ermittelt werden.

Bewirtschaftungskosten sind die bei gewöhnlicher Bewirtschaftung nachhaltig entstehende Verwaltungskosten, Betriebskosten (dabei bleiben die durch Umlagen gedeckten Betriebskosten außer Ansatz), Instandhaltungskosten und Mietausfallwagniskosten. Zinsen für Hypothekendarlehen und Grundschulden oder sonstige Zahlungen für auf dem Grundstück lastende privatrechtliche Verpflichtungen bleiben ebenfalls außer Ansatz.

Die Bewirtschaftungskosten sind mit den nach Maßgabe des § 187 Abs. 3 BewG an den Bewertungsstichtag angepassten Einzelansätzen für Verwaltungs- und Instandhaltungskosten sowie das Mietausfallwagnis aus der Anl. 23 BewG zu berücksichtigen. Ein Ansatz in tatsächlicher Höhe oder nach Erfahrungssätzen kommt nicht in Betracht.

Die Verwaltungs- und Instandhaltungskosten für Wohnnutzung in der Anl. 23 BewG werden jährlich anhand des vom Statistischen Bundesamt festgestellten Verbraucherpreisindex für Deutschland angepasst. Die Anpassung erfolgt gem. § 187 Abs. 3 Satz 2 BewG mit dem Prozentsatz, um den sich der Verbraucherpreisindex für den Monat Oktober 2001 gegenüber demjenigen für den Monat Oktober des Jahres, das dem Bewertungsstichtag vorausgeht, erhöht oder verringert hat. Die indizierten Bewirtschaftungskosten sind für alle Bewertungsstichtage des Kalenderjahres anzuwenden.

Das BMF veröffentlicht den maßgebenden Verbraucherpreisindex im Bundessteuerblatt. Gem. BMF-Schreiben vom 27.1.2023, BStBl 2023 I S. 216 NWB LAAAJ-32888, beträgt der Verbrau-

9 § 183 BewG. Rz. 11-14, AEBew JStG 2022 NWB VAAAJ-36842.

cherpreisindex für den Monat Oktober 2022 (2015 = 100) 122,2 und für den Monat Oktober 2001 (2015 = 100) 81,6. Hieraus ergeben sich für die **Bewertungsstichtage im Jahr 2023** folgende indizierte Verwaltungs- und Instandhaltungskosten:

I. Bewirtschaftungskosten für Wohnnutzung		
1. Verwaltungskosten		
	Basiswerte (Anl. 23 BewG)	**Werte nach Indizierung für Bewertungsstichtage in 2023**
jährlich je Wohnung	230 EUR	344 EUR
jährlich je Garage oder ähnlichen Einstellplatz	30 EUR	45 EUR
2. Instandhaltungskosten		
	Basiswerte (Anl. 23 BewG)	**Werte nach Indizierung für Bewertungsstichtage in 2023**
jährlich je Quadratmeter Wohnfläche	9,00 EUR	13,50 EUR
jährlich je Garage oder ähnlichen Einstellplatz	68 EUR	102 EUR

Gem. BMF-Schreiben vom 29.1.2024, BStBl 2024 I S. 191, beträgt der Verbraucherpreisindex für den Monat Oktober 2023 (2015 = 100) 117,8 und für den Monat Oktober 2001 (2015 = 100) 77,1. Hieraus ergeben sich für die **Bewertungsstichtage im Jahr 2024** folgende indizierte Verwaltungs- und Instandhaltungskosten:

I. Bewirtschaftungskosten für Wohnnutzung		
1. Verwaltungskosten		
	Basiswerte (Anl. 23 BewG)	**Werte nach Indizierung für Bewertungsstichtage in 2024**
jährlich je Wohnung	230 EUR	351 EUR
jährlich je Garage oder ähnlichen Einstellplatz	30 EUR	46 EUR
2. Instandhaltungskosten		
	Basiswerte (Anl. 23 BewG)	**Werte nach Indizierung für Bewertungsstichtage in 2024**
jährlich je Quadratmeter Wohnfläche	9,00 EUR	13,80 EUR
jährlich je Garage oder ähnlichen Einstellplatz	68 EUR	104 EUR

Die Verwaltungskosten für Wohnungen sowie für Garagen und ähnliche Einstellplätze, die der Wohnnutzung dienen, bestimmen sich jeweils nach deren Anzahl und den hierfür in der Anl. 23 BewG für Wohnnutzung aufgeführten und auf den Bewertungsstichtag indizierten Einzelansätzen. Für Wohnräume, die den Wohnungsbegriff nicht erfüllen, und alle weiteren Räumlichkeiten, die zu anderen als Wohnzwecken genutzt werden, sind jeweils 3 % des jährlich auf diese Räume entfallenden Rohertrages als Verwaltungskosten zu berücksichtigen. Der entsprechende Rohertrag ist gesondert zu ermitteln.

Die Instandhaltungskosten bestimmen sich bei Wohnnutzung nach den hierfür in Anl. 23 BewG aufgeführten und auf den Bewertungsstichtag indizierten Einzelansätzen je Quadratmeter Wohnfläche und je Garage oder ähnlichen Einstellplatz. Bei Nichtwohnnutzung bestimmen sich die Instandhaltungskosten je Quadratmeter Nutzfläche grundsätzlich nach den für Wohnflächen geltenden und indizierten Basiswerten. Bei den Gebäudearten 13, 15-16 und 18 der Anl. 24 Teil II. BewG ist nach Maßgabe der Anl. 23 BewG als Instandhaltungskosten je Quadratmeter Nutzfläche nur ein anteiliger Ansatz der für Wohnflächen geltenden und indizierten

Basiswerte zu berücksichtigen. Für die mit der Nichtwohnnutzung im Nutzungszusammenhang stehenden Garagen und ähnlichen Einstellplätze sind entsprechend die für die Wohnnutzung indizierten Einzelansätze je Garage oder ähnlichen Einstellplatz anzusetzen. Bei Gebäuden mit unterschiedlicher Nutzung sind die Instandhaltungskosten für jede Nutzung gesondert zu ermitteln.

Als Mietausfallwagnis sind für Wohnungen, Wohnräume und die dazugehörenden Garagen und ähnlichen Einstellplätze (Wohnnutzung) insgesamt 2 % des hierauf entfallenden jährlichen Rohertrags anzusetzen. Für alle Räumlichkeiten, die zu anderen als Wohnzwecken genutzt werden, sind insgesamt 4 % des hierauf entfallenden jährlichen Rohertrages zu berücksichtigen. Die entsprechenden anteiligen Roherträge sind gesondert zu ermitteln.

Der Liegenschaftszinssatz ist der Zinssatz, mit dem der Verkehrswert von Grundstücken im Durchschnitt marktüblich verzinst wird. Anzuwenden sind die örtlichen Liegenschaftszinssätze, die von den Gutachterausschüssen für den letzten Auswertungszeitraum abgeleitet worden sind, der vor dem Kalenderjahr endet, in dem der Bewertungsstichtag liegt.

Stehen keine Liegenschaftszinssätze zur Verfügung, dann gelten die seit 1.1.2023 an das aktuelle Marktniveau angepassten Zinssätze in § 188 Abs. 2 Satz 2 BewG.

Für den **Gebäudeertragswert** ist der Reinertrag des Gebäudes mit dem Vervielfältiger (Anl. 21 BewG) zu multiplizieren. Der jeweilige Faktor hängt vom Liegenschaftszinssatz und der Restnutzungsdauer des Gebäudes (Anl. 22 BewG) ab. Die Restnutzungsdauer wird grundsätzlich aus dem **Unterschiedsbetrag zwischen der typisierten wirtschaftlichen Gesamtnutzungsdauer und dem Alter des Gebäudes** am Bewertungsstichtag ermittelt. Es besteht gem. § 185 Abs. 3 Satz 4 BewG die gesetzliche Anweisung das Alter des Gebäudes durch Abzug des Jahres der Bezugsfertigkeit des Gebäudes (Baujahr) vom Jahr des Bewertungsstichtags zu bestimmen. Veränderungen des Gebäudes, die die Gesamtnutzungsdauer verlängern/verkürzen, führen zu einer verlängerten/verkürzten Restnutzungsdauer des Gebäudes.

Eine **Verlängerung der Restnutzungsdauer** ist nur anzunehmen, wenn in den letzten zehn Jahren durchgreifende Modernisierungen vorgenommen wurden, die nach einem speziellen Punktesystem[10] eine überwiegende oder umfassende Modernisierung ergeben.

Eine Verkürzung der Restnutzungsdauer kommt nur noch bei bestehender Abbruchverpflichtung für das Gebäude in Betracht (§ 185 Abs. 3 Satz 7 BewG). In diesen Fällen ist die Restnutzungsdauer auf den Unterschiedsbetrag zwischen der tatsächlichen Gesamtnutzungsdauer und dem Alter des Gebäudes am Bewertungsstichtag begrenzt. Baumängel und Bauschäden oder wirtschaftliche Gegebenheiten können im typisierenden Bewertungsverfahren zu keiner Verkürzung der Restnutzungsdauer führen.[11] Die Restnutzungsdauer eines noch nutzbaren Gebäudes beträgt nach § 185 Abs. 3 Satz 6 BewG regelmäßig noch **mindestens 30 % der wirtschaftlichen Gesamtnutzungsdauer**. In besonderen Fallgestaltungen, wie z. B. bei bestehender vertraglicher Abbruchverpflichtung für das Gebäude, kann diese Mindest-Restnutzungsdauer jedoch unterschritten werden.

Für die Bewertung im **Sachwertverfahren ist der Sachwert zu ermitteln.** Der **Sachwert** ergibt sich aus dem **Bodenwert** und aus der Summe der Herstellungskosten der auf dem Grundstück vorhandenen Anlagen (**Gebäudesachwert**). Der Bodenwert entspricht dem Wert des unbebauten Grundstücks nach § 179 BewG. Die Außenanlagen sind grds. mit dem Sachwert abgegolten. Nur in Ausnahmefällen mit besonders werthaltigen Außenanlagen, wie z. B. ein größerer Swimmingpool, und sonstigen Anlagen werden hierfür gesonderte Wertansätze nach gewöhnlichen Herstellungskosten berücksichtigt.[12] Der vorläufige Sachwert des Grundstücks wird zur Anpassung an den gemeinen Wert mit einer Wertzahl (§ 191 BewG) multipliziert.

10 Rz. 20 f., AEBew JStG 2022 NWB LAAAJ-32888.

11 Rz. 23, AEBew JStG NWB LAAAJ-32888.

12 § 189 Abs. 4 BewG, Rz. 60-61 NWB LAAAJ-32888.

Schema Sachwertverfahren:

Bodenrichtwert x Grundstücksfläche = **Bodenwert**	**Regelherstellungskosten** (Anl. 24 BewG) (gewöhnliche HK je Flächeneinheit) x Baupreisindex x Brutto-Grundfläche = **durchschnittl. Herstellungsk. des Gebäudes** x Regionalfaktor ./. Alterswertminderungsfaktor = **Gebäudesachwert**

Vorläufiger Sachwert
x Wertzahl (Anl. 25 BewG)
= **Sachwert = Grundbesitzwert**

Bei der Ermittlung des Gebäudesachwerts ist von den Regelherstellungskosten des Gebäudes auszugehen. **Regelherstellungskosten** sind die **durchschnittlichen Herstellungskosten** je **Flächeninhalt**. Durch Multiplikation der jeweiligen angepassten Regelherstellungskosten mit der Brutto-Grundfläche des Gebäudes ergeben sich die sog. durchschnittliche Herstellungskosten des Gebäudes.[13]

Die Regelherstellungskosten sind anhand der vom Statistischen Bundesamt veröffentlichen Baupreisindizes zu aktualisieren. Für Bewertungsstichtage im Kalenderjahr 2023 hat das BMF mit Schreiben vom 30.1.2023, BStBl 2023 I S. 217 NWB AAAAJ-32896 die Baupreisindizes zur Anpassung der Regelherstellungskosten aus der Anl. 24 BewG veröffentlicht. Für Bewertungsstichtage im Kalenderjahr 2024 erfolgte die Veröffentlichung mit BMF-Schreiben vom 30.1.2024, BStBl 2024 I S. 192 NWB QAAAJ-58232.[14]

Durch Regionalfaktoren wird der Unterschied zwischen dem bundesdurchschnittlichen und dem regionalen Baukostenniveau berücksichtigt. Zur Berücksichtigung des Unterschieds zwischen dem bundesdurchschnittlichen und dem regionalen Baukostenniveau sind die Regelherstellungskosten des jeweiligen Gebäudes gem. § 190 Abs. 3 Satz 1 i. V. m. Abs. 5 BewG mit dem Regionalfaktor zu multiplizieren, der vom Gutachterausschuss bei der Ableitung der Sachwertfaktoren nach § 191 Satz 1 BewG zugrunde gelegt worden ist. Liegt vom Gutachterausschuss kein Sachwertfaktor vor oder ist der vom Gutachterausschuss ermittelte Sachwertfaktor nach Maßgabe des § 177 Abs. 2 und 3 BewG nicht geeignet, kommt nach § 190 Abs. 5 Satz 3 BewG der Regionalfaktor in Höhe von 1,0 zur Anwendung. Die Wertzahlen in Anl. 25 BewG unterstellen bei der Gebäudesachwertermittlung einen Regionalfaktor von 1,0.

Zur Ermittlung des Gebäudesachwerts sind die durchschnittlichen Herstellungskosten des Gebäudes gemäß § 190 Abs. 3 Satz 1 BewG mit dem Regionalfaktor und dem Alterswertminderungsfaktor i. S. d. § 190 Abs. 6 BewG zu multiplizieren. Der Alterswertminderungsfaktor entspricht dem Verhältnis der Restnutzungsdauer des Gebäudes am Bewertungsstichtag zur Gesamtnutzungsdauer nach Anl. 22 BewG. Er ist in der für die Steuerpflichtigen günstigsten Weise auf drei Nachkommastellen auf- oder abzurunden. Die Restnutzungsdauer wird grundsätzlich aus dem Unterschiedsbetrag zwischen der Gesamtnutzungsdauer, die sich aus der Anl. 22 BewG ergibt, und dem Alter des Gebäudes am Bewertungsstichtag ermittelt. Das Alter des Gebäudes ist durch Abzug des Jahres der Bezugsfertigkeit des Gebäudes vom Jahr des Bewertungsstichtags zu bestimmen, § 190 Abs. 6 Satz 3 BewG.

Sind nach Bezugsfertigkeit des Gebäudes Veränderungen eingetreten, die die **Restnutzungsdauer** des Gebäudes wesentlich **verlängert** haben, ist von der dementsprechend verlängerten Restnutzungsdauer auszugehen, § 190 Abs. 6 Satz 4 BewG. Eine **Verkürzung der Restnutzungsdauer** kommt nur bei bestehender Abbruchverpflichtung für das Gebäude in Betracht, § 190

13 Anl. 24 BewG, R B 190.6 ErbStR.

14 Gebäudearten 1.01 bis 5.1 – 177,9; Gebäudearten 5.2 bis 18.2 – 181,3.

Abs. 6 Satz 6 BewG. In diesen Fällen ist die Restnutzungsdauer auf den Unterschiedsbetrag zwischen der tatsächlichen Gesamtnutzungsdauer und dem Alter des Gebäudes am Bewertungsstichtag begrenzt. Der Alterswertminderungsfaktor entspricht dann dem Verhältnis der verkürzten Restnutzungsdauer des Gebäudes am Bewertungsstichtag zur Gesamtnutzungsdauer nach Anl. 22 BewG. Baumängel und Bauschäden oder wirtschaftliche Gegebenheiten können im typisierenden Bewertungsverfahren zu keiner Verkürzung der Restnutzungsdauer führen. Die Restnutzungsdauer eines noch nutzbaren Gebäudes beträgt regelmäßig **mindestens 30 % der typisierten Gesamtnutzungsdauer**. Bei bestehender Abbruchverpflichtung für das Gebäude kann diese Mindest-Restnutzungsdauer jedoch unterschritten werden.

Die Wertzahl, mit der der vorläufige Sachwert multipliziert wird, bestimmt sich vorrangig von den Gutachterausschüssen für das Sachwertverfahren bei der Verkehrswertermittlung für den letzten Auswertungszeitraum, der vor dem Kalenderjahr endet, in dem der Bewertungsstichtag liegt, abgeleiteten Sachwertfaktoren nach § 177 Abs. 2 und 3 BewG anzuwenden. Liegen keine Sachwertfaktoren vor, dann finden die Faktoren gem. Anl. 25 BewG Anwendung. Die Höhe der Wertzahlen in Anl. 25 BewG ist an das aktuelle Marktniveau angepasst worden. Für vorläufige Sachwerte und Bodenrichtwerte oder abgeleitete Bodenwerte zwischen den angegebenen Intervallen sind die Wertzahlen durch lineare Interpolation zu bestimmen. Über den tabellarisch aufgeführten Bereich hinaus ist keine Extrapolation durchzuführen. Für Werte außerhalb des angegebenen Bereichs gilt der nächstgelegene vorläufige Sachwert oder Bodenrichtwert oder abgeleitete Bodenwert.

6.3 Sonderfälle

Das **Erbbaurecht** ist das veräußerliche und vererbliche Recht an einem Grundstück, auf oder unter der Oberfläche des Grundstücks ein Bauwerk zu haben. Das **belastete Grundstück (Erbbaugrundstück)** ist das Grundstück, an dem das Erbbaurecht bestellt ist. Der **Wert des Erbbaurechts** wird vorrangig durch Anwendung der von den Gutachterausschüssen ermittelten Erbbaurechtskoeffizienten oder nachrangig im Wege einer finanzmathematischen Methode unter Heranziehung der von den Gutachterausschüssen ermittelten Erbbaurechtsfaktoren ermittelt. Der Wert des Erbbaurechts ist gem. § 193 Abs. 1 BewG. durch Multiplikation des Werts des unbelasteten Grundstücks mit einem Erbbaurechtskoeffizienten zu ermitteln. Anzuwenden sind die von den Gutachterausschüssen i. S. d. §§ 192 ff. BauGB ermittelten Erbbaurechtskoeffizienten nach Maßgabe des § 177 Abs. 2 und 3 BewG. Der Wert des unbelasteten Grundstücks ist der Wert des Grundstücks, der nach den §§ 179, 182-196 BewG festzustellen wäre, wenn die Belastung mit dem Erbbaurecht nicht bestünde.

Liegt für das zu bewertende Erbbaurecht kein Erbbaurechtskoeffizient i. S. d. § 193 Abs. 1 i.V. m. § 177 Abs. 2 und 3 BewG. vor, ist der Wert des Erbbaurechts durch Multiplikation des finanzmathematischen Werts des Erbbaurechts mit einem Erbbaurechtsfaktor zu ermitteln (sog. finanzmathematische Methode). Anzuwenden sind die von den Gutachterausschüssen ermittelten Erbbaurechtsfaktoren nach Maßgabe des § 177 Abs. 2 und 3 BewG. Soweit derartige Erbbaurechtsfaktoren nicht zur Verfügung stehen, gilt der Erbbaurechtsfaktor 1,0. Der **Wert des Erbbaugrundstücks** wird vorrangig durch Anwendung der von den Gutachterausschüssen ermittelten Erbbaugrundstückskoeffizienten oder nachrangig im Wege der finanzmathematischen Methode unter Heranziehung der von den Gutachterausschüssen ermittelten Erbbaugrundstücksfaktoren ermittelt.

Der Wert des Erbbaugrundstücks ist gem. § 194 Abs. 1 Satz 1 BewG durch Multiplikation des Bodenwerts des unbelasteten Grundstücks mit einem Erbbaugrundstückskoeffizienten zu ermitteln. Anzuwenden sind die von den Gutachterausschüssen i. S. d. §§ 192 ff. BauGB ermittelten Erbbaugrundstückskoeffizienten nach Maßgabe des § 177 Abs. 2 und 3 BewG. Der Bodenwert des unbelasteten Grundstücks ist der Wert des Grundstücks, der nach § 179 BewG festzustellen wäre, wenn die Belastung mit dem Erbbaurecht nicht bestünde. Liegt für das zu bewertende Erbbaugrundstück kein Erbbaugrundstückskoeffizient i. S. d. § 194 Abs. 1 i.V. m. § 177 Abs. 2 und 3 BewG vor, ist der Wert des Erbbaugrundstücks durch Multiplikation des finanzmathematischen Werts des Erbbaugrundstücks mit einem Erbbaugrundstücksfaktor zu ermitteln (sog. finanzmathematische Methode). Anzuwenden sind die von den Gutachterausschüssen ermittelten Erbbaugrundstücksfaktoren nach Maßgabe des § 177 Abs. 2 und 3 BewG. Soweit derartige Erbbaugrundstücksfaktoren nicht zur Verfügung stehen, gilt der Erbbaugrundstücksfaktor 1,0.

Zur Ermittlung des finanzmathematischen Werts des Erbbaurechts wird gemäß § 193 Abs. 3 Satz 1 BewG die Summe aus

1. dem Wert des fiktiv unbelasteten Grundstücks nach §§ 179, 182-196 BewG abzüglich des Bodenwerts des fiktiv unbelasteten Grundstücks nach § 179 BewG (**Wertanteil des Gebäudes**) und

2. der gem. § 193 Abs. 4 BewG über die Restlaufzeit des Erbbaurechts mittels Vervielfältiger nach Anl. 21 BewG kapitalisierten Differenz aus dem angemessenen Verzinsungsbetrag des Bodenwerts des fiktiv unbelasteten Grundstücks und dem vertraglich vereinbarten jährlichen Erbbauzins (**Wertvorteil/-nachteil ggü. angemessener Bodenwertverzinsung**)

gebildet. Ein bei Ablauf des Erbbaurechts verbleibender und ggf. **nicht zu entschädigender Wertanteil** der Gebäude oder des Gebäudes ist gem. § 193 Abs. 3 Satz 2 i.V.m. Abs. 5 BewG abzuziehen. Ist das mit dem Erbbaurecht belastete Grundstück unbebaut, besteht der finanzmathematische Wert des Erbbaurechts ausschließlich aus der über die Restlaufzeit des Erbbaurechts kapitalisierten Differenz aus dem angemessenen Verzinsungsbetrag des Bodenwerts des unbelasteten Grundstücks und dem vertraglich vereinbarten jährlichen Erbbauzins.

Zur Ermittlung des bei Ablauf des Erbbaurechts nicht zu entschädigenden Gebäudewertanteils i.S.d. § 193 Abs. 3 Satz 2 i.V.m. Abs. 5 BewG ist auf den Zeitpunkt des Ablaufs des Erbbaurechts der Unterschiedsbetrag aus dem Wert des fiktiv unbelasteten Grundstücks nach den §§ 179, 182-196 BewG und dem Bodenwert für das fiktiv unbelastete Grundstück nach § 179 BewG zu ermitteln. Bei diesen Ermittlungen auf den Zeitpunkt des Ablaufs des Erbbaurechts ist grundsätzlich von den Grundstücksmerkmalen und Bewertungsparametern am Bewertungsstichtag auszugehen. Dies gilt insbesondere für die Grundstücks- und Gebäudeflächen, Bodenrichtwerte, Roherträge, Bewirtschaftungskosten, Liegenschaftszinssätze, Regelherstellungskosten, Verbraucher- und Baupreisindizes sowie Wertzahlen.

Für die Bestimmung der Restnutzungsdauer zum Ablauf des Erbbaurechts ist i.S.d. § 193 Abs. 5 Satz 2 BewG von der Restnutzungsdauer auszugehen, die bei der Ermittlung des unbelasteten Grundstücks nach § 193 Abs. 3 Satz 1 Nr. 1 BewG zugrunde gelegt wurde. Diese ist um die Restlaufzeit des Erbbaurechts zu mindern. Übersteigt die Restlaufzeit des Erbbaurechts die Restnutzungsdauer der Gebäude zum Bewertungsstichtag, entfällt demnach der Ansatz eines Gebäudewertanteils. Ausschließlich bei einer über die Restlaufzeit des Erbbaurechts hinausgehenden Restnutzungsdauer ist ein nicht zu entschädigender Gebäudewertanteil nach § 193 Abs. 3 Satz 2 i.V.m. Abs. 5 BewG zu ermitteln. In diesen Fällen ist der ermittelte Unterschiedsbetrag mit dem sich aus Anl. 26 BewG ergebenden Abzinsungsfaktor auf den Bewertungsstichtag abzuzinsen. Der Abzinsungsfaktor nach Anl. 26 BewG ist abhängig vom maßgebenden Zinssatz und der auf volle Jahre abgerundeten Restlaufzeit des Erbbaurechts. Für die Anwendung des Abzinsungsfaktors sind die Zinssätze nach § 193 Abs. 4 Satz 2 oder 3 BewG. maßgebend. Für nicht in der Anl. 26 BewG aufgeführte Zinssätze, ist der Abzinsungsfaktor nach der dort angegebenen Formel zu berechnen und auf vier Nachkommastellen kaufmännisch zu runden. Liegt ein immerwährendes Erbbaurecht vor, beträgt der Abzinsungsfaktor 0, § 193 Abs. 5 Satz 5 BewG. In diesen Fällen ist kein Wertanteil des Gebäudes vom Erbbaurecht abzuziehen und eine Ermittlung des bei Ablauf des Erbbaurechts nicht zu entschädigenden Wertanteils des Gebäudes entfällt. Der auf den Bewertungsstichtag abgezinste Unterschiedsbetrag ist mit dem nicht zu entschädigenden Wertanteil der jeweiligen Gebäude zu multiplizieren.

Der nach den vorstehenden Grundsätzen ermittelte finanzmathematische Wert ist nach § 193 Abs. 2 BewG mit einem sog. **Erbbaurechtsfaktor** zu multiplizieren. Anzuwenden sind die von den Gutachterausschüssen i.S.d. §§ 192 ff. BauGB ermittelten Erbbaurechtsfaktoren nach Maßgabe des § 177 Abs. 2 und 3 BewG. Soweit derartige Erbbaurechtsfaktoren nicht zur Verfügung stehen, gilt der Erbbaurechtsfaktor 1,0.

Zur Ermittlung des finanzmathematischen Werts des Erbbaugrundstücks wird gem. § 194 Abs. 3 Satz 1 BewG die Summe aus

1. dem nach § § 194 Abs. 4 BewG über die Restlaufzeit des Erbbaurechts mittels Abzinsungsfaktor nach Anl. 26 BewG **abgezinsten Bodenwert** des fiktiv unbelasteten Grundstücks nach § 179 BewG und

2. dem nach § 194 Abs. 5 BewG über die Restlaufzeit des Erbbaurechts mittels Vervielfältiger nach Anl. 21 BewG **kapitalisierten vertraglich vereinbarten jährlichen Erbbauzins**

gebildet. Ein bei Ablauf des Erbbaurechts verbleibender und ggf. **nicht zu entschädigender Wertanteil** der Gebäude oder des Gebäudes ist nach § 194 Abs. 3 Satz 2 i.V.m. § 193 Abs. 5 BewG hinzuzurechnen. Ist das mit dem Erbbaurecht belastete Grundstück unbebaut, besteht der finanzmathematische Wert des Erbbaugrundstücks ausschließlich aus der Summe der Werte nach Nr. 1 und 2.

Ein Gebäudewertanteil des Erbbaugrundstücks ergibt sich nur dann, wenn bei Beendigung des Erbbaurechts durch Zeitablauf der verbleibende Gebäudewert nicht oder nur teilweise zu entschädigen ist und die Restnutzungsdauer der Gebäude die Restlaufzeit des Erbbaurechts übersteigt. Ein bei Ablauf des Erbbaurechts verbleibender und nicht zu entschädigender Wertanteil der Gebäude oder des Gebäudes ist nach § 194 Abs. 3 Satz 2 i.V.m. § 193 Abs. 5 BewG dem finanzmathematischen Wert des Erbbaugrundstücks hinzuzurechnen.

Der nach den vorstehenden Grundsätzen ermittelte finanzmathematische Wert ist nach § 194 Abs. 2 BewG mit einem sog. **Erbbaugrundstücksfaktor** zu multiplizieren. Es sind die von den Gutachterausschüssen ermittelten Erbbaugrundstücksfaktoren nach § 177 Abs. 2 und 3 BewG anzuwenden. Soweit derartige Erbbaugrundstücksfaktoren nicht zur Verfügung stehen, gilt der Erbbaugrundstücksfaktor 1,0.

Die Bewertung in Fällen mit Gebäuden auf fremdem Grund und Boden nach § 195 BewG wurde in Anlehnung an die Bewertung in Erbbaurechtsfällen nach §§ 192-194 BewG ausgestaltet. In Fällen mit Gebäuden auf fremdem Grund und Boden sind die Werte für die wirtschaftliche Einheit des Gebäudes auf fremdem Grund und Boden nach § 195 Abs. 2-4 BewG und die wirtschaftliche Einheit des belasteten Grundstücks nach § 195 Abs. 5-7 BewG gesondert zu ermitteln. Die nach § 195 BewG ermittelten Grundbesitzwerte dürfen gemäß § 195 Abs. 1 Satz 2 BewG jeweils nicht weniger als 0 € betragen.

Der **Wert des Gebäudes auf fremdem Grund und Boden** wird gemäß § 195 Abs. 2 Satz 1 BewG durch die Summe aus

1. dem Wert des fiktiv unbelasteten Grundstücks nach den §§ 179, 182-196 BewG abzüglich des Bodenwerts des fiktiv unbelasteten Grundstücks nach § 179 BewG und

2. der nach § 195 Abs. 3 BewG über die Restlaufzeit des Nutzungsrechts mittels Vervielfältiger nach Anl. 21 BewG kapitalisierten Differenz aus dem angemessenen Verzinsungsbetrag des Bodenwerts des fiktiv unbelasteten Grundstücks und dem vertraglich vereinbarten jährlichen Nutzungsentgelt

gebildet. Ein bei Ablauf des Nutzungsrechts ggf. **nicht zu entschädigender Wertanteil** der Gebäude oder des Gebäudes ist gemäß § 195 Abs. 4 BewG abzuziehen.

Zur Ermittlung des **Werts des mit dem Nutzungsrecht belasteten Grundstücks** wird gem. § 195 Abs. 5 Satz 1 BewG die Summe aus

1. dem nach § 195 Abs. 6 BewG über die Restlaufzeit des Nutzungsrechts abgezinsten Wert des fiktiv unbelasteten Grundstücks nach § 179 BewG und

2. dem nach § 195 Abs. 7 BewG über die Restlaufzeit des Nutzungsrechts kapitalisierten vertraglich vereinbarten jährlichen Nutzungsentgelt

gebildet.

Ein bei Ablauf des Nutzungsrechts verbleibender und **nicht zu entschädigender Wertanteil** der Gebäude oder des Gebäudes i. S. des § 195 Abs. 4 BewG ist hinzuzurechnen.

Bei Gebäuden oder Gebäudeteilen im Zustand der Bebauung sind die bereits im Besteuerungszeitpunkt entstandenen Herstellungskosten dem Wert des bislang unbebauten oder bereits bebauten Grundstücks hinzuzurechnen. **Abbruchkosten** für auf dem Grundstück vor Beginn der Baumaßnahme vorhandene Gebäude oder Gebäudeteile rechnen unabhängig von ihrer ertragsteuerlichen Beurteilung nicht zu den Herstellungskosten.

7. Bewertung des Betriebsvermögens und von Kapitalgesellschaftsanteilen

7.1 Betriebsvermögen i. S. d. Bewertungsgesetzes

Das Betriebsvermögen i. S. d. Bewertungsrechts umfasst alle Teile eines Gewerbebetriebs i. S. d. § 15 Abs. 1 und 2 EStG, die bei der steuerlichen Gewinnermittlung zum Betriebsvermögen gehören.

Außerdem stehen kraft gesetzlicher Fiktion – unabhängig von der Art der Tätigkeit – dem Gewerbebetrieb i. S. d. Bewertungsrechts gleich

- die in § 97 BewG genannten Körperschaften, Personenvereinigungen und Vermögensmassen; die Personenvereinigungen schließen – anders als im KStG – auch die Personengesellschaften i. S. d. § 15 Abs. 1 Satz 1 Nr. 2 und Abs. 3 und des § 18 Abs. 4 Satz 2 EStG ein,
- die freiberuflichen Tätigkeiten nach § 96 BewG,
- die Tätigkeit der staatl. Lotterieeinnehmer nach § 96 BewG.

Auch der Betrieb von Gesellschaften i. S. d. § 1 Abs. 1 KStG mit Sitz im Ausland und Geschäftsleitung im Inland, die nach deutschem Gesellschaftsrecht nicht als juristische Personen anerkannt sind, gilt als Gewerbebetrieb i. S. d. § 95 BewG, sodass bewertungsrechtlich insoweit ebenfalls Betriebsvermögen vorliegt, sofern dem Grunde nach eine Tätigkeit nach § 15 Abs. 1 und 2 EStG vorliegt.

7.2 Bewertungsrechtliche Wirtschaftsgüter des Betriebsvermögens

Zum Betriebsvermögen eines Gewerbebetriebs gehören grundsätzlich alle Wirtschaftsgüter und sonstigen aktiven Ansätze sowie Betriebsschulden und sonstigen Abzüge, die bei der steuerlichen Gewinnermittlung zum Betriebsvermögen gehören[15], soweit ihr Ansatz nach dem Erbschaftsteuergesetz in Verbindung mit dem Bewertungsgesetz nicht ausgeschlossen ist.

Wirtschaftsgüter, die also teilweise privaten und teilweise betrieblichen Zwecken dienen, sind nur dann zum Betriebsvermögen des Einzelunternehmens zu rechnen, wenn sie zu mehr als 50 % betrieblichen Zwecken dienen (notwendiges Betriebsvermögen) oder zu mehr als 10 % betrieblichen Zwecken dienen und nach den ertragsteuerlichen Vorschriften als gewillkürtes Betriebsvermögen behandelt werden.

Der Firmen- oder Geschäftswert oder der Praxiswert ist nicht anzusetzen unabhängig davon, ob er selbst geschaffen oder entgeltlich erworben wurde. Dagegen sind bei der Ermittlung des Substanzwerts[16] auch selbst geschaffene oder entgeltlich erworbene immaterielle Wirtschaftsgüter (z. B. Patente, Lizenzen, Warenzeichen, Markenrechte, Konzessionen, Bierlieferrechte) zu berücksichtigen. Geschäftswert-, firmenwert- oder praxiswertbildende Faktoren, denen ein eigenständiger Wert zugewiesen werden kann (z. B. Kundenstamm, Know-how), sind mit einzubeziehen, unabhängig davon, ob sie selbst geschaffen oder entgeltlich erworben wurden.[17]

Bei bilanzierenden Gewerbetreibenden und freiberuflich Tätigen[18] führt die Anknüpfung an die Grundsätze der steuerlichen Gewinnermittlung regelmäßig zu einer Identität zwischen der Steuerbilanz auf den Bewertungsstichtag oder den Schluss des letzten vor dem Bewertungsstichtag endenden Wirtschaftsjahrs und dem bewertungsrechtlichen Betriebsvermögen.

15 Notwendiges und gewillkürtes Betriebsvermögen.

16 § 109 i. V. m. § 11 Abs. 2 Satz 3 BewG, R B 11.5 ErbStR.

17 R B 11.5 Abs. 3 Satz 5 ErbStR.

18 § 4 Abs. 1 oder § 5 EStG.

Der Grundsatz der Identität wird insbesondere durchbrochen bei

1. Gewinnansprüchen gegen eine beherrschte Gesellschaft als sonstigem Abzug bei der beherrschten Gesellschaft gemäß § 103 Abs. 2 BewG,
2. Rücklagen gemäß § 103 Abs. 3 BewG,
3. Bilanzposten im Sinne des § 137 BewG, sog. D-Markbilanzgesetz,
4. selbst geschaffenen immateriellen Wirtschaftsgütern des Anlagevermögens, sowie bei geschäftswert-, firmenwert- oder praxiswertbildenden Faktoren, denen ein eigenständiger Wert zugewiesen werden kann, z. B. Kundenstamm, Know-how,[19]
5. Rückstellungen.[20]

7.3 Bewertungsrechtliche Wirtschaftsgüter des Betriebsvermögens einer Personengesellschaft

Alle Wirtschaftsgüter, die der Personengesellschaft gehören, d. h. das Gesamthandsvermögen der Mitunternehmer, ist zum Betriebsvermögen der Mitunternehmerschaft zu rechnen. Ein zum Gesamthandsvermögen gehörendes Grundstück kann dann nicht Betriebsvermögen sein, wenn es ausschließlich oder fast ausschließlich der privaten Lebensführung eines, mehrerer oder aller Gesellschafter dient.

Einkommensteuerliches Sonderbetriebsvermögen (SBV I und II) des Gesellschafters gehört bewertungsrechtlich ebenfalls zum Betriebsvermögen der Personengesellschaft. Das gilt auch für Forderungen und Schulden zwischen der Gesellschaft und den Gesellschaftern. Steht einer Forderung der Personengesellschaft an einen Gesellschafter, die in der Gesamthandsbilanz auszuweisen ist, kein entsprechender Schuldposten in einer Sonderbilanz dieses Gesellschafters gegenüber, kann bei der Ermittlung des Werts des Betriebsvermögens die entsprechende Schuld nicht berücksichtigt werden.

Ein Darlehen der Personengesellschaft an ihren Gesellschafter zu nicht fremdüblichen Konditionen, an dessen Verwendungszweck kein betriebliches Interesse besteht, stellt ertragsteuerlich eine Entnahme der Darlehensvaluta aus dem Betriebsvermögen der Gesellschaft in ihr gesamthänderisch gebundenes Privatvermögen dar, die allen Gesellschaftern anteilig unter Minderung ihrer Kapitalkonten zuzurechnen ist.[21]

Die Zurechnung zum Sonderbetriebsvermögen der Personengesellschaft geht bewertungsrechtlich der Zurechnung zum Betriebsvermögen des Gesellschafters vor.[22]

7.4 Betriebsgrundstück

Die Zugehörigkeit eines Grundstücks zum Betriebsvermögen richtet sich nach den ertragssteuerrechtlichen Regelungen. Gehört nur ein Teil des Grundstücks zum Betriebsvermögen und ist der Grundbesitzwert nach § 151 Abs. 1 Satz 1 Nr. 1 BewG festzustellen, ist er für das gesamte Grundstück festzustellen. Dieser ist nach ertragsteuerlichen Grundsätzen vom Betriebsfinanzamt gemäß § 152 Nr. 2 BewG aufzuteilen. Ein hiernach dem Grundvermögen zuzuordnender Anteil ist vom Betriebsfinanzamt dem zuständigen Erbschaft- und Schenkungsteuerfinanzamt nachrichtlich mitzuteilen.

Ist bei Ermittlung des gemeinen Werts des Betriebsvermögens der Grundbesitzwert berücksichtigt, erfolgt kein gesonderter Ansatz. Wenn das Grundstück oder der Grundstücksteil gesondert anzusetzen ist,[23] ist der gemeine Wert zu berücksichtigen, soweit er auf den betrieblichen Teil entfällt. Dies ist nach ertragssteuerrechtlichen Grundsätzen zu entscheiden.

19 R B 11.5 Abs. 3 Satz 4 und 5 ErbStR.
20 R B 11.5 Abs. 3 Satz 3 ErbStR.
21 BFH vom 9.5.1996, BStBl 1996 II S. 642 NWB BAAAA-95693.
22 § 97 Abs. 1 Satz 1 Nr. 5 Satz 2 BewG.
23 Substanzwertverfahren, Ansatz als Sonderbetriebsvermögen oder junges Betriebsvermögen.

Schulden, die mit einem Betriebsgrundstück in wirtschaftlichem Zusammenhang stehen, sind abzuziehen, soweit sie bei der steuerlichen Gewinnermittlung zum Betriebsvermögen gehören.

7.5 Berücksichtigung von Schulden und sonstigen Abzügen

Bei bilanzierenden Gewerbetreibenden und freiberuflich Tätigen sind die Schulden und sonstigen passiven Ansätze dem Grunde nach zu berücksichtigen, soweit sie in wirtschaftlichem Zusammenhang mit der Gesamtheit oder mit einzelnen Teilen des Betriebsvermögens stehen.[24] In der Steuerbilanz gewinnmindernd gebildete Rücklagen sind nicht abzugsfähig,[25] darunter fallen z. B. Rücklagen nach § 6b EStG, R 6.5 und R 6.6 EStR. Ausgleichsposten, die Rücklagencharakter haben, sind ebenfalls nicht abzugsfähig.

Bei nicht bilanzierenden Gewerbetreibenden und freiberuflich Tätigen sind Schulden und sonstige Abzüge ebenfalls nur zu berücksichtigen, wenn sie in wirtschaftlichem Zusammenhang mit der Gesamtheit oder mit einzelnen Teilen des Betriebsvermögens stehen. Abzugsfähig sind neben den auflösend bedingten auch die aufschiebend bedingten Verbindlichkeiten. Eine Schuld ist nur abzuziehen, wenn sie zum Bewertungsstichtag bereits entstanden und noch nicht erloschen ist. Die Schuld muss eine wirtschaftliche Belastung darstellen, das heißt, es darf nicht nur eine rechtliche Verpflichtung zu ihrer Erfüllung bestehen, sondern es muss auch ernstlich damit gerechnet werden, dass der Gläubiger Erfüllung verlangt.

Eine Darlehensschuld, die zur Errichtung eines Gewerbebetriebs aufgenommen wurde und zu deren Sicherung auf einem Privatgrundstück eine Hypothek bestellt ist, wird wegen des wirtschaftlichen Zusammenhangs mit dem Betriebsvermögen als Schuld abgezogen. Durch die Verpfändung eines Wirtschaftsguts allein wird noch kein wirtschaftlicher Zusammenhang zwischen der Schuld und dem verpfändeten Wirtschaftsgut begründet.

Ungewisse Verbindlichkeiten können abgezogen werden, soweit sie zum Bewertungsstichtag eine wirtschaftliche Belastung darstellen.

Die Verpflichtung auf Grund einer typischen stillen Beteiligung an einem Gewerbebetrieb ist grundsätzlich mit dem Nennwert der Vermögenseinlage des stillen Gesellschafters anzusetzen.[26] Die Verpflichtung zur Zahlung des jährlichen Gewinnanteils, dessen Höhe von dem Ergebnis des Wirtschaftsjahrs des Gewerbebetriebs abhängt, kann regelmäßig abgezogen werden.

Der Abzug ist auch dann zulässig, wenn die Höhe der Schuld am Stichtag noch nicht endgültig feststeht, z. B. weil der maßgebende Gewinn oder Umsatz des Geschäftsjahres erst noch ermittelt werden muss.

Sachleistungsansprüche und Sachleistungsverpflichtungen sind bereits ab dem Zeitpunkt des Vertragsabschlusses anzusetzen. Ihr Wert entspricht dem Wert des Gegenstandes, auf den die Leistung gerichtet ist. Bei Geschäften, die auf die Übertragung von Grundbesitz gerichtet sind, kommt eine Bewertung der Ansprüche und Verpflichtungen mit dem Grundbesitzwert[27] nicht in Betracht. Solange noch von keiner Vertragspartei mit der Erfüllung des Vertrags begonnen worden ist, brauchen aus Vereinfachungsgründen die gegenseitigen Rechte und Pflichten nicht berücksichtigt zu werden.

Steuerschulden, die in wirtschaftlichem Zusammenhang mit dem Betrieb stehen, können abgezogen werden. Dies können vor allem Umsatzsteuer-, Gewerbesteuer- und Grundsteuerschulden sein. Außerbetriebliche Schulden sind dagegen nicht abzugsfähig.[28]

24 § 103 Abs. 1 und § 109 BewG.
25 § 103 Abs. 3 BewG.
26 R B 12.4 ErbStR.
27 §§ 176 ff. BewG.
28 Z. B. Einkommensteuerschulden.

7.6 Wertansatz und Ermittlung des Betriebsvermögens

Das Betriebsvermögen ist rechtsformunabhängig grundsätzlich mit dem gemeinen Wert anzusetzen. Dies gilt für:

- Gewerbebetriebe gem. § 95 BewG,
- Freiberufliche Tätigkeiten gem. § 96 BewG,
- Anteile an einer Körperschaft, Personenvereinigung oder Vermögensmasse gemäß § 97 BewG. Dazu gehören u. a. die Anteile an einer Personengesellschaft und Kapitalgesellschaft sowie das Vermögen von Stiftungen.

Der gemeine Wert ist vorrangig aus Verkäufen unter fremden Dritten oder aus der Ausgabe neuer Geschäftsanteile an fremde Dritte abzuleiten, die am Bewertungsstichtag weniger als ein Jahr zurückliegen.

Lässt sich der gemeine Wert nicht aus Verkäufen unter fremden Dritten ableiten, die weniger als ein Jahr zurückliegen, so ist er unter Berücksichtigung der Ertragsaussichten oder einer anderen anerkannten, auch im gewöhnlichen Geschäftsverkehr für nichtsteuerliche Zwecke üblichen Methode zu ermitteln; dabei ist die Methode anzuwenden, die ein Erwerber der Bemessung des Kaufpreises zu Grunde legen würde. Geeignete Bewertungsverfahren sind z. B. die Discounted-Cash-Flow-Methode (DCF), die Bewertungsmethode nach Standard S1 des IDW sowie branchenübliche EBITDA-Multiples.

Die Summe der gemeinen Werte der zum Betriebsvermögen gehörenden Wirtschaftsgüter und sonstigen aktiven Ansätze abzüglich der zum Betriebsvermögen gehörenden Schulden und sonstigen Abzüge (Substanzwert, siehe unten) der Gesellschaft darf nicht unterschritten werden.

Die § 99[29] und § 103[30] BewG sind anzuwenden und die §§ 199-203 BewG zum vereinfachten Ertragswertverfahren zu berücksichtigen.

Das vereinfachte Ertragswertverfahren kann auch bei ausländischen Betriebsvermögen angewendet werden. Die Ermittlung der Bewertungsgrundlagen hat in der jeweiligen Landeswährung zu erfolgen, der in dieser Währung ermittelte Ertragswert ist mit dem für den Bewertungsstichtag festgestellten Devisenkurs in Euro umzurechnen. Der Gewinnermittlung können die im jeweiligen Land geltenden Gewinnermittlungsvorschriften zugrunde gelegt werden, wenn sie eine dem § 202 Abs. 1 Satz 2 BewG entsprechende Korrektur zulassen. Der nach § 203 BewG maßgebende Kapitalisierungsfaktor ist anzuwenden, wenn dies nicht zu offensichtlich unzutreffenden Ergebnissen führt.

7.7 Aufteilung des gemeinen Wertes

Das einer Personengesellschaft gehörende Betriebsvermögen ist Gesamthandsvermögen. Wirtschaftsgüter, die mehreren zur gesamten Hand zustehen, werden den Gesellschaftern anteilig zugerechnet.[31] Für Zwecke der Erbschaft- oder Schenkungsteuer muss nur der Gesellschaftsanteil bewertet werden, der Gegenstand des Erwerbs ist.

Bei Personengesellschaften erfolgt die Aufteilung auf die Gesellschafter wie folgt:

1. Vorweg sind dem Gesellschafter die Kapitalkonten aus der Gesamthandsbilanz zuzurechnen. Der verbleibende Wert des Betriebsvermögens ist nach dem Gewinnverteilungsschlüssel auf die Gesellschafter zu verteilen. Vorabgewinne sind nicht zu berücksichtigen.
2. Für Wirtschaftsgüter und Schulden des Sonderbetriebsvermögens eines Gesellschafters ist der gemeine Wert zu ermitteln. Der gemeine Wert des Sonderbetriebsvermögens ist dem jeweiligen Gesellschafter zuzurechnen.

Der gemeine Wert des Anteils des Gesellschafters ergibt sich aus der Summe von 1. und 2.

Hat der nicht nachschusspflichtige Kommanditist einer KG seine Kommanditeinlage voll erbracht, kann ihm kein negativer Wert am Gesamthandsvermögen zugerechnet werden; sein Anteil am Gesamthandsvermögen beträgt 0 €.

---

29 Betriebsgrundstücke.

30 Schulden und sonstige Abzüge.

31 § 39 Abs. 2 Nr. 2 AO, § 3 BewG.

Die Aufteilung des nach § 11 Abs. 2 BewG ermittelten Werts der Kapitalgesellschaft wird grundsätzlich nach dem Verhältnis des Anteils am Nennkapital (Grund- oder Stammkapital) der Gesellschaft vorgenommen.

Gesellschaftsrechtliche Vereinbarungen sind zu berücksichtigen, die eine davon abweichende Aufteilung zur Folge haben, wenn eine Aufteilung nach dem Verhältnis des Anteils am Nennkapital zu einem unzutreffenden Ergebnis führt.

In Betracht kommen insbesondere:

- eine vom Verhältnis des Anteils am Nennkapital abweichende Gewinnverteilung,
- eine vom Verhältnis des Anteils am Nennkapital abweichende Beteiligung am Liquidationserlös.

Ungewöhnliche oder persönliche Verhältnisse[32] bleiben bei der Aufteilung des Werts der Kapitalgesellschaft unberücksichtigt.

8. Wertpapiere und Anteile an Kapitalgesellschaften nach dem Bewertungsgesetz

8.1 Grundlagen

Wertpapiere und Anteile an Kapitalgesellschaften werden nach § 11 BewG bewertet, auch dann, wenn sie zum Betriebsvermögen gehören,[33] und zwar wie folgt:

- Wertpapiere mit notiertem Kurs mit dem niedrigsten Kurswert (regulierter Markt oder Freiverkehr) am Bewertungsstichtag oder ersatzweise mit dem letzten Kurs innerhalb von 30 Tagen vor dem Stichtag.
- Bewertungsstichtag ist bei der Erbschaft- und Schenkungsteuer der Zeitpunkt der Entstehung der Steuer (§§ 11, 9 ErbStG).
- Ein Escape aus den vorstehenden Grundsätzen ist nicht vorgesehen. Lediglich wenn kein Kurs bestehen sollte, sind die Wertpapiere mit dem gemeinen Wert anzusetzen.
- Nichtnotierte Anteile an Kapitalgesellschaften mit dem gemeinen Wert.
- Lässt sich der gemeine Wert nicht vorrangig aus Verkäufen unter fremden Dritten ableiten, die weniger als ein Jahr zurückliegen, so ist er unter Berücksichtigung der Ertragsaussichten der Kapitalgesellschaft oder einer anderen anerkannten, auch im gewöhnlichen Geschäftsverkehr für nichtsteuerliche Zwecke üblichen Methode zu ermitteln. Dabei ist die Methode anzuwenden, die ein Erwerber der Bemessung des Kaufpreises zu Grunde legen würde. Der Stpfl. kann den gemeinen Wert durch Vorlage eines methodisch nicht zu beanstandenden Gutachtens nachweisen.
- Die §§ 199-203 BewG sind zu berücksichtigen. D. h., der Stpfl. kann den gemeinen Wert auch im sog. vereinfachten Ertragswertverfahren ermitteln (§ 11 Abs. 2 Satz 4 BewG).
- Die Summe der gemeinen Werte der zum Betriebsvermögen gehörenden Wirtschaftsgüter und sonstigen aktiven Ansätze abzüglich der zum Betriebsvermögen gehörenden Schulden und sonstigen Abzüge (Substanzwert) der Gesellschaft darf nicht unterschritten werden. Die §§ 99 und 103 sind anzuwenden (§ 11 Abs. 2 Satz 3 BewG).
- Anteile oder Aktien, die Rechte an einem Investmentvermögen i. S. d. Kapitalanlagegesetzbuchs (Investmentanteile) verbriefen mit dem Rücknahmepreis.

Dabei stellt sich teilweise die Frage, wie anstelle von zeitnahen Verkäufen ebenfalls der gemeine Wert nicht notierter Anteile an Kapitalgesellschaft nachgewiesen werden kann. Insoweit kann die Ausgabe neuer Geschäftsanteile an einer GmbH im Rahmen einer Kapitalerhöhung zur Aufnahme eines neuen Gesellschafters als Verkauf i. S. d. § 11 Abs. 2 Satz 2 BewG zur Ableitung des gemeinen Werts der GmbH-Anteile herangezogen werden.

32 § 9 Abs. 2 Satz 3 und Abs. 3 BewG.

33 § 12 Abs. 1 und 5 ErbStG.

8.2 Wertermittlung des Anteils an einer Kapitalgesellschaft

Der gemeine Wert eines nicht notierten Anteils an einer Kapitalgesellschaft bestimmt sich grundsätzlich nach dem Verhältnis des Anteils am Nennkapital (Grund- oder Stammkapital) der Gesellschaft zum gemeinen Wert des Betriebsvermögens der Kapitalgesellschaft zum Bewertungsstichtag.

Hält die Gesellschaft eigene Anteile, mindern sie das Nennkapital um deren Nennwert. Damit wird dem Umstand Rechnung getragen, dass sich die Beteiligung der Gesellschafter am Vermögen und Gewinn der Gesellschaft regelmäßig nach dem Verhältnis der Anteile am Nennkapital richtet.[34]

Dies gilt auch, wenn das Nennkapital noch nicht vollständig eingezahlt ist. Dabei ist es unerheblich, ob noch mit der Einzahlung des Restkapitals zu rechnen ist oder nicht. Richtet sich jedoch die Beteiligung am Vermögen und am Gewinn der Gesellschaft auf Grund einer ausdrücklichen Vereinbarung der Gesellschafter nach der jeweiligen Höhe des eingezahlten Nennkapitals, bezieht sich der gemeine Wert nur auf das tatsächlich eingezahlte Nennkapital.

Gesellschaftsrechtliche Vereinbarungen sind zu berücksichtigen, wenn eine Aufteilung nach dem Verhältnis des Anteils am Nennkapital zu einem unzutreffenden Ergebnis führt. In Betracht kommen insbesondere:

- eine vom Verhältnis des Anteils am Nennkapital abweichende Gewinnverteilung,
- eine vom Verhältnis des Anteils am Nennkapital abweichende Beteiligung am Liquidationserlös.

Ungewöhnliche oder persönliche Verhältnisse bleiben bei der Aufteilung des Werts der Kapitalgesellschaft unberücksichtigt.

Das vereinfachte Ertragswertverfahren kann auch bei ausländischen Beteiligungen an Kapitalgesellschaften angewendet werden. Die Ermittlung der Bewertungsgrundlagen hat in der jeweiligen Landeswährung zu erfolgen, der in dieser Währung ermittelte Ertragswert ist mit dem für den Bewertungsstichtag festgestellten Devisenkurs in Euro umzurechnen. Der Gewinnermittlung können die im jeweiligen Land geltenden Gewinnermittlungsvorschriften zugrunde gelegt werden, wenn sie eine dem § 202 Abs. 1 Satz 2 BewG entsprechende Korrektur zulassen. Der nach § 203 BewG maßgebende Kapitalisierungsfaktor ist anzuwenden, wenn dies nicht zu offensichtlich unzutreffenden Ergebnissen führt.

9. Ermittlung des steuerpflichtigen Erwerbs

Als **steuerpflichtiger Erwerb** i. S. d. ErbStG gilt die **Bereicherung des Erwerbers, soweit sie nicht steuerfrei** (§§ 5, 13-13d, 16, 17 und 18 ErbStG) ist. Als Bereicherung gilt beim Erwerb von Todes wegen der Vermögensanfall abzüglich der in § 10 Abs. 3-10 ErbStG genannten Nachlassverbindlichkeiten. Bei Schenkungen unter Lebenden ist die Bereicherung (Netto-Vermögenszunahme) aus dem jeweiligen Tatbestand des § 7 ErbStG herzuleiten. Der steuerpflichtige Erwerb darf nicht gemindert werden durch die Erbschaftsteuer und auch nicht durch Schulden oder Lasten, die sich auf steuerfreie Erwerbe beziehen. Der steuerpflichtige Erwerb ist gem. § 10 Abs. 1 Satz 6 ErbStG auf volle 100 € nach unten abzurunden.[35]

Wenn die Erbschaftsteuer **von einem anderen als dem Erwerber übernommen** wird, dann erhöht sich für den Erwerber der Erwerb um die von dem anderen übernommene Erbschaftsteuer. In den Fällen der **beschränkten Steuerpflicht** kommt § 10 Abs. 2 ErbStG nicht zur Anwendung, weil die zu übernehmende Steuerforderung nicht zum Inlandsvermögen im Sinne des § 121 BewG gehört.[36]

Die Nachlassverbindlichkeiten sind abzuziehen, sofern diese **abzugsfähig sind. Das betrifft insbesondere:**

- Schulden des Erblassers, soweit sie nicht zum Betriebsvermögen eines zum Erwerb gehörenden Gewerbebetriebs oder Land- und forstwirtschaftlichen Betriebs gehören;

34 §§ 11, 60 AktG sowie § 29 Abs. 3, § 72 GmbHG.

35 Schema in R E 10.1 Abs. 1 ErbStR, H E 10.1 ErbStH.

36 R E 10.5 ErbStR, H E 10.5 ErbStH „Abrundung im Fall der Steuerübernahme".

- Steuerschulden (z. B. für Einkommensteuer), hierzu gehört auch die vom Erblasser herrührende Einkommensteuer des Todesjahres;
- Verbindlichkeiten aus Vermächtnissen, Auflagen und geltend gemachten Pflichtteilen und Erbersatzansprüchen;[37]
- angemessene Kosten für Bestattung, Grabdenkmal, Grabpflege (Kapitalwert), Abwicklung des Nachlasses, Steuerberatungskosten für die Erstellung der Erbschaftsteuererklärung (H E 10.7 ErbStH „Steuerberatungskosten und Rechtsberatungskosten im Rahmen des Besteuerungs- und Wertfeststellungsverfahrens") – (ohne Nachweis insgesamt pauschal 10.300 € (seit 1.1.2025: 15.000 €); sog. Erwerbsaufwand). Nicht aber die Kosten der Nachlassverwaltung (sog. Verwendungsaufwand).
- Vom Erben getragene Steuerberatungskosten, die im Rahmen der Einkommensteuerpflicht des Erblassers anfallen, können gem. § 10 Abs. 5 Nr. 1 ErbStG als Nachlassverbindlichkeiten (Erblasserschulden) abgezogen werden, wenn der Erblasser noch zu seinen Lebzeiten den Steuerberater beauftragt hat (Verursacherprinzip). Hierrunter fällt auch eine über den Tod des Erblassers hinausgehende Beauftragung, solange diese nicht durch eine Kündigung seitens des Erben beendet wird. Beauftragt erst der Erbe die Steuerberatung, so liegen keine Erblasserkosten i. S. d. § 10 Abs. 5 Nr. 1 ErbStG vor. Sofern diese Kosten allerdings in einem engen zeitlichen und sachlichen Zusammenhang mit dem Erwerb von Todes wegen anfallen, dienen sie letztlich dazu, die Steuerschulden als Nachlassverbindlichkeiten zu ermitteln bzw. zu beziffern und stellen demnach abzugsfähige Nachlassregelungskosten i. S. d. § 10 Abs. 5 Nr. 3 Satz 1 ErbStG dar. Als Nachlassregelungskosten i. S. d. § 10 Abs. 5 Nr. 3 Satz 1 ErbStG abzugsfähig sind auch Steuerberatungskosten für die Erfüllung einer durch den Erblasser verursachten Berichtigungs- oder Nacherklärungspflicht in Person des Erben.
- In den ersten 6 Monaten nach dem Erbfall entstandene Kosten für die Haushaltsauflösung und für die Räumung einer Wohnung sind nach den GLE vom 9.2.2022, BStBl I S. 226 NWB TAAAI-59258, aus Vereinfachungsgründen als Nachlassregelungskosten i. S. d. § 10 Abs. 5 Nr. 3 Satz 1 ErbStG abzugsfähig. Außerhalb dieses Zeitraums entstandene Kosten stellen Kosten der Nachlassverwertung dar, die nach § 10 Abs. 5 Nr. 3 Satz 3 ErbStG nicht abzugsfähig sind, es sei denn, der Steuerpflichtige weist nach, dass die Kosten aufgrund der Umstände des Einzelfalls zur Feststellung des Nachlasses gehören.

Nicht abzugsfähig sind indes

- in- und ausländische Erbschaftsteuer;
- die Weitergabeverpflichtung des Vorerben an den Nacherben;
- Schulden und Lasten, soweit sie im wirtschaftlichen Zusammenhang mit Vermögensgegenständen bzw. Teilen von Vermögensgegenständen stehen, die nicht der Besteuerung durch das ErbStG unterliegen. Das gilt ausdrücklich auch für Pflichtteilslasten;
- Sind Schulden und Lasten einzelnen Vermögensgegenständen **wirtschaftlich direkt zurechenbar**, so sind diese Schulden und Lasten insoweit nicht abzugsfähig, als der Vermögensgegenstand steuerbefreit ist. § 10 Abs. 6 Satz 3 ErbStG.
- Schulden und Lasten, die mit nach den §§ 13a und 13b ErbStG befreitem Vermögen **in wirtschaftlichem Zusammenhang** stehen, sind nur mit dem Betrag abzugsfähig, der dem Verhältnis des nach Anwendung der §§ 13a und 13b ErbStG anzusetzenden Werts dieses Vermögens zu dem Wert vor Anwendung der §§ 13a und 13c ErbStG entspricht. § 10 Abs. 6 Satz 4 ErbStG.
- Können Schulden und Lasten (mit Ausnahme der Kosten für die Regelung des Nachlasses nach § 10 Abs. 5 Nr. 3 ErbStG) **wirtschaftlich nicht direkt** einzelnen Vermögensgegenständen zugerechnet werden, so sind sie anteilig allen Vermögensgegenständen des Nachlasses zuzurechnen. Der Anteil des einzelnen Vermögensgegenstandes an den vorgenannten Schulden bestimmt sich dabei nach dem Verhältnis des Wertes des Vermögensgegenstan-

37 Der EuGH hat mit Urteil vom 21.12.2021 (C-394/20, BStBl 2023 II S. 156 NWB GAAAI-03101) entschieden, dass die Nichtabzugsfähigkeit von Pflichtteilsverbindlichkeiten als Nachlassverbindlichkeiten in Fällen der beschränkten Steuerpflicht nach § 10 Abs. 6 Satz 2 ErbStG nicht mit dem Unionsrecht vereinbar ist. Es liegt eine nicht gerechtfertigte Beschränkung der Kapitalverkehrsfreiheit vor. Zur unionsrechtkonformen Auslegung siehe GLE vom 9.1.2023, BStBl 2023 I S. 204 NWB FAAAJ-31814.

des zum Wert aller Vermögensgegenstände, jeweils nach Abzug der wirtschaftlich direkt zurechenbaren Schulden und Lasten. Die insoweit aufgeteilten Schulden und Lasten sind dann wiederrum nicht abzugsfähig, soweit der einzelne Vermögensgegenstand steuerbefreit ist bzw. sind nur mit dem Betrag abzugsfähig, der dem Verhältnis des nach Anwendung der §§ 13a und 13b ErbStG anzusetzenden Werts des Vermögens zu dem Wert vor Anwendung der §§ 13a und 13b ErbStG entspricht. § 10 Abs. 6 Satz 5-10 ErbStG. Siehe auch GLE vom 13.9.2021, BStBl 2021 I S. 1837 NWB CAAAH-94532.

10. Erbschaftsteuerermittlung und Steuerschuldnerschaft

10.1 Steuersätze und Tarifbegrenzung

Der Tarif im ErbStG ist progressiv gestaltet. Die Progression wird durch zwei Faktoren bestimmt: durch die Steuerklasse und durch den Wert des stpfl. Erwerbs. Der Steuersatz reicht von 7 % bis 50 %. Siehe hierzu § 19 Abs. 1 ErbStG. § 19 Abs. 3 ErbStG bringt eine Stufenübergangsregelung als **Härteausgleich** bei geringem Überschreiten einer Wertstufe. Zur Berechnung des Härteausgleichs ist eine Vergleichsrechnung anzustellen:

1. Berechnung der Steuer nach Steuersatz für den gesamten stpfl. Erwerb,
2. Berechnung der Steuer für den höchsten stpfl. Erwerb der vorhergehenden Wertstufe,
3. die Differenz des gesamten stpfl. Erwerbs und des höchsten stpfl. Erwerbs der vorhergehenden Wertstufe ist mit $^1/_2$ oder $^3/_4$ (§ 19 Abs. 3 ErbStG) zu multiplizieren,
4. ist die Steuer nach 2. zzgl. des Ergebnisses von 3. niedriger als die Steuer nach 1., ist die niedrigere Steuer anzusetzen.

Es stellt sich daran anschließend die Frage, welcher Steuersatz anzuwenden ist, wenn ein Teil des Erwerbs nach einem DBA nicht der deutschen ErbSt unterworfen wird. Es ist auf den der deutschen ErbSt unterliegenden Teil des Erwerbs der Steuersatz anzuwenden, der für den ganzen Erwerb gelten würde (**Progressionsvorbehalt**).

Eine weitere Besonderheit ist die **Tarifbegrenzung** beim Erwerb von inländischen Betrieben, Teilbetrieben oder Anteilen an Betrieben, LuF-Vermögen und von Anteilen an KapG von mehr 25 %. Das **begünstigte Vermögen** wird bei Erwerbern (nur natürliche Personen) der **Steuerklasse II und III** nach dem Tarif der Steuerklasse I besteuert. Diese Tarifregelung gilt ebenso wie die Entlastung für begünstigtes Vermögen nach § 13a ErbStG nur, wenn der Erwerber mindestens 5 Jahre den Betrieb fortführt bzw. die Beteiligung behält (Behaltensvoraussetzungen). Der Entlastungsbetrag wird nur für den Teil des zu einem Erwerb gehörenden begünstigten Vermögens i. S. d. § 13b Abs. 2 ErbStG gewährt, das nicht unter § 13a Abs. 1 oder § 13b ErbStG fällt (**tarifbegünstigtes Vermögen**). Wenn ein Erwerber **tarifbegünstigtes Vermögen** auf Grund einer letztwilligen Verfügung des Erblassers oder einer rechtsgeschäftlichen Verfügung des Erblassers oder Schenkers **auf einen Dritten übertragen** muss, kommt insoweit für ihn der Entlastungsbetrag nicht in Betracht (§ 19a Abs. 2 ErbStG).

Umfasst das auf einen Erwerber übertragene tarifbegünstigte Vermögen mehrere selbständig zu bewertende wirtschaftliche Einheiten einer Vermögensart oder mehrere Arten begünstigten Vermögens, sind deren Werte vor der Anwendung des § 19a Abs. 3 ErbStG zusammenzurechnen. Ist der Steuerwert des gesamten tarifbegünstigten Vermögens nicht insgesamt positiv, kommt die Tarifbegrenzung nicht in Betracht. Die Besteuerung nach Steuerklasse I wird dadurch erreicht, dass zunächst der Erwerb nach der entsprechenden Steuerklasse II oder III besteuert wird, von der so ermittelten tariflichen ErbSt jedoch ein **Entlastungsbetrag** abgezogen wird. Damit wird die Progressionswirkung des Steuertarifs sichergestellt.

Zur Ermittlung des Entlastungsbetrags ist für den stpfl. Erwerb zunächst die Steuer nach der tatsächlichen Steuerklasse des Erwerbs (II oder III) zu berechnen. Danach ist der auf das begünstigte Vermögen entfallende Anteil an der tariflichen ErbSt nach dem Verhältnis des Werts dieses Vermögens (nach Anwendung des § 13a oder § 13b ErbStG und nach Abzug der mit diesem Vermögen in wirtschaftlichem Zusammenhang stehenden abzugsfähigen Schulden und Lasten (§ 10 Abs. 5 und Abs. 6 ErbStG)) zum Wert des gesamten Vermögensanfalls aufzuteilen.

Für den gesamten stpfl. Erwerb ist dann die Steuer nach Steuerklasse I zu berechnen und ebenfalls – wie beschrieben – aufzuteilen. Der Entlastungsbetrag ergibt sich dann als Unterschiedsbetrag zwischen der auf das begünstigte Vermögen entfallenden Steuer nach Steuerklasse II oder III und der Steuer für den gesamten stpfl. Erwerb.[38]

10.2 Steuerfestsetzung und Steuererhebung

Steuerschuldner ist grundsätzlich der Erwerber, bei der Schenkung neben dem Erwerber auch der Schenker (Gesamtschuldnerschaft, § 44 AO), bei einer Zweckzuwendung der mit der Ausführung der Zuwendung Beschwerte, bei der Erbersatzsteuer (alle 30 Jahre) die Stiftung oder der Verein. Es gilt § 20 Abs. 1 ErbStG. Zu beachten ist, dass der Vorerbe die durch die Vorerbschaft veranlasste Steuer aus den Mitteln der Vorerbschaft zu entrichten hat, § 20 Abs. 4 ErbStG.

Bei einem Inländer, der mit seinem Auslandsvermögen zu einer der deutschen ErbSt entsprechenden Steuer herangezogen wird, kann auf Antrag die festgesetzte und gezahlte, keinem Ermäßigungsanspruch mehr unterliegende ausländische ErbSt nach § 21 Abs. 1 ErbStG auf die deutsche ErbSt angerechnet werden. Die Vorschriften des § 21 Abs. 1-3 ErbStG gelten entsprechend, wenn ein DBA auf dem Gebiet der ErbSt das Anrechnungsverfahren vorschreibt (§ 21 Abs. 4 ErbStG). In den wenigen deutschen DBA ist das Anrechnungsverfahren der Hauptanwendungsfall. Das Anrechnungsverfahren ist bei der erweiterten beschränkten Steuerpflicht (§§ 2, 4 AStG) nicht zulässig.

Als Auslandsvermögen gelten,

- wenn der Erblasser zur Zeit seines Todes Inländer war: alle Vermögensgegenstände der in § 121 BewG genannten Art, die auf einen ausländischen Staat entfallen, sowie alle Nutzungsrechte an diesen Vermögensgegenständen
- wenn der Erblasser zur Zeit seines Todes kein Inländer war: alle Vermögensgegenstände mit Ausnahme des Inlandsvermögens i. S. d. § 121 BewG sowie alle Nutzungsrechte an diesen Vermögensgegenständen[39]

Der Erwerber von **Renten, Nutzungen und Leistungen hat ein Wahlrecht der Versteuerung.** Er hat das **Wahlrecht** zwischen der **sofortigen Versteuerung** nach dem Kapitalwert oder der **jährlichen Versteuerung nach dem Jahreswert**. Es ist dabei stets der Steuersatz anzuwenden, der sich bei sofortiger Versteuerung ergibt. Die jährliche Versteuerung kann durch Ablösung der Rest-Steuerschuld nach dem Rest-Kapitalwert beendet werden.

Aus Vereinfachungsgründen ist der Abzug der Freibeträge nach §§ 16, 17 ErbStG bei der Jahresversteuerung der Renten, Nutzungen und Leistungen vorrangig bei dem Vermögen vorzunehmen, das der Sofortversteuerung unterliegt. Ist Vermögen, das der Sofortversteuerung unterliegt, nicht vorhanden, sind diese Freibeträge bei der Jahresversteuerung nach der sog. **Aufzehrungsmethode** in der Weise zu berücksichtigen, dass von der Erhebung der Jahressteuer solange abgesehen wird, bis die Freibeträge durch Verrechnung mit den Jahreswerten aufgezehrt sind. Übersteigt die Summe der Freibeträge den Wert des der Sofortversteuerung unterliegenden Vermögens, ist hinsichtlich des Differenzbetrags entsprechend zu verfahren.

Auf Antrag ist die sog. **Kürzungsmethode** anzuwenden, bei der der Jahreswert in dem Maße zu kürzen ist, in dem der Kapitalwert durch den Freibetrag gemindert wird.

Der Erwerber – bei Schenkungen auch der Zuwendende – hat binnen einer Frist von **drei Monaten** nach erlangter Kenntnis von dem Anfall dem örtlich zuständigen Finanzamt den Erwerb anzuzeigen.[40]

38 R E 19a.1 und 19a.2 ErbStR, H E 19a.2 ErbStH „Berechnung des Entlastungsbetrags – Beispiel".

39 R E 21 ErbStR, H E 21 ErbStH „Anrechnung ausländischer Erbschaftsteuer bei der Zusammenrechnung nach § 14 ErbStG – Beispiel".

40 § 30, 35 ErbStG, R E 30 ErbStR.

IV. Inhaltliche Schwerpunkte der letzten Steuerberaterprüfungen

1. Bewertung von Grundvermögen

Jahre in denen entsprechende Themen Gegenstand der Prüfung waren: 2015 bis 2020 und 2022

1.1 Allgemeines

Gemäß § 10 Abs. 1 ErbStG ergibt sich der Wert des steuerpflichtigen Erwerbs nach den in § 12 ErbStG festgehaltenen Bewertungsverfahren. § 12 Abs. 3 ErbStG regelt die Bewertung von Grundvermögen und verweist im Gesetzeswortlaut mit § 151 Abs. 1 Satz 1 Nr. 1 BewG auf den sechsten Abschnitt, §§ 157 ff. BewG, des Bewertungsgesetzes. Der Gesetzgeber versteht unter dem zu übertragenden Grundvermögen nach § 176 BewG den zu bewertenden Grund und Boden, Gebäude und die dazugehörigen sonstigen Bestandteile und Zubehör. Darüber hinaus gehört nach § 176 Abs. 1 Nr. 2 BewG zum Grundvermögen auch das Erbbaurecht, das Wohnungseigentum, das Teileigentum, das Wohnungsbaurecht und das Teilerbbaurecht nach dem Wohnungseigentumsgesetz. Dies gilt jedoch nur insoweit, als es sich nicht um land- und forstwirtschaftliches Vermögen (§§ 158 und 159 BewG) oder um Betriebsgrundstücke (§ 99 BewG) handelt. Nicht in das Grundvermögen mit einzubeziehen sind nach § 176 Abs. 2 BewG Bodenschätze, Maschinen und sonstige Vorrichtungen aller Art, die zu einer Betriebsanlage gehören (Betriebsvorrichtungen), auch wenn sie wesentliche Bestandteile sind. Weitere Besonderheiten, wie z. B. wertbeeinflussende Belastungen privatrechtlicher und öffentlich-rechtlicher Art, sind ebenfalls in der Regel nicht zu berücksichtigen. Eine Berücksichtigung dieser Besonderheiten ist in Einzelfällen den einzelnen Bewertungsverfahren zu entnehmen.[41]

Als Bewertungsmaßstab ist für die Bewertung des Grundvermögens der gemeine Wert nach § 9 BewG zu Grunde zu legen, welcher inhaltlich dem Verkehrswert bzw. dem Marktwert nach § 194 BauGB entsprechen soll. Der gemeine Wert bzw. der Verkehrswert soll als Regelfall und als Maßstab gelten, da dieser den Maßstab des Preises eines im gewöhnlichen Geschäftsverkehr veräußerten Wirtschaftsgutes in gleicher Beschaffenheit darstellen sollte. Mit der Anwendung der nachstehenden Bewertungsverfahren soll der Ansatz des gemeinen Werts nach Zielvorgabe des § 177 BewG sichergestellt werden. Es ist dahingehend jedoch nicht erforderlich, dass mithilfe der Bewertungsvorschriften der konkrete gemeine Wert ermittelt wird. Dies wird damit begründet, dass allenfalls ein Marktniveau und kein realisierbarer Marktwert ermittelt werden kann. Die ermittelten Marktwerte können demnach einer Streubreite von plus/minus 20 % des Verkaufspreises für ein und dasselbe Objekt unterliegen. Die Vertretbarkeit eines Wertes wird dabei innerhalb der Streubreite unterstellt.[42]

1.2 Bewertung unbebauter Grundstücke

1.2.1 Begriff des unbebauten Grundstücks

Gemäß dem Gesetzeswortlaut des § 178 Abs. 1 BewG handelt es sich bei einem unbebauten Grundstück um ein Grundstück, auf dem sich kein benutzbares Gebäude befindet. Ist ein darauf entstehendes Gebäude den zukünftigen Bewohnern oder sonstigen Personen zur Nutzung zumutbar, gilt dieses als bezugsfertig bzw. benutzbar. Hinsichtlich der Benutzbarkeit ist jedoch nach der R B 178 Abs. 2 ErbStR auf das gesamte Grundstück und nicht auf einzelne Wohnung oder Räume abzustellen. Sind z. B. Wohnungen vor dem Bewertungsstichtag und die übrigen Einliegerwohnungen erst nach dem Bewertungsstichtag in einem alleinstehenden Gebäude als bezugsfertig zu qualifizieren, ist das Gebäude insgesamt noch immer als nicht bezugsfertig anzusehen. Das Grundstück wäre demnach als unbebautes und möglicherweise als Grundstück im Zustand der Bebauung anzusehen.

41 Vgl. Gleich lautende Erlasse der obersten Finanzbehörden der Länder zur Anwendung der Vorschriften für die Bewertung des Grundvermögens im Sechsten Abschnitt des Zweiten Teils des Bewertungsgesetzes in der Fassung des Jahressteuergesetzes 2022 vom 16.12.2022 vom 20.3.2023 (BGBl I S. 2294) Rn. 7.

42 BVerfG, Beschluss v. 7.11.2006 - 1 BvL 10/02, BVerfGE 117, 1-70, BStBl 2007 II S. 192-215, Rn. 55.

Auch wird die Bezugsfertigkeit bei unterschiedlichen Gebäudearten unterschiedlich qualifiziert. Regelmäßig ist festzustellen, dass wenn das Gebäude mit den gestalteten Räumen den entsprechenden individuellen Bedürfnissen der Mieter dient, das Gebäude mit Fertigstellung der wesentlichen Bestandteile (z. B. Außenwände, Fenster, tragende Innenwände, Dach, Treppenhaus, etc.) und einem nutzbaren Teil des Gebäudes als bezugsfertig anzusehen ist.[43]

1.2.2 Bewertungsverfahren

Der Wert von unbebauten Grundstücken bestimmt sich gemäß § 179 Abs. 1 BewG im Regelfall nach ihrer Fläche und den Bodenrichtwerten (§ 196 BauGB). Der Wert der unbebauten Grundstücke umfasst dabei den Wert des Grund und Bodens, mit dem auch die Außenanlagen abgegolten sind.

Bodenrichtwert

x

Grundstücksfläche

=

Bodenwert

Der Bodenrichtwert wird von den jeweils zuständigen Gutachterausschüssen nach § 196 BauGB ermittelt und den Finanzämtern mitgeteilt. Die Bodenrichtwerte sind grds. zum Ende jedes zweiten Kalenderjahres gemäß § 196 Abs. 1 Satz 5 BauGB zu ermitteln. Kürzere Ermittlungszeiträume (z. B. jährlich) können aber durch die Länder festgelegt werden. Bei der Wertermittlung ist stets der Bodenrichtwert anzusetzen, dessen turnusmäßige Ermittlung dem Bewertungsstichtag vorausging. Demnach kommt es nicht darauf an, wann der Gutachterausschuss den Bodenrichtwert tatsächlich ermittelt und dem Finanzamt mitteilt.

Sollte der Bodenrichtwert lediglich in der Abhängigkeit von der Geschossflächenzahl angegeben sein und die Geschossflächenzahl des zu bewertenden Grundstücks abweichen, muss der Bodenrichtwert mit Hilfe eines Umrechnungskoeffizienten angepasst werden. Zumeist werden die örtlichen Umrechnungskoeffizienten ebenfalls durch die Gutachterausschüsse veröffentlicht. Falls keine Umrechnungskoeffizienten bestehen, können hilfsweise die Umrechnungskoeffizienten gemäß der Tabelle in H B 179.2 ErbStH genutzt werden oder anhand der angegebenen Formel selbst errechnet werden.

1.3 Bewertung bebauter Grundstücke

1.3.1 Allgemeines

Die Bewertungsverfahren orientieren sich an den zu bewertenden Gebäudearten. Die Zuordnung der Bewertungsverfahren sind in § 182 BewG geregelt und die Bewertungsverfahren werden grundsätzlich den folgenden zu bewertenden Gebäudearten zugeordnet.

43 Vgl. H B 178 Abs. 3 ErbStH.

Vergleichswertverfahren	Ertragswertverfahren	Sachwertverfahren
Bei diesem Verfahren wird der Grundbesitzwert entweder aus Vergleichspreisen für vergleichbare Grundstücke oder aus Vergleichsfaktoren abgeleitet. Anzuwenden bei: - Ein- und Zweifamilienhäusern - Wohnungs- und Teileigentum	Bei diesem Verfahren werden getrennt der Bodenwert und Gebäudeertragswert ermittelt. Zusammen ergeben diese den Ertragswert des Grundstückes. Anzuwenden bei: - Mietwohngrundstücken - Geschäftsgrundstücken - Gemischt genutzten Grundstücken	Bei diesem Verfahren handelt es sich um das „Auffang-Verfahren". Anzuwenden bei: - Sonstig bebauten Grundstücken - Grundstücken ohne Vergleichspreise - Grundstücken ohne übliche Mieten

Grundsätzlich werden die zu bewertenden Gebäude unabhängig von dem Grund und Boden bewertet. Für die gesonderte Ermittlung des Werts von Grund und Boden gelten die Bewertung nach § 179 BewG und die vorstehenden Erläuterungen.

1.3.2 Vergleichswertverfahren

Mit dem Vergleichswertverfahren wird der Grundbesitzwert der zu bewertenden Gebäudeart aus Vergleichspreisen für vergleichbare Gebäudearten oder aus Vergleichsfaktoren abgeleitet.

Die Ermittlung des Vergleichspreises für das zu bewertende Gebäude wird aus tatsächlich realisierten Kaufpreisen von anderen Grundstücken (Vergleichsgrundstücken) abgeleitet. Zur Ableitung eines geeigneten Vergleichspreises muss dafür eine hinreichende Anzahl von geeigneten Grundstücken bzw. Gebäudearten vorliegen.[44] Eine Mindestanzahl von Vergleichspreisen ist nicht vorgeschrieben. Jedoch sollte eine angemessene Anzahl an Vergleichspreisen für einen geeigneten Vergleich eingeholt werden. Nur in Ausnahmefällen kann auch ein Vergleichspreis für das Vergleichswertverfahren ausreichen.[45]

Vorrangig ist dabei auf die Vergleichspreise der Gutachterausschüsse zurückzugreifen. Diese beziehen sich dabei immer auf eine bestimmte Einheit, z. B. die Wohnfläche in qm. Der Vergleichswert des Grundstücks ergibt sich dann durch die Multiplikation der Bezugseinheit mit dem Vergleichsfaktor. Es sind dabei stets die Vergleichsfaktoren anzuwenden, die von den Gutachterausschüssen aus dem letzten Auswertungszeitraum abgeleitet worden sind. Der Vergleichswert ergibt sich dahingehend durch Vervielfachung der Bezugseinheit mit dem Vergleichsfaktor. Die Ermittlung anhand der Vergleichsfaktoren ist besonders geeignet, wenn die Grundstücksmerkmale des zu bewertenden Grundstücks mit den Grundstücksmerkmalen des zugrunde liegenden Grundstücks hinreichend übereinstimmen bzw. die Abweichungen in sachgerechter Weise berücksichtigt werden können. So sind Abweichungen durch Zu- oder Abschläge nach Vorgabe des Gutachterausschusses für Grundstückswerte zu berücksichtigen.

Vergleichspreis- und Vergleichsfaktorverfahren stehen gesetzessystematisch gleichrangig nebeneinander, weshalb ein Auswahlermessen beim Vergleichswertverfahren besteht.[46]

1.3.3 Ertragswertverfahren

1.3.3.1 Allgemeines

Das Ertragswertverfahren ist insbesondere für die Wertermittlung von bebauten Grundstücken vorgesehen, welche einen nachhaltigen Ertrag erzielen können. Kumulativ muss für die Bewertung nach dem Ertragswertverfahren jedoch auch eine übliche Miete für den örtlichen Grundstücksmarkt vorliegen oder sich ermitteln lassen.[47] Der zu ermittelnde und steuerlich

44 Vgl. H B 183 Abs. 2 ErbStH.
45 Vgl. H B 183 Abs. 2 ErbStH.
46 Vgl. R B 183 Abs. 1 ErbStR.
47 § 182 Abs. 3 Nr. 2 Satz 2 BewG.

maßgebliche Ertragswert ergibt sich gemeinsam aus dem Bodenwert und dem Gebäudeertragswert (Summe des auf der Grundlage des Ertrags ermittelten Werts der baulichen Anlagen). Sollte der ermittelte Gebäudeertragswert gleich null oder negativ sein, ist der steuerliche maßgebliche Ertragswert mindestens in Höhe des Bodenwerts anzusetzen.

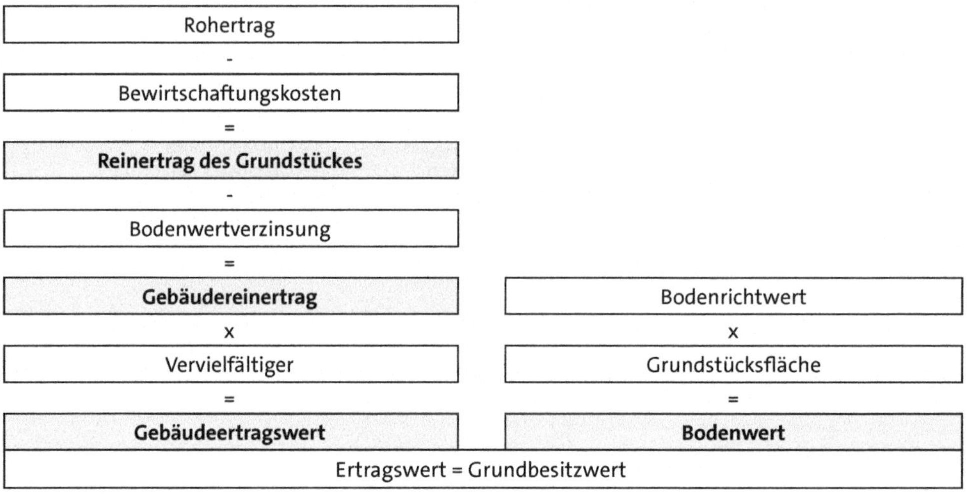

1.3.3.2 Rohertrag

Der Rohertrag ist die jährlich vereinbarte Sollmiete (inkl. Untermietzuschläge und Garagenmiete) ohne Berücksichtigung von Umlagen für Betriebskosten und Einnahmen für die Überlassung von Maschinen und Betriebsvorrichtungen. Unabhängig von möglichen Rumpfwirtschaftsjahren etc. ist die jährlich vereinbarte Sollmiete auf das Entgelt für zwölf Monate abgestellt. Die tatsächlich entrichtete Miete ist nicht zu betrachten.

Bei der Berücksichtigung der Betriebskosten zur vereinbarten Sollmiete ist zwischen pauschal erhobenen Betriebskosten und Vorauszahlungen zu den Betriebskosten zu unterscheiden. Sind Vorauszahlungen zu den Betriebskosten ganz oder teilweise in der vereinbarten Sollmiete enthalten, sind diese herauszurechnen. Werden die Betriebskosten pauschal erhoben und nicht mit dem Mieter abgerechnet, sind diese dem Entgelt zuzuordnen. Die tatsächlich angefallenen Betriebskosten müssen jedoch dagegen gerechnet werden. Der vereinbarten Sollmiete sollten demnach nur die Mehr- oder Minderbeträge der pauschalen Betriebskosten zugerechnet werden.

Ist das Grundstück oder ein Teil davon am Bewertungsstichtag nicht vermietet (z. B. durch Leerstand bei Mieterwechsel oder wegen Modernisierung), ist die übliche Miete anzusetzen.

Sollte das zu bewertende Gebäude darüber hinaus eigengenutzt, zu vorübergehendem Gebrauch oder unentgeltlich überlassen werden, ist die übliche Miete als Rohertrag in dem Ertragswertverfahren zu berücksichtigen. Die Art der Nutzung (z. B. Wohnraumnutzung oder gewerbliche Nutzung) und auch ob die Überlassung an einen fremden Dritten oder einen Angehörigen erfolgt ist, ist unerheblich. Sollte die übliche Miete zu mehr als 20 % von der vereinbarten Miete abweichen, ist die übliche Miete für die Berechnung des Rohertrags zu berücksichtigen.[48] Dies gilt sowohl bei verbilligter als auch bei überteuerter Vermietung.

Die Ermittlung der üblichen Miete orientiert sich an der Miete von Räumen gleicher oder ähnlichen Art, Lage und Ausstattung.[49] Die zu ermittelnde übliche Miete kann aus Vergleichsmieten oder Mietspiegeln abgeleitet, mit Hilfe einer Mietdatenbank nach § 558e BGB geschätzt oder durch ein Mietgutachten ermittelt werden.[50] Die Ableitung einer üblichen Miete für Wohnobjekte sollte auf Grund der vielfältigen und auch objektspezifischen Vergleichsmöglich-

48 Vgl. R B 186.4 Abs, 2 Satz 7 ErbStR.
49 Vgl. § 186 Abs. 2 Satz 2 BewG.
50 Vgl. R B 186.5 Abs. 1 ErbStR.

keiten in den meisten Fällen gut erfolgen können. Dagegen kann die Ableitung einer üblichen Miete für gewerblich genutzte Objekte auf Grund der möglichen vertraglichen oder baubedingten Besonderheiten eines jeden gewerblichen Mieters zu Schwierigkeiten führen.

1.3.3.3 Ermittlung des Reinertrags

Bei der Ermittlung des Gebäudeertragswerts sind zur Berechnung des Grundstücksreinertrags die Bewirtschaftungskosten vom vorab ermittelten Rohertrag des zu bewertenden Gebäudes abzuziehen. Bei der gewöhnlichen und nachhaltenden Bewirtschaftung von Vermietungsobjekten sind grundsätzlich folgende Kosten als Bewirtschaftungskosten zu berücksichtigen:

- Verwaltungskosten
- Betriebskosten
- Instandhaltungskosten
- Mietausfallwagnis

Zinsen für Hypothekendarlehen, Grundschulden und die durch die Umlage der Mieter gedeckten Betriebskosten bleiben bei den Bewirtschaftungskosten außer Ansatz.

Der Gesetzgeber sieht jedoch nicht vor, dass die tatsächlich entstandenen Aufwendungen bei der Berechnung des Gebäudereinertrags berücksichtigt werden. Vielmehr sieht der Gesetzgeber bei der Ermittlung die Berücksichtigung von pauschalen Beträgen bzw. Beträge im Verhältnis zum Rohertrag vor. Gemäß dem Jahressteuergesetz 2022 und einem dazugehörigem Anwendungserlass vom 20. März 2023 wurden folgende pauschale Beträge und prozentualen Anteile für die jährlichen Bewirtschaftungskosten 2023 festgesetzt, welche regelmäßig jährlich weiterentwickelt werden.[51]

Wohnnutzung	
Verwaltungskosten	
Jährlich je Wohnung	344,00 EUR
Jährlich je Garage	45,00 EUR
Instandhaltungskosten	
Jährlich je m² Wohnfläche	13,50 EUR
Jährlich je Garage	68,00 EUR
Mietausfallwagnis	
Jährlicher Rohertrag	2 %

Gewerbliche Nutzung	
Verwaltungskosten	
Jährlicher Rohertrag	3 %
Instandhaltungskosten (jährlich je m²)	
Gebäudeart 13	6,75 EUR
Gebäudeart 15, 16 und 18	4,05 EUR
alle anderen	13,50 EUR
Mietausfallwagnis	
Jährlicher Rohertrag	4 %

Sind die pauschalen Instandhaltungskosten für die Wohnnutzung noch allgemeingültig, sind die jährlichen pauschalen Instandhaltungskosten bei der gewerblichen Nutzung im Zusammenhang mit der Gebäudeart zu bestimmen und zu ermitteln. Werden etwa bei Verbrauchermärkten, Kauf-/Warenhäusern oder Autohäusern ohne Werkstatt als Gebäudeart noch 50 % der jährlichen Instandhaltungskosten einer Wohnnutzung pauschal angesetzt, sind es bei den Betriebs-/Werkstätten, industriellen Produktionsgebäuden, Lagergebäuden und Reithallen oder Scheunen nur noch 30 % der jährlichen Instandhaltungskosten einer Wohnnutzung.

Zuletzt wurden die pauschalen Beträge und prozentualen Anteile für die jährlichen Bewirtschaftungskosten im Jahr 2024 angepasst. Um mögliche Erhöhungen oder Senkungen dieser pauschalen Beträge berücksichtigen zu können, sind die Werte bei jeder Ermittlung jeweils aktuell dem betreffenden BMF-Schreiben zu entnehmen.

51 Aktualisiert mit dem gleich lautenden Erlass der obersten Finanzbehörden der Länder zur Anwendung der Vorschriften für die Bewertung des Grundvermögens im Sechsten Abschnitt des Zweiten Teils des Bewertungsgesetzes in der Fassung des Jahressteuergesetzes 2022 vom 16.12.2022 vom 20.3.2023 (BGBl 2022 I S. 2294) für Stichtag im Jahr 2023.

1.3.3.4 Liegenschaftszinssatz / Bodenwertverzinsung

Der Liegenschaftszinssatz ist der Zinssatz, mit dem sich das im Verkehrswert des Grundstücks gebundene Kapital verzinst. Der Zinssatz bemisst sich nach dem marktüblich erzielbaren Reinertrag im Verhältnis zum Verkehrswert. Mit dem Liegenschaftszinssatz werden die allgemein vom Grundstücksmarkt erwarteten künftigen Entwicklungen, insb. die der Ertrags- und Wertverhältnisse sowie der üblichen steuerlichen Rahmbedingungen, berücksichtigt. Besondere Ertragsverhältnisse aufgrund wohnungs- und mietrechtlicher Bindungen werden hingegen nicht berücksichtigt.

Die Liegenschaftszinssätze sind in angemessener und nutzungstypischer Art nach der Grundstücksart und der Lage auf dem Grundstücksmarkt zu bestimmen. Die ermittelten und veröffentlichten Liegenschaftszinssätze des örtlichen Gutachterausschusses für Grundstückswerte sind vorranging zu nutzen, sollten diese auf Grund der maßgeblichen Merkmale des zu bewertenden Grundstückes geeignet bzw. vergleichbar sein. Der maßgebliche ermittelte Wert des Gutachterausschusses ist der abgeleitete Liegenschaftszinssatz, welcher in dem endenden Kalenderjahr vor dem Bewertungsstichtag ermittelt und festgelegt wurde.

Sollten keine geeigneten Liegenschaftszinssätze zur Verfügung stehen, sind die Zinssätze gemäß § 188 Abs. 2 Nr. 1-4 BewG zu nutzen:

1. 3,5 % für Wohngrundstücke,
2. 4,5 % für gemischt genutzte Grundstücke mit einem gewerblichen Anteil von bis zu 50 %, berechnet anhand der Wohn- und Nutzfläche,
3. 5,0 % für gemischt genutzte Grundstücke mit einem gewerblichen Anteil von mehr als 50 %, berechnet anhand der Wohn- und Nutzfläche,
4. 6,0 % für Geschäftsgrundstücke.

Ist das zu bewertende Grundstück wesentlich größer, als es einer angemessenen Nutzung entspricht und sollte eine selbständige Teilfläche zusätzlich genutzt oder genutzt werden können, ist diese Teilfläche bei den Berechnungen des Bodenwertverzinsungsbetrages nicht zu berücksichtigen. Mithin ist bei der Ermittlung der Bodenwertverzinsung nur die Grundstücksfläche anzusetzen, welche der jeweiligen zu bewertenden Bebauung zuzüglich einer Umgriffsfläche zuzurechnen ist.[52]

1.3.3.5 Vervielfältiger

Der Vervielfältiger ist der Anlage 21 zum BewG zu entnehmen und ist in Abhängigkeit vom ermittelten Liegenschaftszinssatz und von der Restnutzungsdauer des zu bewertenden Gebäudes zu bestimmen. Bei Sachverhalten, in denen kein Vervielfältiger aus der Anlage 21 zum Bewertungsgesetz entnommen werden kann, ist dieser durch die Anwendung der folgenden Formel zu berechnen.

$$\text{Vervielfältiger} = \frac{1}{q^n} \times \frac{q^n - 1}{q - 1}$$

q = Zinsfaktor = 1 + p : 100; p = Zinssatz; n = Restnutzungsdauer/Restlaufzeit

Bei der Restnutzungsdauer ist zu berücksichtigen, dass die Gesamtnutzungsdauer der Anlage 22 zum BewG in Abhängigkeit zur Gebäudeart zu ermitteln ist und bei Abbruchverpflichtungen die tatsächliche Gesamtnutzungsdauer maßgeblich ist. Gebäude, bei denen die Nutzungsdauer die Gesamtnutzungsdauer übersteigt bzw. überstieg, ist nach § 185 Abs. 3 Satz 4 BewG eine Restnutzungsdauer von mind. 30 % der in Anlage 22 zum BewG angegebenen Gesamtnutzungsdauer anzunehmen. Eine negative Restnutzungsdauer kann daher ausgeschlossen werden.

Besteht eine wirtschaftliche Einheit aus mehreren Gebäuden oder Gebäudeteilen mit einer gewissen baulichen Selbständigkeit, die eine verschiedene Bauart aufweisen, können sich unter-

52 Vgl. § 185 Abs. 2 Satz 3 BewG, R B 185.1. Abs. 3 ErbStR.

schiedliche Restnutzungsdauern ergeben. Ergänzend müssen diese unterschiedlich genutzt werden oder in verschiedenen Jahren bezugsfertig geworden sein.[53] In einem solchen Sachverhalt kann eine gewogene Restnutzungsdauer unter Berücksichtigung der jeweiligen Roherträge oder eine gewichtete Restnutzungsdauer ermittelt werden.[54] Die Ermittlung einer gewichteten Restnutzungsdauer ist ohne Bedenken anzunehmen, sollten die Roherträge mit nur einem unverhältnismäßig hohen Aufwand den einzelnen selbständigen Gebäuden bzw. Gebäudeteilen zugeordnet werden können.[55]

Beispiel zum Ertragswertverfahren:

BEISPIEL

Sachverhalt:

Person A erbt von Person B am 1.1.2023 einen Bürokomplex. Die Miete beträgt 3.200 € monatlich je Mieter. Die übliche Miete einer ähnlichen Bürofläche würde jedoch 4.000 € pro Monat betragen.

Darüber hinaus sind noch folgende Daten über den Bürokomplex bekannt:

- Grundstücksgröße: 750 m2
- Maßgeblicher Bodenrichtwert: 480 € / m2
- Baujahr des Hauses: 1988
- Bezugsfertigkeit des Hauses: 1990
- In dem Bürokomplex befinden sich 4 Büros mit gleicher Nutzfläche
- Die übliche Miete übersteigt die Sollmiete um mehr als 20 %
- Der Bürokomplex ist als Geschäftsgrundstück zu qualifizieren, welches im Ertragswertverfahren zu bewerten ist.

Berechnung:

Bodenwert →	480 EUR / m² x 750 m² = 360.000 EUR		
Gebäudeertragswert			
Rohertrag	16.000 EUR x 12 Monate		192.000 EUR
abzgl. Bewirtschaftungskosten			- 23.565 EUR
Verwaltungskosten	3 % von 192.000 EUR	5.760 EUR	
Instandhaltungskosten	750 m² je 13,50 EUR	10.125 EUR	
Mietausfallwagnis	4 % von 192.000 EUR	7.680 EUR	
Reinertrag des Grundstückes			168.435 EUR
abzgl. Bodenwertverzinsung	6 % von 360.000 EUR		- 21.600 EUR
Gebäudereinertrag			146.835 EUR
Multipliziert mit Vervielfältiger	Restnutzungsdauer: 27 Jahre		13,21
Gebäudeertragswert			1.939.690,35 EUR
			1.939.690,35 EUR + 360.000 EUR = 2.299.690,35 EUR

1.3.4 Sachwertverfahren

Neben der Ermittlung der Besteuerungsgrundlagen bei sonstigen bebauten Grundstücken hat das Sachwertverfahren auf Grund der gesetzlichen Formulierung in § 182 Abs. 4 Nr. 1-3 BewG einen Auffangcharakter. Wie schon im Ertragswertverfahren wird auch beim Sachwertverfahren der Wert des Grund und Bodens gesondert von den baulichen oder sonstigen Anlagen ermittelt (siehe unbebaute Grundstücke). Der zu ermittelnde Sachwert ergibt sich aus dem folgenden Berechnungsschema:

53 Vgl. R B 185.4. Abs. 1 ErbStR.

54 Vgl. R B 185.4. Abs. 3 und Abs. 4 ErbStR.

55 Vgl. R B 185.4. Abs. 4 ErbStR.

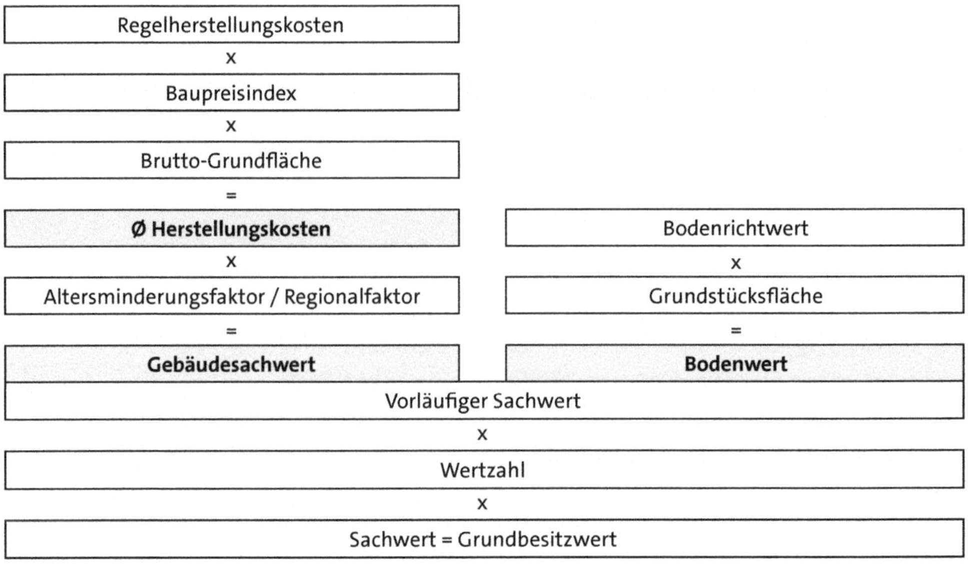

Im Rahmen des Sachwertverfahrens ist nach § 189 Abs. 1 Satz 2 BewG grundsätzlich kein gesonderter Wertansatz von baulichen Außenanlagen vorgesehen, da diese mit dem ermittelten Gebäudewert bzw. dem Bodenwert als abgegolten anzusehen sind. Sollte jedoch eine besonders werthaltige Außenanlage vorliegen, z. B. ein größerer Swimmingpool, kann im Einzelfall auch ein gesonderter Wertansatz nach den gewöhnlichen Herstellungskosten berücksichtigt werden.[56]

1.3.4.1 Regelherstellungskosten

Als Regelherstellungskosten sind nicht die tatsächlichen, sondern die gewöhnlichen Herstellungskosten je Quadratmeter Brutto-Grundfläche bei der Berechnung zu berücksichtigen. Die Regelherstellungskosten sind nach Grundstücksarten, Gebäudearten und Standardstufften unterteilt und der Anlage 24 Teil II zum Bewertungsgesetz zu entnehmen. Zur Feststellung des Gebäudestandards eines Gebäudes oder eines Gebäudeteils ist die Beschreibung der Gebäudestandards in Anlage 24 Teil III zum BewG zu verwenden.[57] Die Beschreibung der Gebäudestandards ist beispielhaft und dient der Orientierung. Sie kann naturgemäß nicht alle in der Praxis auftretenden Standardmerkmale aufführen. Merkmale, die die Tabelle nicht beschreibt, sind daher sachgerecht zu berücksichtigen.[58] Dabei müssen nicht alle aufgeführten Merkmale zutreffen. Der Gebäudestandard wird regelmäßig anhand von fünf Standardstufen bestimmt, die sich nach den Standardmerkmalen der Bauteile unterscheiden. Ist bei einem Bauteil der Vergleich mit verschiedenen Standardmerkmalen möglich, ist für die Bestimmung der jeweiligen Standardstufe auf die überwiegenden Standardmerkmale abzustellen.

Anhand einer Auffangklausel in Anlage 24 Teil II Tz. 20 werden auch Gebäudearten berücksichtigt, welche nicht in der Anlage zum Bewertungsgesetz niedergeschrieben sind. Die entsprechenden Regelherstellungskosten sind in einem solchen Fall von den Regelherstellungskosten einer vergleichbaren Gebäudeart abzuleiten. Beispielhaft können die Regelherstellungskosten eines Thermalbades mit den Regelherstellungskosten eines Freizeitbades aus der Nummer 12.4 abgeleitet werden. Eine Übersicht vergleichbarer Gebäudearten für nicht aufgeführte Gebäudearten bieten die Erbschaftssteuer-Hinweise in H B 190.2 Abs. 2 ErbStH. Sollte bei einem Vergleich bzw. einer Qualifizierung als Gebäudeart oder Standartstufe ein Bauteil nicht vorhanden sein, bleibt dieses bei der Ermittlung der Regelherstellungskosten unberücksichtigt.

56 Vgl. R B 189 Satz 5 EStR.
57 Vgl. R B 190.3 ErbStR.
58 Vgl. R B 190.3 Satz 5 ErbStR.

1.3.4.2 Baupreisindex

Eine Anpassung der Regelherstellungskosten erfolgt durch die Berücksichtigung des Preisindex, den das Statistische Bundesamt für den Neubau in konventioneller Bauart von Wohn- und Nichtwohngebäuden jeweils als Jahresdurchschnitt ermittelt. Dieser wird durch das Bundesministerium der Finanzen im Bundessteuerblatt für den jeweiligen Veranlagungszeitraum veröffentlicht. Dieser Baupreisindex ist für alle Bewertungsstichtage des folgenden Kalenderjahres maßgeblich.[59] Unter der Bauart von Wohngebäuden sind freistehende Ein- und Zweifamilienhäuser, Doppel- und Reihenhäusern, Mehrfamilienhäuser sowie gemischt genutzte Grundstücke bzw. Wohnhäuser mit Mischnutzung zu verstehen. Alle übrigen Gebäudearten sind als Nichtwohngebäude zu verstehen.[60]

1.3.4.3 Bruttogrundfläche

Die Bruttogrundfläche (BGF) ist definiert als die Summe der Grundflächen aller Grundrissebenen eines Bauwerks mit Nutzungen nach DIN 277-2:2005-02 und deren konstruktive Umschließungen. Bei der Ermittlung der Bruttogrundfläche sind die Maßgaben der Finanzverwaltung zu den berücksichtigenden Bereichen und Teilbereichen ausschlaggebend. Dahingehend sind die äußeren Maße der zu betrachtenden Bauteile maßgeblich. Zur Identifizierung der möglichen zu berücksichtigenden Bereiche und Teilbereiche ist auf H B 190.6 Abs. 5 ErbStH zu verweisen. Für die vereinfachte Umrechnung der Wohnfläche in die Bruttogrundfläche für Wohnungseigentum in Mehrfamilienwohnhäusern nennt die Anlage 24 II zum Bewertungsgesetz einen Umrechnungsfaktor (1 m^2 WF = 1,55 m^2 BGF).

Bei Wohnungs- und Teileigentum mit einem Tiefgaragenplatz stellt dieser in der Regel eine eigene wirtschaftliche Einheit dar. Demnach ist der Tiefgaragenstellplatz als gesonderter Gebäudeteil zu bewerten. Aus Vereinfachungsgründen zur Ermittlung der Bruttogrundfläche des Tiefgaragenstellplatzes ist die tatsächliche Stellplatzfläche (Länge x Breite) mit 1,55 zu multiplizieren.[61]

1.3.4.4 Altersminderungsfaktor

Der sog. Altersminderungsfaktor bestimmt sich nach dem Verhältnis zwischen der Restnutzungsdauer und der steuerlichen Gesamtnutzungsdauer. Übersteigt die Restnutzungsdauer die Gesamtnutzungsdauer, ist von mindestens 30 % der in Anlage 22 zum Bewertungsgesetz festgesetzten Gesamtnutzungsdauer auszugehen. Bei einer Abbruchverpflichtung ist die tatsächliche Restnutzungsdauer maßgeblich. Ob die ermittelte Restnutzungsdauer mit der wirtschaftlichen oder tatsächlichen Restnutzungsdauer übereinstimmt, ist im Einzelfall zu prüfen.

Sollten an dem zu bewertenden Gebäude Modernisierungsmaßnahmen durchgeführt worden sein, können diese die zu berücksichtigende Restnutzungsdauer erhöhen. Die Erhöhung der Restnutzungsdauer bestimmt sich konkret nach den Modernisierungsmaßnahmen und der jeweiligen Gebäudeart. Gemäß einem Punktesystems in R B 190.7 Abs. 3 ErbStR werden die Modernisierungsmaßnahmen unterschiedlich gewichtet und bewertet. Anhand der Gesamtzahl der Punkte für die Modernisierungsmaßnahmen ist in Abhängigkeit von der üblichen Gesamtnutzungsdauer das ursprüngliche Baujahr des Gebäudes fiktiv zu verschieben.

Mängel oder Schäden am zu bewertenden Gebäude werden nicht in der Ermittlung der Restnutzungsdauer berücksichtigt. Es ist demnach auf die gesetzlich vorgesehene Restnutzungsdauer i.V. m. der gesetzlich festgelegten Gesamtnutzungsdauer abzustellen. Bei Grundstücken mit mehreren nicht selbständigen Gebäuden bzw. Gebäudeteilen ist von einer einheitlichen Altersminderung auszugehen. Die nicht selbständigen Gebäude bzw. Gebäudeteile teilen insoweit das Schicksal des Hauptgebäudes.

59 Vgl. R B 190.4 Abs. 1 ErbStR.
60 Vgl. R B 190.4 Abs. 2 ErbStR.
61 Vgl. H B 190.6 ErbStH.

1.3.4.5 Regionalfaktor

Durch den Regionalfaktor soll der Unterschied zwischen dem bundesdurchschnittlichen und dem regionalen Baukostenniveau berücksichtigt werden. Der Regionalfaktor wird durch den örtlichen Gutachterausschuss ermittelt, veröffentlicht und an die Finanzverwaltung übermittelt. Sollte kein Regionalfaktor bestehen, ist ein Regionalfaktor von 1,0 anzunehmen.

1.3.4.6 Wertzahl

In vielen Fällen stehen für Sachwertverfahren geeignete Sachwertfaktoren (Marktanpassungsfaktoren) der Gutachterausschüsse aus dem Sachwertverfahren der Verkehrswertermittlung zur Verfügung. Diese Faktoren sind vorrangig als Wertzahlen anzuwenden. Sie werden regelmäßig im Grundstücksmarktbericht des Gutachterausschusses veröffentlicht. Stehen keine geeigneten Sachwertfaktoren zur Verfügung stehen, sind die in der Anlage 25 zum BewG bestimmten Wertzahlen zu verwenden.

Bei der Ermittlung der Wertzahl nach Anlage 25 zum BewG ist auf den vorläufigen Sachwert und den ermittelten Richtwert abzustellen.

Bei der Ermittlung der Wertzahl besteht ein kleines Gestaltungspotenzial. Die Wertzahlen in Anlage 25 zum BewG nehmen mit steigender Höhe des vorläufigen Sachwerts ab. Demnach könnte mit der Anwendung von höheren Regelherstellungskosten das Ergebnis erreicht werden, dass das höhere Ergebnis günstiger in der Ermittlung der Wertzahl sein kann. In Einzelfällen könnte damit die nächste Wertgrenze überschritten werden und dadurch die Wertzahl und somit auch der Grundbesitzwert um bis zu 10 % des vorläufigen Sachwerts niedriger ausfallen.

BEISPIEL

Beispiel zum Sachwertverfahren:

Sachverhalt:

Person A erbt von Person B am 1.1.2023 einen Bürokomplex. In diesem Sachverhalt sind folgende Eckdaten bekannt:

- Grundstücksgröße: 750 m²
- Maßgeblicher Bodenrichtwert: 480 € / m²
- Brutto-Grundfläche (Außenmaße von Erdgeschoss, Keller und Dachgeschoss):
- 350 m²
- Baujahr des Hauses: 1990
- Der Baupreisindex beträgt 166,9.Es liegt kein Regionalfaktor vor.
- Die Standardstufe des Gebäudes ist auf 4 zu schätzen
- Im Jahr 2020 wurden folgende Arbeiten erledigt:
  - Dacherneuerung
  - Modernisierung der Bäder
  - Modernisierung der Fenster und Außentüren
  - Modernisierung der Heizungsanlage
  - Wärmedämmung der Außenwände

Berechnung:

1. Ermittlung der durchschnittlichen Herstellungskosten

Bodenwert	→	480 EUR / m² x 750 m² = 360.000 EUR
Gebäudeertragswert		

Regelherstellungskosten		1.685 EUR
x Baupreisindex	166,9/100	1,669
x Brutto-Grundfläche		350 m²
Ø Herstellungskosten		984.293 EUR
x Altersminderungsfaktor		
Gesamtnutzungsdauer	60 Jahre	
Restnutzungsdauer:	27 Jahre	
+ Modernisierungsmaßnahmen		
Altersminderungsfaktor		
x Regionalfaktor		
Gebäudesachwert		

2. Ermittlung Verschiebung Restnutzungsdauer

Beispielhafter Auszug aus der Erbschaftssteuerrichtlinie:

Modernisierungselement	Punkte
Dacherneuerung inkl. Verbesserung der Wärmedämmung	4
Modernisierung der Fenster und Außentüren	2
Modernisierung der Leitungssysteme (Strom, Gas, Wasser, Abwasser)	2
Modernisierung der Heizungsanlage	2
Wärmedämmung der Außenwände	4
Modernisierung der Bäder	2
Modernisierung des Innenausbaus, z.B. Decken, Fußböden, Treppen	2
Wesentliche Verbesserung der Grundrissgestaltung	2

Übliche Gesamtnutzungsdauer von 60 Jahren		
	Modernisierungsgrad	
	14 bis 16 Punkte	≥ 18 Punkte
Gebäudealter (Jahre)	Verschiebung Baujahr (Jahre)	
≥ 10	0	2
≥ 15	2	6
≥ 20	5	9
≥ 25	7	13
≥ 30	10	16
≥ 35	13	20
≥ 40	17	24
≥ 45	20	28
≥ 50	24	33
≥ 55	28	37
= 60	33	42
≥ 60	33 (→ Satz 5; Jahr des Bewertungsstichtags + 33 ./. 60)	42 (→ Satz 5; Jahr des Bewertungsstichtags + 42 ./. 60)

Dacherneuerung	4 Punkte
Fenster & Türen	2 Punkte
Wärmedämmung	4 Punkte
Bäder	2 Punkte
Heizungsanlage	2 Punkte
Gesamt	14 Punkte

Restnutzungsdauer wird um 7 Jahre verlängert.

3. Ermittlung vorläufiger Sachwert

Bodenwert	→	480 EUR / m² x 750 m² = 360.000 EUR
Gebäudeertragswert		

Regelherstellungskosten		1.685 EUR
x Baupreisindex		1,669
x Brutto-Grundfläche		350 m²
Ø Herstellungskosten		984.293 EUR
x Altersminderungsfaktor	0,56 x 984.293 EUR	557.765 EUR
Gesamtnutzungsdauer	60 Jahre	
Restnutzungsdauer:	27 Jahre	
+ Modernisierungsmaßnahmen	7 Jahre 34 Jahre	
Altersminderungsfaktor	0,56	
x Regionalfaktor gemäß § 190 Abs. 5 BewG	1,0 x 551.204 EUR	557.765 EUR
Gebäudesachwert		557.765 EUR
Vorläufiger Sachwert	**(557.765 EUR + 360.000 EUR)**	**= 917.765 EUR**

4. Ermittlung Sachwert

Vorläufiger Sachwert = 917.765 EUR

vorläufiger Sachwert	917.765 EUR
x	
Wertzahl	0,9
Sachwert	825.989 EUR

Bodenrichtwert: 480 EUR/m²

Vorläufiger Sachwert § 180 Absatz 3	Bodenrichtwert oder abgeleiteter Bodenwert in EUR/m² nach § 179 Satz 4		
	50 EUR/m²	150 EUR/m²	400 EUR/m²
500.000 EUR	0,8	0,9	1,0
750.000 EUR	0,8	0,9	1,0
1.000.000 EUR	0,7	0,8	0,9
1.500.000 EUR	0,7	0,8	0,9
2.000.000 EUR	0,7	0,8	0,8
3.000.000 EUR	0,7	0,7	0,8

Für vorläufige Sachwerte und Bodenrichtwerte oder abgeleitete Bodenwerte zwischen den angegebenen Intervallen sind die Wertzahlen durch lineare Interpolation zu bestimmen. Über den tabellarisch aufgeführten Bereich hinaus ist keine Extrapolation durchzuführen. Für weitere Werte außerhalb des angegebenen Bereichs gilt der nächstgelegene vorläufige Sachwert oder Bodenrichtwert oder abgeleitete Bodenwert.

1.4 Sonderfälle

1.4.1 Bewertung bei Erbbaurechtsfällen

Das Erbbaurecht ist als Belastung eines Grundstücks zu verstehen, das dem Berechtigten das veräußerliche und vererbbare Recht gibt, ein Bauwerk auf der Oberfläche des Grundstückes zu haben bzw. zu errichten.[62] Unter den Sonderfall des Erbbaurechts fällt demnach sowohl die Bewertung des belasteten Grundstücks als auch die Bewertung des Rechts zum Errichten oder des Besitzes eines Bauwerks auf dem Erbbaugrundstück.

Der Wert des Erbbaurechts und auch des Erbbaugrundstücks ermittelt sich grundsätzlich nach dem Wert eines unbelasteten Grundstücks multipliziert mit dem von den Gutachterausschüssen ermittelte Erbbaurechtskoeffizienten oder nach dem Wert des zu bewertenden Gebäudes multipliziert mit dem Erbbaurechtskoeffizienten. Nachrangig kann der Wert des Erbbaurechts

62 Vgl. Rössler/Troll/Halaczinsky BewG § 192 Rn. 3; R B 192.1 Abs. 1 Satz 1 ErbStR.

oder der Erbbaugrundstückes auch im Wege einer finanzmathematischen Methode unter Heranziehung der von den Gutachterausschüssen ermittelten Erbbaurechtsfaktoren ermittelt werden. Mit dem Erlass zur Anwendung der Vorschriften für die Bewertung des Grundvermögens ist die Ermittlung des Erbbaurechts mit dem Bewertungsstichtag nach dem 31.12.2022 aus Vergleichspreisen zu veräußerten Erbbaurechten nicht mehr zulässig.[63] Im Rahmen der finanzmathematischen Methode ergibt sich der Wert des Erbbaurechts aus den nach § 192 Abs. 2 BewG und nach § 194 Abs. 3 BewG ermittelten Bodenwertanteilen und Gebäudewertanteilen.

1.4.2 Gebäude auf fremden Grund und Boden

Nach dem Bewertungsgesetz handelt es sich um ein Gebäude auf fremdem Grund und Boden, sollte ein auf einem Grundstück stehendes Gebäude einer anderen Person als dem Eigentümer des Grund und Bodens zuzurechnen sein oder von diesem das Gebäude errichtet werden. Ergänzend dazu werden auch die sonstigen Bestandteile wie die dazu errichteten Außenanlagen und das Zubehör dem Gebäude auf dem fremden Grund und Boden zugerechnet. Werden jedoch lediglich Außenanlagen oder Betriebsvorrichtungen auf einem fremden Grundstück errichtet, handelt es sich nicht um ein Gebäude auf einem fremden Grund und Boden.[64] Außerdem wird ein Vorteil oder Nachteil des Eigentümers des Gebäudes auf fremdem Grund und Boden erfasst. Dieser kann dadurch erlangt werden, dass für die Nutzung des Grundstücks weniger oder mehr als der volle Bodenwertverzinsungsbetrag (angemessene Bodenwertverzinsung) zu leisten ist.[65]

Der zu berücksichtigende Unterschiedsbetrags nach § 195 Abs. 2 BewG ist mit dem angemessenen Verzinsungsbetrag des Bodenwerts des unbelasteten Grundstücks und dem vertraglich vereinbarten jährlichen Nutzungsentgelt über die Restlaufzeit des Nutzungsrechts zu kapitalisieren. In der Anwendung der Kapitalisierung ist der Vervielfältiger gem. Anlage 21 zum Bewertungsgesetz zu verwenden.[66] Ist der Nutzer oder Besitzer verpflichtet, das Gebäude bei Ablauf des Nutzungsrechts abzureißen oder zu beseitigen, ist bei der Ermittlung des Gebäudeertragswert der Vervielfältiger in Abhängigkeit zu der Restnutzungsdauer anzuwenden.

Der Abzinsungsfaktor für die Restlaufzeit des Nutzungsrechts in der Ermittlung nach § 195 Abs. 3 BewG ergibt sich aus der Anlage 26 zum Bewertungsgesetz und ist vom maßgebenden Zinssatz und von der abgerundeten Restlaufzeit des Nutzungsrechts abhängig. Sollte die Restlaufzeit des Nutzungsrechts weniger als ein Jahr betragen, ist ein Abzinsungsfaktor von 1 anzunehmen. Sollte das Nutzungsrecht hingegen immerwährend gelten, ist ein Abzinsungsfaktor von 0 anzunehmen.[67]

1.4.3 Grundstücke im Zustand der Bebauung

Bei der Bewertung von Grundstücken im Zustand der Bebauung werden die Gebäude oder Gebäudeteile zzgl. des Bodenwerts eines unbebauten oder auch bereits bebauten Grundstücks nach § 196 BewG ermittelt.

Als Grundstück im Zustand der Bebauung werden Grundstücke angesehen, auf welchen mit den Abgrabungsarbeiten oder mit der Einbringung von Baustoffen zur planmäßigen Errichtung eines Gebäudes oder Gebäudeteils begonnen wurde. Soll neuer Wohn- oder Gewerberaum an einem bereits vorhandenen Gebäude geschaffen werden, gelten Grundstücke bei Arbeiten für Anbauten, Ausbauten oder Umbauten als Grundstücke im Zustand der Bebauung. Die Herstellungskosten der Anbauten, Ausbauten oder Umbauten sind somit in Höhe der Her-

63 Vgl. Gleich lautende Erlasse der obersten Finanzbehörden der Länder zur Anwendung der Vorschriften für die Bewertung des Grundvermögens im Sechsten Abschnitt des Zweiten Teils des Bewertungsgesetzes in der Fassung des Jahressteuergesetzes 2022 vom 16.12.2022 vom 20.3.2023 (BGBl 2022 I S. 2294) Rn 65, 77.

64 Vgl. R B 195.2 Abs. 2. ErbStR; GLE Rn. 87 Satz 7.

65 Vgl. R B 195.2 Abs. 2. ErbStR; GLE Erlass Rn. 87 Satz 6.

66 Vgl. Rn 92; R B 195.2 Abs. 1 ErbStR.

67 Vgl. Gleich lautende Erlasse der obersten Finanzbehörden der Länder zur Anwendung der Vorschriften für die Bewertung des Grundvermögens im Sechsten Abschnitt des Zweiten Teils des Bewertungsgesetzes in der Fassung des Jahressteuergesetzes 2022 vom 16.12.2022 vom 20.3.2023 (BGBl 2022 I S. 2294) Rn. 100; R B 195.2 Abs. 2.

stellungskosten zu berücksichtigen. Die Gebäude oder Gebäudeteile im Zustand der Bebauung sind insoweit mit den bereits am Bewertungsstichtag entstandenen Herstellungskosten zu bewerten.

Für den Umfang der zu bewertenden Herstellungskosten sind die die entstandenen Herstellungskosten maßgeblich. Der tatsächliche Zahlungsabfluss ist nicht relevant.

Abbruchkosten für den auf dem Grundstück vor Beginn der Baumaßnahme vorhandenen Gebäude oder Gebäudeteile sind, unabhängig ihrer ertragsteuerlichen Beurteilung, nicht bei den Herstellungskosten zu berücksichtigen.

1.4.4 Ausländischer Grundbesitz

Die Bewertung von ausländischem Grundbesitz richtet sich für erbschaftsteuerliche Zwecke gem. § 12 Abs. 7 ErbStG nach § 31 BewG. Demnach ist der ausländische Grundbesitz mit dem gemeinen Wert nach § 9 BewG zu erfassen.

Für die Praxis gibt es keine verbindlichen Regelungen, wie die (Verkehrs-)Wertermittlung z. B. für ausländischen Grundbesitz im konkreten Einzelfall erfolgen kann (mangels Verfügbarkeit ausländischer Daten, z. B. ortsübliche Miete, Bodenrichtwerte, Liegenschaftszinssätze). Bei fehlenden Daten ist der Steuerwert im Wege einer sachgerechten Schätzung zu ermitteln.

1.4.5 Nachweis des niedrigeren gemeinen Werts

1.4.5.1 Nachweis durch ein Gutachten

Zum Nachweis eines niedrigeren gemeinen Werts, welcher den nach den vorstehenden Verfahren ermittelten Wert ersetzt, ist eine reine Glaubhaftmachung nicht ausreichend. Als Nachweis ist regelmäßig ein Gutachten des örtlich zuständigen Gutachterausschusses oder eines Sachverständigen erforderlich, was für die Steuerpflichtigen eine echte Nachweispflicht bedeutet, die über eine bloße Darlegungslast erheblich hinausgeht.[68] Das Gutachten mit einem Nachweis eines niedrigeren gemeinen Werts ist für die Feststellung des Grundbesitzwerts nicht bindend, sondern unterliegt der freien Beweiswürdigung durch das Finanzamt und letztlich im Streitfall durch das Finanzgericht. Sollte das Gutachten beispielsweise methodische Mängel oder unzutreffende Wertansätze enthalten, kann das Finanzamt das betreffende Gutachten ohne Gegengutachten zurückweisen.[69]

1.4.5.2 Nachweis durch einen Kaufpreis

Ein im gewöhnlichen Geschäftsverkehr zustande gekommener Kaufpreis über das zu bewertende Grundstück, welcher innerhalb eines Jahres vor oder nach dem Bewertungsstichtag erfolgt, kann ebenfalls als Nachweis dienen. Ist ein Kaufpreis außerhalb dieses Zeitraums im gewöhnlichen Geschäftsverkehr zustande gekommen und sind die maßgeblichen Verhältnisse hierfür gegenüber den Verhältnissen zum Bewertungsstichtag unverändert geblieben, so kann dieser Kaufpreis nach Auffassung der Finanzverwaltung regelmäßig ohne Wertkorrekturen als Nachweis des niedrigeren gemeinen Werts dienen. Begründet liegt dies darin, dass die Finanzverwaltung davon ausgeht, dass der im gewöhnlichen Geschäftsverkehr vereinbarte bzw. erzielte Kaufpreis den sichersten Anhaltspunkt für den gemeinen Wert liefert.[70]

68 Vgl. R B 198 Abs. 3 ErbStR.
69 Vgl. R B 198 Abs. 2 und 3 ErbStR.
70 Vgl. H B 198 ErbStH.

2. Wertermittlung im vereinfachten Ertragswertverfahren

Jahre in denen entsprechende Themen Gegenstand der Prüfung waren: 2015 bis 2024

2.1 Grundlagen

Der gemeine Wert kann wahlweise mit dem „vereinfachten Ertragswertverfahren“ ermittelt werden, wenn dies nicht zu offensichtlich unzutreffenden Ergebnissen führt. Das gilt auch für ausländisches Betriebsvermögen. Grundlage für die Bewertung bildet der zukünftige nachhaltig erzielbare Jahresertrag. Als Beurteilungsgrundlage wird der in der Vergangenheit tatsächlich erzielte Durchschnittsertrag herangezogen.[71] Dieser wird aus den Betriebsergebnissen der letzten drei vor dem Besteuerungszeitpunkt abgelaufenen Wirtschaftsjahre abgeleitet. Zur Abgeltung des Ertragsteueraufwands wird das positive Betriebsergebnis um 30 % gemindert,[72] damit eine rechtsformneutrale Ertragsteuerbelastung sichergestellt ist. Der nachhaltig erzielbare Jahresertrag[73] ist mit dem Kapitalisierungsfaktor[74] zu multiplizieren. Dieser beträgt 13,75.

Bei neu gegründeten Unternehmen und bei einem Branchenwechsel eines Unternehmens ist das vereinfachte Ertragswertverfahren nicht anzuwenden, da es hier zu offensichtlich unzutreffenden Ergebnissen führt. In diesen Fällen bestehen grundsätzlich keine Bedenken, den Substanzwert als Mindestwert anzusetzen, sofern dies nicht zu unzutreffenden Ergebnissen führt.

Neben dem Ertragswert werden folgende Wirtschaftsgüter gesondert mit dem gemeinen Wert bewertet und angesetzt:

- Nicht betriebsnotwendiges Betriebsvermögen inklusive Schulden:
  - Grundbesitz, Betriebsvermögen und Anteile an Kapitalgesellschaften, für die ein Wert nach § 151 Abs. 1 Satz 1 Nr. 1-3 BewG festzustellen ist, sind mit dem auf den Bewertungsstichtag festgestellten Wert anzusetzen.
  - § 151 Abs. 3 BewG (Basiswertregelung) ist hierbei zu beachten.
- Beteiligungen an Personengesellschaft und Kapitalgesellschaft:
  - Beteiligungen an einer Personengesellschaft und Anteile an Kapitalgesellschaften, für die ein Wert nach § 151 Abs. 1 Satz 1 Nr. 2 und 3 BewG festzustellen ist, sind mit dem auf den Bewertungsstichtag festgestellten Wert anzusetzen. § 151 Abs. 3 BewG (Basiswertregelung) ist hierbei zu beachten.
  - Die mit den Beteiligungen in wirtschaftlichem Zusammenhang stehenden Schulden werden nicht gesondert berücksichtigt, da die mit diesen im Zusammenhang stehenden Aufwendungen beim nachhaltigen Jahresertrag mindernd erfasst sind. Es erfolgt keine Hinzurechnung der Aufwendungen nach § 202 Abs. 1 Satz 2 BewG.
  - Im Einvernehmen mit den Verfahrensbeteiligten kann darauf verzichtet werden, eine gesonderte Ermittlung des gemeinen Werts von zum Vermögen gehörenden Anteilen an einer Kapitalgesellschaft und Beteiligungen an einer Personengesellschaft vorzunehmen, wenn es sich um einen Fall von geringer Bedeutung handelt. Ein Fall von geringer Bedeutung liegt insbesondere vor, wenn der Verwaltungsaufwand der Beteiligten außer Verhältnis zur steuerlichen Auswirkung steht und der festzustellende Wert unbestritten ist. In diesen Fällen kann aus Vereinfachungsgründen die durchschnittliche Bruttoausschüttung der Untergesellschaft der letzten drei Jahre als durchschnittlicher Jahresertrag multipliziert mit dem Kapitalisierungsfaktor nach § 203 BewG angesetzt werden; mindestens ist der Steuerbilanzwert der Beteiligung anzusetzen.
  - Wirtschaftsgüter, die innerhalb der letzten zwei Jahre eingelegt wurden (sog. junges Betriebsvermögen) und die damit im Zusammenhang stehenden Schulden:

71 § 201 Abs. 1 BewG.
72 § 202 Abs. 3 i. V. m. Abs. 1 und 2 BewG.
73 §§ 201 und 202 BewG.
74 § 203 BewG.

- Grundbesitz, für den ein Wert nach § 151 Abs. 1 Satz 1 Nr. 1 BewG festzustellen ist, ist mit dem auf den Bewertungsstichtag festgestellten Wert anzusetzen.
- Die Basiswertregelung in § 151 Abs. 3 BewG ist hierbei zu beachten. Unmittelbar mit diesen Wirtschaftsgütern im Zusammenhang stehende Aufwendungen und Erträge sind bei der Ermittlung der jeweiligen Betriebsergebnisse nach § 202 Abs. 1 Satz 2 BewG zu korrigieren.

2.2. Berechnungsschritte im vereinfachten Ertragswertverfahren

	Zukünftig nachhaltig zu erzielender Jahresertrag
x	Kapitalisierungsfaktor (13,75)
=	**Ertragswert des betriebsnotwendigen Vermögens**
+	Nettowert des nicht betriebsnotwendigen Vermögens (inkl. Schulden)
+	Wert der Beteiligungen an anderen Gesellschaften (ohne Schulden)
+	Nettowert des jungen Betriebsvermögens (inkl. Schulden)
=	**Wert nach dem vereinfachten Ertragswertverfahren**

Der zukünftig nachhaltig zu erzielende Jahresertrag wird grundsätzlich aus den tatsächlich erzielten Betriebsergebnissen (§ 202 BewG) der letzten drei vor dem Bewertungsstichtag (§ 11 ErbStG) abgelaufenen Wirtschaftsjahre abgeleitet. Die Summe der bereinigten Betriebsergebnisse ist durch drei zu dividieren und ergibt den durchschnittlichen Jahresertrag.

In bestimmten Fällen sind auch Wirtschaftsjahre mit dem vollen Betriebsergebnis zu berücksichtigen, die am Bewertungsstichtag (§ 11 ErbStG) noch nicht abgelaufen sind. Bei Änderung, Umwandlung oder Neugründung des Unternehmens ist von einem kürzeren Ermittlungszeitraum oder den Ergebnissen des früheren Unternehmens auszugehen.

Die einzelnen Betriebsergebnisse sind sodann gesondert zu berechnen. Auszugehen ist vom zutreffenden Gewinn nach § 4 Abs. 1 Satz 1 EStG oder § 4 Abs. 3 EStG (Ausgangswert). Maßgebend ist die jeweils zutreffende, nicht die tatsächliche ertragssteuerrechtliche Behandlung. Bei Beteiligungen an Personengesellschaften bleiben Ergebnisse aus Sonderbilanzen und Ergänzungsbilanzen unberücksichtigt.

Da der Ermittlung des Betriebsergebnisses der Gewinn i. S. d. § 4 Abs. 1 Satz 1 EStG zu Grunde liegt, entfallen weitere Korrekturen bei nicht abzugsfähigen Betriebsausgaben. Entsprechendes gilt auch für andere außerhalb der Bilanz vorzunehmende Korrekturen. Bei der Bildung eines Investitionsabzugsbetrags bzw. durch die entsprechende Auflösung wird der Gewinn i. S. d. § 4 Abs. 1 Satz 1 EStG nicht beeinflusst, so dass insofern keine Korrektur vorzunehmen ist.

Der Ausgangswert ist noch zu bereinigen um die im nachfolgenden Schema dargestellten Positionen.

		drittletztes Wj.	vorletztes Wj.	letztes Wj.
	Gewinn (§ 4 Abs. 1 Satz 1 oder § 4 Abs. 3 EStG)			
+	Investitionsabzugsbeträge, soweit sie den Gewinn gemindert haben, Sonderabschreibungen oder erhöhte Absetzungen, Bewertungsabschläge, Zuführung zu steuerfreien Rücklagen sowie Teilwertabschreibungen (nur die normale Absetzung ist zu berücksichtigen!)			
+	Absetzungen auf den Geschäfts- o. Firmenwert und firmenwertähnliche WG			
+	einmalige Veräußerungsverluste sowie außergewöhnliche Aufwendungen			
+	im Gewinn nicht enthaltene Investitionszulagen, soweit diese auch in den folgenden Jahren zu erwarten sind			
+	Ertragssteueraufwand (KSt, SolZ, GewSt)			

+	Aufwendungen im Zusammenhang mit nicht betriebsnotwendigem Vermögen (§ 200 Abs. 2 BewG) sowie im Zusammenhang mit jungem BV (§ 200 Abs. 4 BewG). Hierzu gehören nicht Finanzierungsaufwendungen im Zusammenhang mit Anteilen an Kapitalgesellschaften (§ 200 Abs. 3 BewG), die den Wert des die Beteiligung haltenden Unternehmens zutreffend mindern; eine Korrektur des Betriebsergebnisses scheidet insoweit aus. Bei Beteiligungen an Personengesellschaften i. S. des § 200 Abs. 3 BewG werden wegen der Qualifizierung der Schulden als Sonderbetriebsvermögen bei der Personengesellschaft damit im Zusammenhang stehende Aufwendungen im Ergebnis der Personengesellschaft berücksichtigt und sind deshalb bei der Korrektur des Betriebsergebnisses nicht hinzuzurechnen. Sie werden durch die Hinzurechnung des übernommenen Verlustes aus der Beteiligung nach § 202 Abs. 1 Satz 2 Nr. 1 Buchst. f 2. HS BewG oder die Kürzung der Erträge aus der Beteiligung nach § 202 Abs. 1 Satz 2 Nr. 2 Buchst. f BewG berücksichtigt.			
+	bei Kapitalgesellschaft sind verdeckte Gewinnausschüttungen hinzuzurechnen			
./.	gewinnerhöhende Auflösungsbeträge steuerfreien Rücklagen und Erträge aus Zuschreibungen (§ 6 Abs. 1 Nr. 1 Satz 4, Nr. 2 Satz 3 EStG)			
./.	einmalige Veräußerungsgewinne sowie außergewöhnliche Erträge			
./.	im Gewinn enthaltene Investitionszulagen, soweit in Zukunft nicht mit weiteren zulagebegünstigten Investitionen in gleichem Umfang gerechnet werden kann			
./.	ein angemessener Unternehmerlohn, soweit in der bisherigen Ergebnisrechnung kein solcher berücksichtigt worden ist. Die Höhe des Unternehmerlohns wird nach der Vergütung bestimmt, die eine nicht beteiligte Geschäftsführung erhalten würde. Neben dem Unternehmerlohn kann auch fiktiver Lohnaufwand für bislang unentgeltlich tätige Familienangehörige des Eigentümers berücksichtigt werden. Erhalten geschäftsführende Gesellschafter von Personengesellschaften wirtschaftlich begründete Tätigkeitsvergütungen als Vorabanteile aus dem Gewinn, sind sie als Unternehmerlohn abzuziehen, soweit sie nach Art u. Umfang angemessen sind.			
./.	Erträge aus der Erstattung von Ertragsteuern (KSt, SolZ, GewSt)			
./.	Erträge im Zusammenhang mit Vermögen i. S. d. § 200 Abs. 2-4 BewG			
./.	bei Kapitalgesellschaft sind verdeckte Einlagen abzuziehen			
+/./.	sonstige wirtschaftlich nicht begründete Vermögensminderungen/-erhöhungen mit Einfluss auf den zukünftig nachhaltig zu erzielenden Jahresertrag und mit gesellschaftsrechtlichem Bezug, soweit noch nicht berücksichtigt			
=	Betriebsergebnis (vor Ertragsteueraufwand)			
./.	Ertragsteueraufwand (§ 202 Abs. 3 BewG), pauschal 30 %			
=	Betriebsergebnis			
=	Summe Betriebsergebnisse : 3 = Jahresertrag (§ 201 Abs. 2 Satz 4 BewG)			

Der sich ergebende durchschnittliche Jahresertrag ist sodann mit dem Kapitalisierungsfaktor von 13,75 zu multiplizieren. Es ergibt sich der Wert nach dem vereinfachten Ertragswertverfahren, welcher mit dem Substanzwert zu vergleichen ist.

2.3 Paketzuschlag

Dabei handelt es sich um einen Zuschlag von bis zu 25 % zum Kurswert (höhere Zuschläge sind im Einzelfall möglich) oder zum ermittelten Wert für einzelne Kapitalanteile, wenn der gemeine Wert der Beteiligung höher ist als der Wert, der sich ansonsten für einzelne Anteile ergibt.

Der Zuschlag kommt dann in Betracht, wenn ein Gesellschafter mehr als 25 % der Anteile einer Kapitalgesellschaft auf einen oder mehrere Erwerber überträgt.[75]

Der Paketzuschlag ist vorzunehmen, wenn der gemeine Wert ermittelt bzw. nachgewiesen wird:

- durch Kurswerte und durch Ableitung aus Verkäufen,
- durch ein Gutachten (Unternehmensbewertung), wenn die in § 11 Abs. 3 BewG (Paketzuschlag) genannten Umstände nicht berücksichtigt wurden.

Im vereinfachten Ertragswertverfahren ist in der Regel kein Paketzuschlag vorzunehmen. Ein Paketzuschlag ist auch in den Fällen der Bewertung mit dem Substanzwert nicht vorzunehmen.

3. Substanzwertermittlung

Jahre in denen entsprechende Themen Gegenstand der Prüfung waren: 2015 bis 2024

3.1 Grundlagen

Der Substanzwert ist als Mindestwert nur anzusetzen, wenn der gemeine Wert nach dem vereinfachten Ertragswertverfahren[76] oder mit einem Gutachterwert[77] ermittelt wird. Wird der gemeine Wert aus tatsächlichen Verkäufen unter fremden Dritten im gewöhnlichen Geschäftsverkehr abgeleitet, ist der Ansatz des Substanzwerts als Mindestwert ausgeschlossen.

Die Ermittlung erfolgt auf den Bewertungsstichtag (§§ 9, 11 ErbStG). Die Kapitalgesellschaft hat nach amtlichem Vordruck eine Vermögensaufstellung auf den Bewertungsstichtag als Anlage zur Feststellungserklärung abzugeben, aus der sich die für die Ermittlung des Substanzwerts erforderlichen Angaben ergeben (§ 153 Abs. 3 BewG).

3.2 Ermittlung dem Grunde nach

Dem Grunde nach sind in die Ermittlung des Substanzwerts alle Wirtschaftsgüter einzubeziehen, die nach §§ 95-97 BewG zum Betriebsvermögen gehören. Der Umfang des Betriebsvermögens richtet sich somit nach der Zugehörigkeit der Wirtschaftsgüter zum ertragsteuerlichen Betriebsvermögen am Bewertungsstichtag.[78]

Aktive und passive Wirtschaftsgüter gehören auch dann dem Grunde nach zum ertragsteuerlichen Betriebsvermögen, wenn für sie ein steuerliches Aktivierungs- oder Passivierungsverbot besteht. Eine handelsrechtlich gebotene Rückstellung (z. B. Drohverlustrückstellung), die steuerlich nicht passiviert werden darf (§ 5 Abs. 4a Satz 1 EStG), ist bei der Ermittlung des Substanzwerts anzusetzen.

Zum Betriebsvermögen gehören auch selbst geschaffene oder entgeltlich erworbene immaterielle Wirtschaftsgüter (z. B. Patente, Lizenzen, Warenzeichen, Markenrechte, Konzessionen, Bierlieferrechte). Geschäftswert-, firmenwert- oder praxiswertbildende Faktoren, denen ein eigenständiger Wert zugewiesen werden kann (z. B. Kundenstamm, Know-how), sind mit einzubeziehen, unabhängig davon, ob sie selbst geschaffen oder entgeltlich erworben wurden. Zum Betriebsvermögen gehörende Genossenschaftsanteile sind grundsätzlich im Rahmen der Ermittlung des Substanzwerts als Kapitalforderungen nach § 12 BewG mit dem Nennwert zu bewerten. Eine zukünftige Ertragsteuerbelastung (latente Ertragsteuern) ist nicht wertmindernd zu berücksichtigen.

Rücklagen und Ausgleichsposten mit Rücklagencharakter sind im Allgemeinen nicht abzugsfähig, weil sie Eigenkapitalcharakter haben.[79] Darunter fallen z. B. Rücklagen nach § 6b EStG, R 6.5 und R 6.6 EStR. Gleiches gilt für Ausgleichsposten nach § 14 Abs. 4 KStG a. F., § 4g EStG

75 R B 11.8 Abs. 3-8 ErbStR.
76 §§ 199-203 BewG.
77 Ertragswertverfahren oder andere im gewöhnlichen Geschäftsverkehr für nichtsteuerliche Zwecke übliche Methode.
78 R B 95-R B 103.3 ErbStR.
79 Vgl. § 103 Abs. 3 BewG.

und Luftposten i. S. d. § 20 UmwStG.[80] Ausgleichsposten, die Rücklagencharakter haben, sind ebenfalls nicht abzugsfähig.

3.3 Ermittlung der Höhe nach

Die zum Betriebsvermögen gehörenden Wirtschaftsgüter und sonstigen aktiven Ansätze sowie die zum Betriebsvermögen gehörenden Schulden und sonstigen Abzüge sind bei der Ermittlung des Substanzwerts mit dem gemeinen Wert anzusetzen. Grundbesitz, Betriebsvermögen und Anteile an Kapitalgesellschaften, für die ein Wert nach § 151 Abs. 1 Satz 1 Nr. 1-3 BewG gesondert festzustellen ist, sind mit dem auf den Bewertungsstichtag festgestellten Wert anzusetzen.

Der gemeine Wert von Erfindungen oder Urheberrechten, die in Lizenz vergeben oder in sonstiger Weise gegen Entgelt einem Dritten zur Ausnutzung überlassen sind, wird in der Weise ermittelt, dass der Anspruch auf die in wiederkehrenden Zahlungen bestehende Gegenleistung kapitalisiert wird, soweit keine anderen geeigneten Bewertungsgrundlagen vorhanden sind. Hierfür sind die vertraglichen Vereinbarungen mit dem Lizenznehmer maßgeblich. Ist keine feste Lizenzgebühr vereinbart und die Vertragsdauer unbestimmt, kann auf die letzte vor dem Besteuerungszeitpunkt gezahlte Lizenzgebühr und eine Laufzeit von acht Jahren abgestellt werden. Der Kapitalisierung ist der marktübliche Zinssatz zugrunde zu legen. Es ist nicht zu beanstanden, wenn auf den Zinssatz abgestellt wird, den die Deutsche Bundesbank anhand der Zinsstrukturdaten aus der langfristig erzielbaren Rendite öffentlicher Anleihen jeweils auf den ersten Börsentag des Jahres errechnet (Basiszins). Der Basiszins ist um einen Zuschlag von 4,5 % zu erhöhen. Die Summe aus Basiszins und Zuschlag ergibt den Kapitalisierungszinssatz. Dieser Zinssatz ist für alle Wertermittlungen auf Bewertungsstichtage in diesem Jahr anzuwenden.

Wirtschaftsgüter des beweglichen abnutzbaren Anlagevermögens sind mit dem gemeinen Wert anzusetzen. Als gemeiner Wert kann aus Vereinfachungsgründen ein angemessener Restwert i. H. v. mindestens 30 % der Anschaffungs- oder Herstellungskosten berücksichtigt werden, wenn dies nicht zu unzutreffenden Ergebnissen führt.

Wirtschaftsgüter des Umlaufvermögens sind mit ihren Wiederbeschaffungs- oder Wiederherstellungskosten zum Bewertungsstichtag anzusetzen. Ihr Wert kann auch nach der retrograden Methode ermittelt werden. Auf Grund der Verbrauchsfolgefiktion des Lifo-Verfahrens gebildete stille Reserven sind bei der Ermittlung des Substanzwertes anzusetzen.

Bei Einzelunternehmen, Personengesellschaften oder Kapitalgesellschaften, die sich in Liquidation befinden, bestehen keine Bedenken, den Liquidationswert anzusetzen.

3.4 Vereinfachungsregeln

Aus Vereinfachungsgründen kann der Substanzwert des Vermögens der Kapitalgesellschaft zum Bewertungsstichtag aus der auf den Schluss des letzten vor dem Bewertungsstichtag endenden Wirtschaftsjahrs erstellten Vermögensaufstellung abgeleitet werden, sofern dies im Einzelfall nicht zu unangemessenen Ergebnissen führt. Dabei ist zunächst die Summe der gemeinen Werte für die Wirtschaftsgüter, sonstigen aktiven Ansätze, Schulden und sonstigen Abzüge am Abschlusszeitpunkt zu bilden, die bei der Ermittlung des Substanzwerts der Kapitalgesellschaft anzusetzen sind (Ausgangswert).

Der Ausgangswert ist unter vereinfachter Berücksichtigung der im Vermögen der Kapitalgesellschaft bis zum Bewertungsstichtag eingetretenen Veränderungen abzuleiten. Als Korrekturen kommen insbesondere in Betracht:

1. Hinzurechnung des Gewinns bzw. Abrechnung des Verlustes, der auf den Zeitraum vom letzten Bilanzstichtag vor dem Bewertungsstichtag bis zum Bewertungsstichtag entfällt. Auszugehen ist dabei vom Gewinn laut Steuerbilanz. Der Gewinn oder Verlust ist zu kor-

80 R B 103.1 Abs. 2 Satz 5 ErbStR.

rigieren, soweit darin Abschreibungen[81] oder Aufwendungen auf betrieblichen Grundbesitz[82] enthalten sind, die das Ergebnis gemindert haben, mit dem Wertansatz der Betriebsgrundstücke aber abgegolten sind. Dazu gehören auch Erhaltungsaufwendungen für betrieblichen Grundbesitz, die den Grundbesitzwert zwar wegen der für den Grundbesitz geltenden Bewertungsmethoden nicht erhöhen, aber mit dem Ansatz des Grundbesitzwertes abgegolten sind. Gewinn oder Verlust und Abschreibungen oder andere Aufwendungen bis zum Bewertungsstichtag sind, soweit dies nicht im Einzelfall zu unangemessenen Ergebnissen führt, zeitanteilig aus den entsprechenden Jahresbeträgen zu berechnen;

2. Berücksichtigung von Vermögensänderungen infolge Veräußerung oder Erwerb von Anlagevermögen, insbesondere von Betriebsgrundstücken, Wertpapieren, Anteilen und Genussscheinen von Kapitalgesellschaften und Beteiligungen an Personengesellschaften, soweit sie sich nicht bereits nach Nr. 1 ausgewirkt haben;
3. Vermögensabfluss durch Gewinnausschüttungen;
4. Vermögenszuführungen oder -abflüsse infolge von Kapitalerhöhungen oder Kapitalherabsetzungen;
5. Vermögenszuführungen durch verdeckte Einlagen.

3.5 Negativer Substanzwert

Es stellt sich in der Praxis bisweilen die Frage, ob ein negativer Substanzwert ebenfalls zugunsten des Steuerpflichtigen angesetzt werden kann. Zunächst ist festzustellen, dass der Substanzwert bei einem negativen Wert nach dem vereinfachten Ertragswertverfahren als Wertuntergrenze bzw. Mindestwert zu verwenden ist. Hierbei ist zu beachten, dass nach R B 11.4 Abs. 10 ErbStR der gemeine Wert nicht notierter Anteile an einer Kapitalgesellschaft aufgrund der Haftungsbeschränkung des Gesellschafters nicht negativ werden kann. Dies ist ebenfalls der Fall, wenn nach einem Gutachten der Wert des Betriebsvermögens der Gesellschaft nach dem vereinfachten Ertragswertverfahren oder der Substanzwert negativ ist.

Dies hat zur Folge, dass der Wert der nicht notierten Anteile an Kapitalgesellschaften in diesem Fall mit 0 € festzustellen ist. Aufgrund dessen ist der Ansatz eines negativen Substanzwertes bei der Muttergesellschaft bzw. die Verrechnung mit deren positivem Wert nach dem vereinfachten Ertragswertverfahren leider nicht möglich.

Sofern es sich bei dem negativen Wert um einen solchen aus einer GbR, OHG oder einer Komplementärbeteiligung handelt, ist eine Verrechnung möglich. Nach R B 97.5 Abs. 4 ErbStR wird dem Komplementär der nach § 97 Abs. 1a Nr. 1 BewG ermittelte Anteil am Wert des Gesamthandsvermögens der Gesellschaft als gemeiner Wert zugerechnet, unabhängig davon, ob er positiv oder negativ ist. Das Gleiche gilt nach R B 97.5 Abs. 5 ErbStR auch für die Gesellschafter einer GbR oder OHG.

Einem Kommanditisten kann indes nach R B 97.5 Abs. 2 ErbStR wie bei einer Kapitalgesellschaftsbeteiligung grundsätzlich kein negativer Wert zugerechnet werden, wenn er seine Kommanditeinlage vollständig erbracht hat und nicht nachschusspflichtig ist. Der Wert des Gesamthandvermögens ist dann wie untenstehend erläutert mit 0 € anzusetzen. Eine Ausnahme davon besteht nur, wenn die Kommanditeinlage noch nicht vollständig erbracht wurde (ausstehende Pflichteinlage).

Zudem ist zu beachten, dass der Wert des SBV beim Kommanditisten mit seinem vollständigen Wert anzusetzen ist, da sich die Wirtschaftsgüter des SBV ausschließlich im Eigentum des Kommanditisten befinden. Dies ist auch der Fall, wenn der der negative Wert des Gesamthandsvermögens beim Kommanditisten mit 0 € anzusetzen ist.[83]

81 AfA, erhöhte AfA, Sonderabschreibungen, Teilwertabschreibungen.
82 Grund und Boden, Betriebsgebäude, Außenanlagen, sonstige wesentliche Bestandteile und Zubehör.
83 R B 97.5 Abs. 3 ErbStR.

4. Steuerbefreiungen des §§ 13 bis 13d ErbStG

4.1 Steuerbefreiung des § 13 ErbStG

Jahre in denen entsprechende Themen Gegenstand der Prüfung waren: 2016, 2018, 2019, 2021 und 2022

Nach § 13 ErbStG ist insbesondere **steuerbefreit:**

- Hausrat (auch Wäsche und Kleidungsstücke), soweit der Wert bei den Erwerbern der Stkl. I insgesamt 41.000 € nicht übersteigt,
- andere bewegliche körperliche Gegenstände (z. B. Kfz, etc.), soweit der Wert bei Erwerbern der Stkl. I insgesamt 12.000 € nicht übersteigt,
- Hausrat (auch Wäsche und Kleidungsstücke) **sowie** andere bewegliche Sachen (z. B. Kfz, etc.), soweit der Wert bei Erwerbern der Stkl. II und III insgesamt 12.000 € nicht übersteigt,

HINWEIS

Die vorgenannten Befreiungen gelten nicht für Gegenstände, die zum land- und forstwirtschaftlichen Vermögen, Grundvermögen oder Betriebsvermögen gehören sowie für Zahlungsmittel, Wertpapiere, Münzen, Edelmetalle, Edelsteine und Perlen.

- Grundbesitz, Kunstgegenstände und Sammlungen, deren Erhaltung im öffentlichen Interesse liegt; Grundbesitz, der zur öffentlichen Nutzung zugänglich gemacht worden ist und dessen Erhaltung im öffentlichen Interesse liegt; gem. § 13 Abs. 3 ErbStG kann auf die Steuerbefreiung verzichtet werden;[84]
- das gesetzliche Vermächtnis nach § 1969 BGB (der sog. Dreißigste); Unterhalt und Wohnungsnutzung (30 Tage) durch haushaltszugehörige Angehörige des Verstorbenen;
- ehebedingte Zuwendungen im Zusammenhang mit in der EU/EWR belegenem, zu eigenen Wohnzwecken genutzten Wohneigentum (**Familienheimen**) (§ 13 Abs. 1 Nr. 4a ErbStG); Begünstigt sind die Verschaffung von Allein- und Miteigentum, die Werterhöhung durch nachträgliche Herstellungs- oder Erhaltungsaufwand und die Befreiung von Verbindlichkeiten;
- Erwerb eines **Familienheims** von Todes wegen durch Ehegatten oder Lebenspartner von bebauten EU/EWR-Grundstücken bei nachfolgender Nutzung für zehn Jahre zu eigenen Wohnzwecken (§ 13 Abs. 1 Nr. 4b ErbStG); **steuerschädlich** (Nachversteuerung, § 175 Abs. 1 Satz 1 Nr. 2 AO) ist der Verkauf oder die Vermietung (ganz oder teilweise) oder längerer Leerstand. Ebenso schädlich sind Weitergabeverpflichtungen und die Übertragung bei Teilung des Nachlasses. **Steuerunschädlich** sind eine doppelte Haushaltsführung, solange das geerbte Wohnhaus Lebensmittelpunkt bleibt oder die Selbstnutzung ist zwingend unmöglich (z. B. Tod und Pflegebedürftigkeit)[85],

HINWEIS

Ist der Erwerb nach § 13 Abs. 1 Nr. 4b ErbStG vollständig steuerfrei, kann zunächst auf die Feststellung des Grundbesitzwertes verzichtet werden. Die Feststellung ist bei einem nachträglichen Wegfall der Steuerbefreiung nachzuholen, wenn die Steuerpflicht des Grundstücks zu einem Überschreiten der persönlichen Freibeträge führt (R B 151.2 Abs. 5 ErbStR).

- Erwerb eines **Familienheims** von Todes wegen durch Kinder oder Kinder verstorbener Kinder. Das Familienheim darf 200 qm Wohnfläche nicht übersteigen (bei Überschreiten der Grenze tritt nur Teilbefreiung ein) (§ 13 Abs. 1 Nr. 4c ErbStG). Die Steuerbefreiung fällt mit Wirkung für die Vergangenheit weg, wenn der Erwerber das Familienheim innerhalb von zehn Jahren nach dem Erwerb nicht mehr zu Wohnzwecken selbst nutzt, es sei denn, er ist auszwingenden Gründen an einer Selbstnutzung zu eigenen Wohnzwecken gehindert[86];

HINWEIS

Ist der Erwerb nach § 13 Abs. 1 Nr. 4c ErbStG vollständig steuerfrei, kann zunächst auf die Feststellung des Grundbesitzwertes verzichtet werden. Auf die Anforderung der Feststellung eines Grundbesitzwertes, der wegen Überschreitens der Wohnungsgrößengrenze nur teilweise steuerfrei ist, kann zunächst dann verzichtet werden, wenn der steuerpflichtige Anteil zusammen mit etwaigen anderen Zuwendungen vom Erblasser den persönlichen Freibetrag des Erben nicht überschreitet. Die Feststellung ist bei einem

84 Vgl. R E 13.11 ErbStR.

85 Siehe dazu auch GLE vom 9.2.2022, BStBl 2022 I S. 226 NWB TAAAI-59258.

86 Siehe dazu auch GLE vom 9.2.2022, BStBl 2022 I S. 226 NWB TAAAI-59258.

nachträglichen Wegfall der Steuerbefreiung nachzuholen, wenn die Steuerpflicht des Grundstücks zu einem Überschreiten der persönlichen Freibeträge führt (R B 151.2 Abs. 5 ErbStR).

- der Erwerb durch gebrechliche Eltern, Stief- oder Großeltern, sofern der Erwerb zusammen mit dem übrigen Vermögen des Erwerbers 41.000 € nicht übersteigt. Übersteigt der Erwerb den Betrag von 41.000 €, so wird die Steuer nur insoweit erhoben, als sie aus der Hälfte des die Wertgrenze übersteigenden Betrags gedeckt werden kann. Ein gebrechlicher Erwerber ist ein Erwerber, der infolge körperlicher oder geistiger Gebrechen und unter Berücksichtigung seiner bisherigen Lebensstellung als erwerbsunfähig anzusehen ist oder durch die Führung eines gemeinsamen Hausstands mit erwerbsunfähigen oder in der Ausbildung befindlichen Abkömmlingen an der Ausübung einer Erwerbstätigkeit gehindert ist;
- ein Erwerb bis zu 20.000 €, wenn der Erwerber dem Erblasser ganz oder teilweise unentgeltlich Pflege oder Unterhalt gewährt hat. Eine aufgrund des Verwandtschaftsverhältnisses bestehende Unterhaltspflicht schließt die Gewährung des Pflegefreibetrags nicht aus;
- der Verzicht auf die Geltendmachung des Pflichtteilsanspruchs oder des Erbersatzanspruchs;
- Schenkung unter Lebenden zum Zwecke des angemessenen Unterhalts und übliche Gelegenheitsgeschenke;
- Erwerb der öffentlichen Hand, der öffentlich-rechtlichen Religionsgemeinschaften und der politischen Parteien;
- Zuwendungen, die kirchlichen, gemeinnützigen oder mildtätigen Zwecken dienen;
- bestimmte Mitgliederbeiträge;
- Leistungen an z. B. Opfer sexuellen Missbrauchs im Rahmen eines sog. geordneten Verfahrens.

Die vorstehende Aufzählung beschränkt sich auf die wichtigsten Tatbestände. Für eine abschließende Aufzählung gilt § 13 Abs. 1 ErbStG.

4.2 Steuerbefreiung des §§ 13a bis 13c ErbStG

Jahre in denen entsprechende Themen Gegenstand der Prüfung waren: 2015 bis 2024

Betriebsvermögen, Betriebe der Land- und Forstwirtschaft und Anteile an KapG werden erbschaftsteuerlich begünstigt. Gem. § 13a ErbStG wird für sog. begünstigtes Vermögen ein Verschonungsabschlag (§ 13a Abs. 1 ErbStG), ein Abzugsbetrag (§ 13a Abs. 2 ErbStG) und ein Steuerentlastungsbetrag (§ 19a ErbStG) gewährt. Beim Verschonungsabschlag wird eine Grundvariante (sog. Regelverschonung) und eine sog. Optionsverschonung unterschieden, wobei die Anwendung der Optionsverschonung voraussetzt, dass die Quote des sog. **Verwaltungsvermögens** einen Schwellenwert von 20 % nicht überschreitet. Die Entscheidung zur Optionsvariante kann der Erwerber bei Erwerb von mehreren wirtschaftlichen Einheiten begünstigungsfähigen Vermögens (land- und forstwirtschaftliches Vermögen, Betriebsvermögen und Anteile an KapG) für jede wirtschaftliche Einheit gesondert stellen (§ 13a Abs. 10 ErbStG).

Der Verschonungsabschlag, der Abzugsbetrag und der Steuerentlastungsbetrag werden nicht gewährt, soweit der Erwerber begünstigtes Vermögen auf Grund einer letztwilligen Verfügung des Erblassers oder einer rechtsgeschäftlichen Verfügung des Erblassers oder Schenkers auf einen Dritten übertragen muss (§ 13a Abs. 5 Satz 1 ErbStG). Gleiches gilt, wenn ein Erbe im Rahmen der Teilung des Nachlasses begünstigtes Vermögen auf einen Miterben überträgt (§ 13a Abs. 5 Satz 2 ErbStG).

Bei Verstößen gegen die im Nachgang zu beachtenden sog. **Behaltensregelungen** (§ 13a Abs. 6 ErbStG) entfallen die Begünstigungen grundsätzlich abschmelzend für die noch nicht vergangenen Jahre der Behaltensfrist.

In diesem Zusammenhang hat der Erwerber eine Reihe von **Anzeigepflichten** zu beachten (§ 13a Abs. 7 ErbStG). Außerdem sind – der gesetzgeberischen Intention des Erhalts von Arbeitsplätzen folgend – im Anschluss an den Erwerb bestimmte sog. **Mindestlohnsumme** einzuhalten (§ 13a Abs. 3 ErbStG). Großerwerbe (über 26 Mio. €) sind vom Verschonungsabschlag, Abzugsbetrag und dem Steuerentlastungsbetrag ausgenommen. Auf Antrag ist ein **Abschmelzungs-**

modell (§ 13c ErbStG) oder eine **Verschonungsbedarfsprüfung** (§ 28a ErbStG) zu gewähren.

Bei mehreren Erwerben begünstigten Vermögens von derselben Person innerhalb von zehn Jahren werden die früheren Erwerbe nach ihrem früheren Wert dem letzten Erwerb hinzugerechnet. Wird die Grenze von 26 Mio. € durch mehrere innerhalb von zehn Jahren von derselben Person anfallende Erwerbe überschritten, entfällt die Steuerbefreiung für die bis dahin als steuerfrei behandelten früheren Erwerbe mit Wirkung für die Vergangenheit. Die Festsetzungsfrist für die Steuer der früheren Erwerbe endet nicht vor dem Ablauf des vierten Jahres, nachdem das für die Erbschaftsteuer zuständige Finanzamt von dem letzten Erwerb Kenntnis erlangt.

Umfasst das auf einen Erwerber übertragene begünstigte Vermögen mehrere selbständig zu bewertende wirtschaftliche Einheiten einer Vermögensart (z. B. mehrere Gewerbebetriebe) oder mehrere Arten begünstigten Vermögens, sind deren Werte vor der Anwendung des § 13a ErbStG zusammenzurechnen. Beim Erwerb mehrerer wirtschaftlicher Einheiten sind auch solche in die Prüfung der 26 Mio. €-Grenze einzubeziehen, bei denen der Anteil des Verwaltungsvermögens nach § 13b Abs. 3 und 4 ErbStG mehr als 20 % beträgt, sodass eine Optionsverschonung nach § 13a Abs. 10 ErbStG nicht in Betracht kommt. Der Verschonungsabschlag und der Abzugsbetrag nach § 13a Abs. 2 ErbStG können nur von einem insgesamt positiven Steuerwert des gesamten begünstigten Vermögens abgezogen werden.

Führt der Erwerber den erworbenen Betrieb **fünf Jahre** fort, wird das begünstigte Vermögen zu 85 % bei der Besteuerung verschont (**Verschonungsabschlag: 85 %**). Auf die verbleibenden 15 % findet der **Abzugsbetrag** nach § 13a Abs. 2 ErbStG und ggf. der Steuerentlastungsbetrag nach § 19a ErbStG Anwendung. Voraussetzung: die **Lohnsumme** beträgt nach **fünf** Jahren nicht weniger als 400 % der Ausgangslohnsumme zum Besteuerungszeitpunkt. Bei fünf aber nicht mehr als zehn Beschäftigten beträgt die Lohnsumme 250 % und bei elf bis 15 Beschäftigten beträgt die Lohnsumme 300 %.

Führt der Erwerber den erworbenen Betrieb **sieben Jahre** fort wird das begünstigte Vermögen zu 100 % bei der Besteuerung verschont (**Verschonungsabschlag: 100 %**). Voraussetzung: die **Lohnsumme** beträgt nach sieben Jahren nicht weniger als 700 % der Ausgangslohnsumme zum Besteuerungszeitpunkt. Bei fünf aber nicht mehr als zehn Beschäftigten beträgt die Lohnsumme 500 % und bei elf bis 15 Beschäftigten beträgt die Lohnsumme 565 %. Das **Verwaltungsvermögen** darf höchstens 20 % am betrieblichen Gesamtvermögen betragen.

Der Abzugsbetrag beträgt 150.000 €. Der Abzugsbetrag verringert sich, wenn der Wert des Vermögens nach Anwendung des Verschonungsabschlags insgesamt die Wertgrenze von 150.000 € übersteigt, um 50 % des diese Wertgrenze übersteigenden Betrags. Der Abzugsbetrag kann innerhalb von zehn Jahren für von derselben Person anfallende Erwerbe nur einmal berücksichtigt werden (§ 13a Abs. 2 Satz 3 ErbStG). Begünstigtes Vermögen von bis zu 1.000.000 € wird im Fall der Regelverschonung durch den Verschonungsabschlag von 85 % und den Abzugsbetrag vollständig befreit. Der Abzugsbetrag verringert sich gleitend bei einem Wert des begünstigten Vermögens zwischen 1.000.001 € und 2.999.999 €.[87]

Es ist nach folgendem **Prüfschema** vorzugehen:

a)	90 %-Test (Prüfung nach § 13b Abs. 2 Satz 2 ErbStG; sog. Einstiegstest)
b)	Finanzmitteltest i. S. d. § 13b Abs. 4 Nr. 5 ErbStG
c)	Berechnung der verbleibenden Schulden
d)	Ermittlung Nettowert des Verwaltungsvermögens
e)	Ermittlung steuerpflichtiger Wert des Verwaltungsvermögens
f)	Ermittlung begünstigtes Vermögen (§ 13b Abs. 2 Satz 1 ErbStG)
g)	ggf. Berechnung des Vorwegabschlags nach § 13a Abs. 9 ErbStG
h)	Ermittlung des steuerpflichtigen Vermögens
i)	Beachtung der Behaltensvoraussetzungen (fünf bzw. sieben Jahre) und Einhaltung der Lohnsummen

87 § 13a Abs. 2 ErbStG, R E 13a.3 ErbStR, H 13a.3 ErbStH „Auswirkung des Abzugsbetrags“.

Zum **begünstigungsfähigen Vermögen** und zum **begünstigten Vermögen gehört:**

- **Inländisches Betriebsvermögen** (Einzelunternehmen, Teilbetrieb, Anteile an gewerblichen PersG, Komplementäranteil einer KGaA) und in diesem Vermögen gehaltene Beteiligungen an in- und ausländischen PersG/KapG sowie ausländisches Betriebsvermögen, das einer Betriebsstätte in der EU/EWR dient. Drittstaaten-Betriebsvermögen ist begünstigt, wenn es Teil einer inländischen wirtschaftlichen Einheit oder einer wirtschaftlichen Einheit des Betriebsvermögens in einem Mitgliedstaat der Europäischen Union oder in einem Staat des Europäischen Wirtschaftsraums ist.[88]
- Direkt gehaltene Anteile an **inländischen KapG** und **KapG in der EU/EWR**, bei denen der Erblasser oder Schenker zu **mehr als 25 % unmittelbar** beteiligt ist. Soweit die Gesellschaft eigene Anteile hält, mindern sie das Nennkapital der Gesellschaft und erhöhen damit die Beteiligungsquote des Gesellschafters. Bei Verfügungsbeschränkungen oder Stimmrechtsbündelungen (Poolvereinbarungen) kann auch bei einer Beteiligung von nicht mehr als 25 % begünstigtes Vermögen vorliegen.
- Der inländische **Wirtschaftsteil** des **land- und forstwirtschaftlichen Vermögens** mit Ausnahme der Stückländereien und selbst bewirtschaftete Grundstücke i. S. d. § 159 BewG sowie entsprechendes ausländisches Vermögen, das einer Betriebsstätte in der EU/EWR dient.

Das begünstigungsfähige Vermögen ist begünstigt, soweit sein gemeiner Wert den um das unschädliche Verwaltungsvermögen gekürzten Nettowert des Verwaltungsvermögens übersteigt (**begünstigtes Vermögen**). Der Wert des begünstigungsfähigen Vermögens ist vollständig nicht begünstigt, wenn das Verwaltungsvermögen vor der Anwendung des § 13b Abs. 3 Satz 1 ErbStG, soweit das Verwaltungsvermögen nicht ausschließlich und dauerhaft der Erfüllung von Schulden aus durch Treuhandverhältnisse abgesicherten Altersversorgungsverpflichtungen dient und dem Zugriff aller übrigen nicht aus diesen Altersversorgungsverpflichtungen unmittelbar berechtigten Gläubiger entzogen ist, mindestens 90 % des gemeinen Werts des begünstigungsfähigen Vermögens beträgt (sog. **Einstiegstest**).

Zum **Verwaltungsvermögen gehört:**

a) **Grundstücke**, Grundstückteile, grundstücksgleiche Rechte und Bauten, die Dritten zur Nutzung überlassen werden. **Ausnahmen:** Sonderbetriebsvermögen, Betriebsaufspaltung und Betriebsverpachtung im Ganzen, bei Nutzungsüberlassungen innerhalb eines Konzerns, durch Wohnungsunternehmen oder zur LuFNutzung (R E 13b.13-13b.19 ErbStR); wenn die Tätigkeit nach ertragsteuerlichen Gesichtspunkten insgesamt als originär gewerbliche Tätigkeit einzustufen ist (z. B. bei Beherbergungsbetrieben wie Hotels und Pensionen[89]).

b) Im Unternehmensvermögen gehaltene **Anteile an KapG**, wenn die Beteiligung am Nennkapital dieser Gesellschaft 25 % oder weniger beträgt (Ausnahme: Die Beteiligung dient dem Hauptzweck des Gewerbebetriebs eines Kredit-/Finanzdienstleistungsinstituts, eines Versicherungsunternehmens oder eines Wertpapierinstituts). Gehören Anteile teilweise zum Gesamthandsvermögen und teilweise zum Sonderbetriebsvermögen, sind die Beteiligungsgrenzen sowohl für das Gesamthandsvermögen als auch für jedes Sonderbetriebsvermögen getrennt zu prüfen. Bei mehrstufigen Beteiligungen ist die Mindestbeteiligungsquote von mehr als 25 % auf jeder Beteiligungsebene zu prüfen.

c) **Wertpapiere** sowie vergleichbare Forderungen (Ausnahme: Die Wertpapiere dienen dem Hauptzweck des Gewerbebetriebs eines Kredit-/Finanzdienstleistungsinstituts, eines Versicherungsunternehmens oder eines Wertpapierinstituts). Dazu gehören z. B. Pfandbriefe, Schuldbuchforderungen, Geldmarkt- und Festgeldfonds; nicht dazu gehören z. B. Geld, Sichteinlagen, Sparanlagen, Festgeldkonten.

---

88 Mit Urteil vom 17.6.2020, BStBl 2021 II S. 98, hat der BFH entschieden, dass für die Übertragung einzelner Wirtschaftsgüter des SBV eine Begünstigung nach §§ 13a und 13b ErbStG a. F. nur gewährt werden kann, wenn gleichzeitig der Anteil an der PersG mitübertragen wird.

89 Vgl. R E 13b.13 Satz 3 ErbStR i. V. m. R 15.7 Abs. 2 EStR.

d) Der nach Abzug des gemeinen Werts der **Schulden** verbleibende Bestand an **Zahlungsmitteln, Geschäftsguthaben, Geldforderungen und anderen Forderungen**, soweit dieser 15 % des Werts des Betriebsvermögens des Betriebs oder der Gesellschaft übersteigt (sog. **Finanzmitteltest**). Das begünstigungsfähige Vermögen des Betriebs oder der nachgeordneten Gesellschaften muss einer Tätigkeit i. S. d. § 13 Abs. 1, § 15 Abs. 1 Satz 1 Nr. 1, des § 18 Abs. 1 Nr. 1 und 2 EStG dienen.

e) Kunstgegenstände, Kunstsammlungen, wissenschaftliche Sammlungen, Bibliotheken und Archive, Münzen, Edelmetalle und Edelsteine, Briefmarkensammlungen, Oldtimer, Yachten, Segelflugzeuge sowie typischerweise der privaten Lebensführung dienende Gegenstände, wenn der Handel mit diesen Gegenständen, deren Herstellung oder Verarbeitung oder die entgeltliche Nutzungsüberlassung an Dritte nicht der Hauptzweck des Betriebs ist.

Für die Entscheidung, ob Verwaltungsvermögen vorliegt, sind die Verhältnisse im **Besteuerungszeitpunkt** maßgebend. Dabei ist ausschließlich auf die Verhältnisse beim Erblasser oder Schenker abzustellen. Für Verwaltungsvermögen, das dem Betrieb im Zeitpunkt der Entstehung der Steuer weniger als zwei Jahre zuzurechnen war, (sog. **junges Verwaltungsvermögen**) und sog. **junge Finanzmittel** i. S. d. § 13b Abs. 4 Nr. 5 Satz 2 ErbStG, kann **keine Begünstigung** in Anspruch genommen werden. Es ist in voller Höhe zu besteuern (§ 13b Abs. 7 Satz 2 ErbStG). Die Frage der Zurechnung bzw. ob es durch Entnahmen und Einlagen zu jungen Finanzmitteln gekommen ist, ist dabei nicht allein nach ertragsteuerlichen oder zivilrechtlichen Grundsätzen zu entscheiden: Nach Ansicht der Finanzverwaltung stellt jede Änderung in der Betriebszuordnung eines Wirtschaftsgutes eine Änderung in der Zurechnung im vorgenannten Sinne dar. Die Begriffe der Entnahme und Einlage – entscheidend für die Beantwortung der Frage, ob junge Finanzmittel vorliegen – ist nach Ansicht der Finanzverwaltung weiter auszulegen, als die ertragsteuerliche Definition es erlaubt. Im Ergebnis führen somit Umwandlungsvorgänge regelmäßig zum Entstehen jungen Verwaltungsvermögens bzw. junger Finanzmittel.[90]

Dagegen findet im Rahmen der Ausübung der Option nach § 1a KStG zivilrechtlich gerade kein Rechtsträgerwechsel statt. Die ertragsteuerlichen Konsequenzen des fingierten Formwechsels (§ 1a Abs. 2 KStG) werden im Erbschaft-/Schenkungsteuerrecht nicht nachvollzogen, da die PersG bewertungsrechtlich weiterhin als PersG einzuordnen ist, sodass insoweit kein junges Verwaltungsvermögen entsteht. Wird dagegen im Rahmen der Ausübung der Option Verwaltungsvermögen aus dem bisherigen SBV in das GHV übertragen, entsteht insoweit junges Verwaltungsvermögen.[91] Die Teile des begünstigungsfähigen Vermögens, die ausschließlich und dauerhaft der Erfüllung von Schulden aus Altersversorgungsverpflichtungen dienen und dem Zugriff aller übrigen nicht aus den Altersversorgungsverpflichtungen unmittelbar berechtigten Gläubiger entzogen sind, gehören bis zur Höhe des gemeinen Werts der Schulden aus Altersversorgungsverpflichtungen nicht zum Verwaltungsvermögen (§ 13b Abs. 3 ErbStG).

Der **Nettowert des Verwaltungsvermögens** ergibt sich durch Kürzung des gemeinen Werts des Verwaltungsvermögens um den nach Anwendung der § 13b Abs. 3 und 4 ErbStG verbleibenden anteiligen gemeinen Wert der Schulden. Die anteiligen Schulden bestimmen sich nach dem Verhältnis des gemeinen Werts des Verwaltungsvermögens zum gemeinen Wert des Betriebsvermögens des Betriebs oder der Gesellschaft zuzüglich der nach Anwendung der § 13b Abs. 3 und 4 ErbStG verbleibenden Schulden.

Regelmäßig werden die zum Betrieb gehörenden Schulden bereits mit den zur Erfüllung von Altersversorgungsverpflichtungen dienenden Vermögensgegenständen verrechnet (§ 13b Abs. 3 ErbStG) oder bei der Ermittlung der Finanzmittel (§ 13b Abs. 4 Nr. 5 ErbStG) berücksichtigt.

90 Für weitere Details siehe GLE vom 13.10.2022, BStBl 2022 I S. 1517 NWB MAAAJ-28116.

91 GLE vom 5.10.2022, BStBl 2022 I S. 1494, Rz. 1, 7-9 und 24 NWB WAAAJ-27385.

Nach § 13b Abs. 8 Satz 1 ErbStG findet eine Schuldensaldierung nach § 13b Abs. 6 ErbStG für junge
Finanzmittel und junges Verwaltungsvermögen nicht statt. Als Nettowert des Verwaltungsvermögens ist somit mindestens der gemeine Wert des jungen Verwaltungsvermögens und der jungen Finanzmittel anzusetzen (§ 13b Abs. 8 Satz 3 ErbStG).

Eine Verrechnung von Schulden mit Verwaltungsvermögen ist bei wirtschaftlich nicht belastenden Schulden und darüber hinaus ausgeschlossen, soweit die Summe der Schulden den durchschnittlichen Schuldenstand der letzten drei Jahre vor dem Zeitpunkt der Entstehung der Steuer übersteigt. Soweit die Erhöhung des Schuldenstands durch die Betriebstätigkeit veranlasst ist, gilt dies allerdings nicht, § 13b Abs. 8 Satz 2 ErbStG. Der Nettowert des Verwaltungsvermögens wird vorbehaltlich wie begünstigtes Vermögen behandelt, soweit er 10 % des um den Nettowert des Verwaltungsvermögens gekürzten gemeinen Werts des Betriebsvermögens nicht übersteigt (**unschädliches Verwaltungsvermögen**).

BEISPIEL

Der Anteilswert der A-GmbH (100 %) beträgt 10 Mio. € (§ 151 Abs. 1 Satz 1 Nr. 3 BewG). Es sind Forderungen/Bankguthaben i. H. v. 2,5 Mio. € und Verbindlichkeiten i. H. v. 0,5 Mio. € vorhanden. Ein an Fremde vermietetes Grundstück hat einen Grundbesitzwert von 1,0 Mio. € (§ 151 Abs. 1 Satz 1 Nr. 1 BewG).

Bei dem Erwerb handelt es sich um begünstigungsfähiges Vermögen i. S. d. § 13b Abs. 1 Nr. 3 ErbStG. Das fremd vermietete Grundstück stellt Verwaltungsvermögen i. S. d. 13b Abs. 4 Nr. 1 ErbStG dar. Die Ermittlung der Finanzmittel gem. § 13b Abs. 4 Nr. 5 ErbStG (sog. Finanzmitteltest) ist wie folgt zu ermitteln:

Forderungen/Bankguthaben		2,5 Mio. €	
Schulden			./. 0,5 Mio. €
		2,0 Mio. €	
Sockelbetrag (15 % v. 10 Mio. €)	./. 1,5 Mio. €		
verbleibende Finanzmittel	0,5 Mio. €		
zzgl. weiteres Verwaltungsvermögen (Grundstück)		1,0 Mio. €	
Verwaltungsvermögen i. S. d. § 13b Abs. 4 ErbStG		1,5 Mio. €	

Die Schulden haben sich bereits in voller Höhe beim Finanzmitteltest ausgewirkt. Der ermittelte Wert stellt daher auch den Nettowert des Verwaltungsvermögens i. S. d. § 13b Abs. 6 ErbStG dar.

Verwaltungsvermögen insgesamt	1,5 Mio. €		
Anteilswert		10,0 Mio. €	
Nettowert des Verwaltungsvermögens			./. 1,5 Mio. €
		8,5 Mio. €	
davon 10 % unschädliches Verwaltungsvermögen	0,85 Mio. €		./. 0,85 Mio. €
schädliches/steuerpflichtiges Verwaltungsvermögen		0,65 Mio. €	

Für das begünstigte Vermögen i. S. d. § 13b Abs. 2 ErbStG in Höhe von 9,35 Mio. € ist gem. § 13a Abs. 1 ErbStG der Verschonungsabschlag zu gewähren. Das Verwaltungsvermögen beträgt insgesamt 1,5 Mio. € und somit nicht mehr als 20 % des begünstigungsfähigen Vermögens. Ein Antrag nach § 13a Abs. 10 ErbStG ist möglich.

4.3 Steuerbefreiung des § 13d ErbStG

Jahre in denen entsprechende Themen Gegenstand der Prüfung waren: 2015 und 2021 bis 2024

Es wird eine Steuerbefreiung für zu **Wohnzwecken vermietete Grundstücke** gewährt. Bei der Übertragung von bestimmtem Immobilienvermögen wird ein **Befreiungsabschlag** i. H. v. 10 % der erbschaftsteuerlichen Bemessungsgrundlage gewährt. Begünstigt sind Grundstücke (§ 13d Abs. 3 ErbStG), die

- zu Wohnzwecken vermietet werden,
- im Inland oder in einem EU/EWR-Staat (bzw. unter bestimmten Voraussetzungen im Drittstaat; siehe nachstehend) belegen sind und
- nicht zum begünstigten Betriebsvermögen oder LuF-Vermögen gehören.

Eine Behaltensverpflichtung oder eine Verpflichtung zur weiteren Vermietung zu Wohnzwecken besteht nicht. Wird ein Familienheim i. S. d. § 13 Abs. 1 Nr. 4b und 4c ErbStG vom Erwerber nach Beendigung der Selbstnutzung innerhalb des zehnjährigen Behaltenszeitraums zu Wohnzwecken vermietet, mit der Folge, dass die zunächst gewährte Steuerbefreiung rückwirkend entfällt, kann für dieses Grundstück/Grundstücksteil nicht nachträglich der Befreiungsabschlag nach § 13d ErbStG in Anspruch genommen werden. Entsprechendes gilt, wenn für ein zum begünstigten Betriebsvermögen i. S. d. §§ 13a, 13b ErbStG gehörendes, zu Wohnzwecken vermietetes Grundstück die Verschonung nach § 13a Abs. 6 ErbStG rückwirkend wegfällt.

Der Abschlag von 10 % wird nicht gewährt, soweit der Erwerber begünstigtes Vermögen auf Grund einer letztwilligen Verfügung des Erblassers oder einer rechtsgeschäftlichen Verfügung des Erblassers oder Schenkers auf einen Dritten übertragen muss (§ 13d Abs. 2 ErbStG). Gleiches gilt, soweit ein Erbe i. R. d. Teilung des Nachlasses begünstigtes Vermögen auf einen Miterben überträgt.

Wird im Zusammenhang mit dem Erwerb des begünstigten Grundstücks ein Nutzungsrecht (z. B. **Nießbrauch**) an diesem Vermögen einem Dritten zugewendet, kann der Erwerber des Grundstücks den Bewertungsabschlag in Anspruch nehmen. Der Erwerb des Nutzungsrechts ist dagegen nicht begünstigt, weil kein begünstigtes Vermögen in seiner Substanz übertragen wird (R E 13d Abs. 9 Satz 5 ErbStR).

HINWEIS

Im Rahmen eines Vorabentscheidungsersuchens des FG Köln vom 2.9.2021 - 7 K 1333/19, hat sich der EuGH mit Urteil vom 12.10.2023 - C-670/21 mit der Frage auseinandergesetzt, ob es mit der unionsrechtlichen Kapitalverkehrsfreiheit vereinbar ist, dass im Drittland belegene Grundstücke von den Befreiungen nach § 13c ErbStG a. F. (nunmehr § 13d ErbStG) ausgeschlossen sind. Dazu hat der EuGH entschieden, dass Art. 63 bis 65 AEUV einer Regelung wie § 13c Abs. 1 und 3 ErbStG a. F. entgegenstehen, die vorsieht, dass ein zum Privatvermögen gehörendes bebautes Grundstück, das zu Wohnzwecken vermietet wird, bei der Berechnung der Erbschaftsteuer mit seinem vollen gemeinen Wert angesetzt wird, wenn es in einem Drittstaat, der nicht Partei des EWR-Abkommens ist, belegen ist, während es lediglich mit 90 % seines gemeinen Werts angesetzt wird, wenn es im Inland, in einem anderen Mitgliedstaat oder in einem Staat, der Partei des EWR-Abkommens ist, belegen ist. Die entsprechende Entscheidung sollte auch auf § 13d ErbStG in der derzeit gültigen Fassung übertragbar sein. Dies wurde mit dem Jahressteuergesetz 2024 im § 13d ErbStG umgesetzt.

5. Kapitalforderungen, Schulden und wiederkehrende Nutzungen und Leistungen

5.1 Kapitalforderungen und Schulden

Jahre in denen entsprechende Themen Gegenstand der Prüfung waren: 2015, 2018, 2019 und 2022 bis 2024

Kapitalforderungen und Schulden werden grundsätzlich mit dem **Nennwert** bewertet, wenn nicht besondere Umstände einen höheren oder geringeren Wert begründen (§ 12 Abs. 1 Satz 1 BewG). Folgende besondere Umstände können diesbezüglich relevant sein:

- Uneinbringliche Forderungen bleiben außer Ansatz (ganz oder zum Teil); § 12 Abs. 2 BewG.
- Zweifelhafte Forderungen werden mit dem wahrscheinlich eingehenden Betrag angesetzt; § 12 Abs. 1 BewG, R B 12.1 Abs. 1 Nr. 3 und Abs. 3 ErbStR.

Unverzinsliche Forderungen oder Schulden, deren Laufzeit mehr als ein Jahr beträgt, sind mit ihrem **Gegenwartswert** bei einer Abzinsung mit 5,5 % (mittelschüssig) anzusetzen; § 12 Abs. 3 BewG, R B 12.1 Abs. 1 Nr. 1 ErbStR. Wenn dem Nachteil der Unverzinslichkeit jedoch entsprechende Vorteile gegenüberstehen, ist der Nennwert anzusetzen. Ist die Kapitalforderung bis zum Tod einer bestimmten Person befristet, wird der Gegenwartswert nach der mittleren Lebenserwartung errechnet. Die Lebenserwartung ergibt sich nach den Sterbetafeln des statistischen Bundesamtes.[92]

92 Siehe dazu für Bewertungsstichtage ab 1.1.2023: BMF vom 14.11.2022, BStBl 2022 I S. 1629 IAAAJ-26451 und für Bewertungsstichtage ab 1.1.2024: BMF vom 1.12.2023, BStBl 2023 I S. 2044 GAAAJ-54012.

HINWEIS

Der Zinssatz von 5,5 % war in der Vergangenheit mehrfach Gegenstand finanzgerichtlicher Verfahren. Seine Höhe ist aber bisher stets als verfassungsgemäß angesehen worden. Vgl. zuletzt für den Bewertungsstichtag 13.3.2015 FG Düsseldorf vom 28.7.2021 - 4 K 865/21 Erb NWB TAAAH-89455 und einen Bewertungsstichtag im Jahr 2019, FG München vom 25.5.2022 - 4 K 2064/21 NWB RAAAJ-61278.

- Hoch (über 9 %) oder niedrig (unter 3 %) verzinsliche Kapitalforderungen oder Schulden, deren Kündbarkeit noch für mindestens vier Jahre ausgeschlossen ist, werden abweichend vom Nennwert bewertet.[93]
- Noch nicht fällige Ansprüche aus Lebens-, Kapital- oder Rentenversicherungen sind mit dem Rückkaufwert zu bewerten. Rückkaufswert ist der Betrag, den das Versicherungsunternehmen dem Versicherungsnehmer im Falle der vorzeitigen Aufhebung des Vertragsverhältnisses zu erstatten hat, § 12 Abs. 4 BewG.
- Nicht zum Betriebsvermögen gehörende Steuererstattungs- und Steuervergütungsansprüche sowie entsprechende Schulden (z. B. Einkommensteuerschulden) sind als Kapitalforderungen oder Schulden zu bewerten.[94]
- Kapitalforderungen und Schulden, die auf eine fremde Währung lauten, sind mit dem am Stichtag maßgebenden Umrechnungskurs zu bewerten.[95]

Es sind auch der gleichlautende Erlass vom 9.9.2022, BStBl 2022 I S. 1351 NWB MAAAJ-63805, und die dazu ergangenen Tabellen zu beachten.

Die **Laufzeiten** von Kapitalforderungen und Schulden sind dabei wie folgt zu ermitteln:

a) Kapitalforderungen/Schulden, die in einem Betrag getilgt werden (Fälligkeitsdarlehen):
Die Laufzeiten sind – vom Bewertungsstichtag ausgehend – taggenau zu ermitteln. Der Bewertungsstichtag wird bei der ErbSt/SchenkSt durch den Zeitpunkt der Entstehung der Steuer, den Besteuerungszeitpunkt, bestimmt (§§ 9, 11 ErbStG). Zur Ermittlung der Laufzeit wird das Kalenderjahr mit 360 Tagen, jeder volle Monat mit 30 Tagen und der Monat, in dem der Fälligkeitstag liegt, mit der Anzahl der tatsächlichen Tage bis zur Fälligkeit (höchstens 30 Tage) angesetzt. Ermittelt werden zunächst die vollen Jahre, dann die vollen Monate und zuletzt die Tage des letzten, nicht mehr vollen Monats. Die Angabe der Laufzeit erfolgt in Jahren (ggf. bis zu drei Stellen nach dem Komma), damit zwischen den beiden nächstliegenden Abzinsungsfaktoren interpoliert werden kann.

BEISPIELE

Besteuerungszeitpunkt: 4.5.2024	Besteuerungszeitpunkt: 18.10.2024
Fälligkeit: 5.8.2026	Fälligkeit: 2.3.2027
4.5.2024	18.10.2024
bis 3.5.2026 = 2 Jahre	bis 17.10.2026 = 2 Jahre
4.5.2026	18.10.2026
bis 3.8.2026 = 3 Monate	bis 17.2.2027 = 4 Monate
4.8.2026	18.0.2027
bis 5.8.2026 = 2 Tage	bis 30.2.2027 = 13 Tage (Monat = 30 Tage)
	1.3.2027
Laufzeit in Jahren:	bis 2.3.2027 = 2 Tage
2 + 3/12 + 2/360 =	
2 + 0,25 + 0,006 =	Laufzeit in Jahren:
2,256 Jahre	2 + 4/12 + 15/360 =
	2 + 0,333 + 0,042 =
	2,375 Jahre

93 § 12 Abs. 1 Satz 2 BewG, R B 12.1 Abs. 1 Nr. 2 und Abs. 2 ErbStR.

94 R B 12.1 Abs. 4 ErbStR.

95 R B 12.1 Abs. 5 ErbStR.

b) Kapitalforderungen/Schulden, die in Raten oder Annuitäten getilgt werden (Tilgungsdarlehen): Es ist von einer mittelschüssigen Bezahlung auszugehen; auf die Zahlungszeitpunkte innerhalb einer Zahlungsperiode kommt es nicht an. Die Laufzeiten sind daher über die Anteile der Jahresleistungen zu ermitteln.

Beispiel zur Tilgung in monatlichen Tilgungsraten:

BEISPIEL

Besteuerungszeitpunkt: 20.3.2024

Fälligkeiten: 1. Rate am 15.4.2024 letzte Rate am 15.7.2024

2024	=	9 Raten
2025	=	12 Raten
2026	=	12 Raten
2027	=	7 Raten
	=	40 Monatsraten : 12 Raten/Jahr = 3,333 Jahre Laufzeit

HINWEIS

Die jährliche Zahlung (= Annuität) bleibt gleich hoch, bis ggf. auf die letzte Restzahlung. Mit abnehmender Restlaufzeit vermindert sich entsprechend dem abnehmenden Restschuldenstand der Zinsanteil in der Annuität. Gleichzeitig erhöht sich der Tilgungsanteil. Nach diesem Konzept wird ein Tilgungsplan erstellt. Aus der Anzahl der gezahlten Annuitäten (Anzahl der vollen Jahreszahlungen bis eine Stelle nach dem Komma) ergibt sich die Laufzeit in Jahren. Die Laufzeit der Annuitäten-Tilgung kann auch nach einer logarithmischen Formel berechnet werden.

c) Kapitalforderungen/Schulden, die durch das Leben einer oder mehrerer Personen bedingt sind:

Zur Berechnung der Laufzeit wird von der mittleren Lebenserwartung der betreffenden Person ausgegangen. Die Lebenserwartung ergibt sich nach den Sterbetafeln des statistischen Bundesamtes. [96]

Besonderheiten gelten bei **hochverzinsliche**n Forderungen oder Schulden (über 9 %), die noch für **mindestens vier Jahre unkündbar** sind. Die Hochverzinslichkeit über mindestens vier Jahre stellt einen besonderen Umstand dar, der einen höheren Wert als den Nennwert begründet. Die Bewertung erfolgt grundsätzlich mit dem Nennwert zuzüglich eines Erhöhungsbetrags. Der Erhöhungsbetrag ist der Kapitalwert des über 9 % hinausgehenden Jahreszinsbetrags. Der Kapitalwert muss je nach Tilgungsart mit folgenden Abzinsungsfaktoren (Vervielfältigern) ermittelt werden:

- ► Tilgung in einem Betrag → Tabelle 2 NWB QAAAJ-24033
- ► Tilgung in gleichen Raten → Tabelle 3 NWB QAAAJ-24033
- ► Tilgung in Annuitäten → Tabelle 5 NWB QAAAJ-24033

Zudem sind Besonderheiten bei der Berechnung des Gegenwartswerts zu beachten, wenn eine in Annuitäten zu tilgende niedrig- oder hochverzinsliche Kapitalforderung oder Schuld vorliegt.

- ► Die Tilgungsdauer in Jahren (Laufzeit) muss besonders ermittelt werden.
  - durch Aufstellung eines Tilgungsplanes oder
  - durch Anwendung einer logarithmischen Formel;
- ► Der Kapitalwert der Zinsdifferenzbeträge, um den der Nennwert zu korrigieren ist, errechnet sich durch Multiplikation der Annuität mit den Vervielfältigern der
  - Tabelle 4 NWB QAAAJ-24033 bei niedriger Verzinsung,
  - Tabelle 5 NWB QAAAJ-24033 bei hoher Verzinsung.

96 Siehe dazu für Bewertungsstichtage ab 1.1.2023: BMF vom 14.11.2022, BStBl 2022 I Seite 1629 IAAAJ-26451 und für Bewertungsstichtage ab 1.1.2024: BMF vom 1.12.2023, BStBl 2023 I Seite 2044 GAAAJ-54012.

5.2 Wiederkehrende Nutzungen und Leistungen

Jahre in denen entsprechende Themen Gegenstand der Prüfung waren: 2015, 2018, 2019 und 2022 bis 2024

Wiederkehrende Nutzungen und Leistungen i. S. d. §§ 13 und 14 BewG müssen differenziert betrachtet werden. Nutzungen sind wiederkehrende Vorteile aus der Nutzung eines fremden Wirtschaftsguts. Sie können obligatorisch oder dinglich gestaltet sein, z. B.: Nießbrauchsrecht, Wohnrecht, Altenteil. **Leistungen** sind wiederkehrende Vorteile, die Ausfluss eines Schuldverhältnisses sind und unabhängig von einem materiellen Wirtschaftsgut erbracht werden, z. B.: Renten, Unterhaltszahlungen. Das **Erbbaurecht** ist bewertungsrechtlich ein Grundstück (§ 68 Abs. 1 Nr. 2, § 176 Abs. 1 Nr. 2, § 243 Abs. 1 Nr. 2 BewG). Der vertraglich vereinbarte Erbbauzins ist bei der Bewertung des **Erbbaurechts** und bei der Bewertung des **Erbbaugrundstücks** für Zwecke der ErbSt/SchenkSt jeweils zu berücksichtigen (§§ 192-194 BewG).

Sie sind (sowohl für den Berechtigten als auch für den Verpflichteten) grundsätzlich mit dem **Kapitalwert** (Jahreswert nach § 15 BewG x Vervielfältiger) zu bewerten; dabei gelten sinngemäß die gleichen Regelungen wie für in Raten zu tilgende unverzinsliche Kapitalforderungen/-schulden. Es sind jedoch folgende Besonderheiten zu beachten:

- **Immerwährende** Nutzungen u. Leistungen (ein Ende ist überhaupt nicht abzusehen) mit dem 18,6-fachen des Jahreswerts,
- Nutzungen u. Leistungen **von unbestimmter Dauer** (Ende ist absehbar, aber unbestimmt) mit dem 9,3-fachen des Jahreswerts, [97]
- Nutzungen u. Leistungen **für bestimmte Dauer** mit dem Kapitalwert bei einer Abzinsung mit 5,5 %, höchstens aber mit dem 18,6-fachen des Jahreswerts. Dieser Kapitalwert errechnet sich nach der Tabelle in **Anlage 9a** zum BewG oder nach Tab. 6, Gleichlautender Erlass vom 9.9.2022, BStBl 2022 I S. 1351, wobei jeweils die Beschränkung auf das 18,6-fache des Jahreswerts zu beachten ist.
- **Lebenslängliche Nutzungen und Leistungen** mit dem Kapitalwert, der vom Lebensalter der entsprechenden Personen abhängt. Dieser Kapitalwert ist nach der § 14 Abs. 1 BewG zu berechnen, wobei die besonderen Vorschriften des § 14 Abs. 2-4 BewG zu beachten sind. Die Vervielfältiger für die Kapitalisierung lebenslänglicher Nutzungen und Leistungen sind nach der Sterbetafel des Statistischen Bundesamtes zu ermitteln und ab dem 01. Januar des auf die Veröffentlichung der Sterbetafel durch das Statistische Bundesamt folgenden Kalenderjahres anzuwenden. Der Kapitalwert ist unter Berücksichtigung von Zwischenzinsen und Zinseszinsen mit einem Zinssatz von 5,5 % als Mittelwert zwischen dem Kapitalwert für jährlich vorschüssige und jährlich nachschüssige Zahlungsweise zu berechnen.
- Das BMF veröffentlicht die Vervielfältiger für die Ermittlung des Kapitalwerts im Jahresbetrag von einem €.[98]
- Der Jahreswert ist dabei der Jahresreinertrag der Nutzungen und Leistungen (z. B. Renteneinnahmen im Jahr abzüglich der damit zusammenhängenden Ausgaben). Dabei sind anzusetzen die Nutzungen und Leistungen
- eines bestimmten Geldbetrags mit 5,5 % dieses Geldbetrags für ein Jahr, wenn kein anderer Wert feststeht,
- die nicht in Geld bestehen (z. B. Wohnung, Kost, Waren etc.) mit den üblichen Mittelpreisen am Verbrauchsort,
- die schwankend oder ungewiss sind mit dem voraussichtlichen durchschnittlichen Jahresertrag.

Der Jahreswert der Nutzung darf nach § 16 BewG nicht mehr als den **18,6-ten Teil** des Werts betragen, der sich nach dem BewG für das genutzte Wirtschaftsgut ergibt.[99]

---

97 Z. B. H E 10.7 ErbStH „Kosten der üblichen Grabpflege".

98 Siehe dazu für Bewertungsstichtage ab 1.1.2023: BMF vom 14.11.2022, BStBl 2022 I S. 1629 IAAAJ-26451 und für Bewertungsstichtage ab 1.1.2024: BMF vom 1.12.2023, BStBl 2023 I S. 2044 GAAAJ-54012.

99 Z. B. beim Nießbrauchrecht; nicht dagegen beim Erbbaurecht, weil es bewertungsrechtlich kein Nutzungsrecht, sondern ein Grundstück ist; § 68 Abs. 1 Nr. 2, § 176 Abs. 1 Nr. 2, § 243 Abs. 1 Nr. 2 BewG.

Die Vorschrift des § 16 BewG ist als Ergänzung zu § 15 BewG aufzufassen. Sie gilt daher sowohl für den Nutzungsberechtigten als auch den Nutzungsverpflichteten.

Besonderheit ist zudem der Kapitalwert einer lebenslänglichen Nutzung oder Leistung, wenn ihre Dauer von der Lebenszeit mehrerer Personen abhängt. Bestehen die Rechte oder Lasten nebeneinander und erlöschen sie beim Tode des zuletzt Sterbenden, ist für die Bewertung Lebensalter und Geschlecht der Person maßgebend, für die sich der höchste Vervielfältiger ergibt. Lebensalter und Geschlecht der Person mit dem niedrigsten Vervielfältiger ist maßgebend, wenn das Recht oder die Last mit dem Tod des zuerst Sterbenden erlischt.

Bestehen die Rechte oder Lasten nicht nebeneinander, sondern nacheinander, so ist allein Lebensalter und Geschlecht des zurzeit Berechtigten maßgebend. Die nachfolgenden Berechtigten haben bis zum Beginn der Berechtigung aufschiebend bedingte Rechte oder Lasten, die nach § 4 BewG **nicht** zu berücksichtigen sind.

6. Sonderthemen

6.1 Vor- und Nacherbschaft

Bei der Vor- und Nacherbschaft kann der Erblasser den Nachlass zunächst an einen Vorerben vererben und anordnen, dass die Erbschaft zu einem bestimmten Zeitpunkt oder Ereignis (z. B. Tod des Vorerben) an den Nacherben weiterzugeben ist. Aus zivilrechtlicher Sicht erben demnach – wenngleich zeitlich versetzt – sowohl der Vor- als auch der Nacherbe vom selben Erblasser. Nach § 6 Abs. 1 ErbStG **gilt** dagegen der Vorerbe für erbschaftsteuerliche Zwecke als Erbe. Er hat den **vollen** Nachlasswert zu versteuern, gleichgültig ob die Nacherbschaft erst mit seinem Tod oder schon früher eintritt.

- Tritt der Nacherbfall durch den Tod des Vorerben ein, hat der Nacherbe den Erwerb als vom Vorerben stammend nochmals zu versteuern. Das Gesetz fingiert somit, dass der Nacherbe Erbe des Vorerben wird. Ist allerdings für die Steuerklasse das Verhältnis des Nacherben zum Erblasser günstiger, so ist auf Antrag des Nacherben zumindest hinsichtlich der Steuerklasse die Beziehung zum Erblasser maßgebend.
- Tritt die Nacherbfolge nicht durch den Tod des Vorerben, sondern z. B. durch Zeitablauf, Wiederverheiratung oder Geburt eines Kindes ein, so gilt die Vorerbfolge als auflösend bedingter, die Nacherbfolge als aufschiebend bedingter Erwerb. Der Vorerbe hat in diesen Fällen die volle Steuer für seinen auflösend bedingten Erwerb zu zahlen.

Der Nacherbe hat nur folgende Erbschaftsteuer für die Nacherbschaft zu entrichten:

	Erbschaftsteuer für den Nacherbschaftserwerb (maßgebend ist Verhältnis zum Erblasser)
./.	Erbschaftsteuer für die vom Vorerben „zu hoch gezahlte“ Erbschaftsteuer
=	Erbschaftsteuer für die Nacherbschaft zu entrichten (bei negativem Ergebnis gibt es keine Steuererstattung)

Die vom Vorerben „zu hoch gezahlte“ Erbschaftsteuer ist wie folgt zu ermitteln:

	ErbSt, die der Vorerbe für die volle Vorerbschaft zu entrichten hat
./.	Erbschaftsteuer für den dem Vorerben nach Eintritt der Nacherbschaft verbliebenen Vermögensvorteil
=	die vom Vorerben „zu hoch gezahlte“ Erbschaftsteuer (sie wird dem Vorerben aber nicht zurückgezahlt, sondern dem Nacherben angerechnet).

Der dem Vorerben nach Eintritt der Nacherbschaft noch verbliebene Vermögensvorteil aus der Vorerbschaft besteht in der Regel aus vom Vorerben verbrauchten bzw. nicht weitergebenen Substanzwerten und kapitalisierten Erträgen.

Nachvermächtnisse und beim Tod des Beschwerten fällige Vermächtnisse oder Auflagen stehen den Nacherbschaften gleich.

Sofern der **Vorerbe** gleichzeitig **eigenes Vermögen** und das der **Nacherbschaft unterliegende Vermögen** bei Eintritt der Nacherbfolge an den Nacherben weitergibt gilt folgendes: Wenngleich es sich zivilrechtlich um zwei Erbfälle handelt, liegt erbschaftsteuerlich nur ein einheitlicher Erwerb vor (§ 6 Abs. 1 ErbStG). Beide Vermögensanfälle sind jedoch hinsichtlich der Steuerklasse getrennt zu behandeln. Für das eigene Vermögen des Vorerben kann ein Freibetrag nur gewährt werden, soweit der Freibetrag für das der Nacherbfolge unterliegende Vermögen nicht verbraucht ist. Im Ergebnis steht dem Nacherben somit – da nur ein einziger Erwerb vorliegt – maximal ein Freibetrag zu, wobei der Nacherbe aufgrund der Regelung des § 6 Abs. 2 Satz 2 ErbStG das für ihn günstigere Verwandtschaftsverhältnis zur Anwendung bringen kann.[100] Die Steuer für jeden Erwerb ist jeweils nach dem Steuersatz zu erheben, der für den gesamten Erwerb gelten würde. Hierfür sind die nach Abzug der anwendbaren Freibeträge jeweils steuerpflichtigen Erwerbe zusammenzufassen und die Steuersätze bezogen auf diesen Betrag nach Maßgabe der Steuerklasse zu ermitteln.

6.2 Auflösung Zugewinngemeinschaft

Bei der **Auflösung der Zugewinngemeinschaft durch Erbschaft bestehen** zwei Möglichkeiten:

- Erbrechtliche Lösung des Zugewinnausgleichs:
  - Wird der überlebende Ehegatte oder Lebenspartner gesetzlicher Erbe oder Vermächtnisnehmer, wird der Ausgleich des Zugewinns durch eine pauschale Erhöhung des gesetzlichen Erbteils des Ehegatten oder des Lebenspartners (§ 1931 BGB) um $^{1}/_{4}$ der Erbschaft verwirklicht (§ 1371 Abs. 1 BGB). Dabei ist es ohne Bedeutung, ob ein Zugewinn im einzelnen Fall erzielt worden ist.
  - Mit dem pauschalen Zugewinnausgleich wird der überlebende Ehegatte/Lebenspartner am Nachlass dinglich (real) beteiligt.
- Güterrechtliche Lösung des Zugewinnausgleichs:
  - Wird der überlebende Ehegatte/Lebenspartner kein Erbe, weil er die Erbschaft ausgeschlagen hat oder weil er im Testament nicht bedacht ist, und wird er auch kein Vermächtnisnehmer, erhält er nach § 1371 Abs. 2 BGB einen Anspruch auf den rechnerischen Zugewinnausgleich (§§ 1373 ff. BGB). Dabei wird das Endvermögen jedes der Ehegatten/Lebenspartner mit dem indizierten Anfangsvermögen[101] verglichen, das ihm beim Eintritt in die Zugewinngemeinschaft zustand (das Anfangsvermögen kann auch negativ sein). Zugewinn ist der Betrag, um den das Endvermögen das indizierte Anfangsvermögen übersteigt. Der Ehegatte/Lebenspartner mit dem höheren Zugewinn muss dem anderen Teil die Hälfte des Überschusses auszahlen (§ 1378 Abs. 1 BGB).
  - Der rechnerische Zugewinnausgleich bildet lediglich einen schuldrechtlichen Anspruch gegen die Erben (keine dingliche Beteiligung am Nachlass wie der pauschalierte Zugewinnausgleich). Die Erbschaft vermindert sich daher um die Ausgleichsschuld der Erben.
  - Der Pflichtteil des überlebenden Ehegatten/Lebenspartners oder eines anderen Pflichtteilsberechtigten bestimmt sich nach dem nicht erhöhten gesetzlichen Erbteil (sog. „kleiner Pflichtteil").

HINWEIS

Der überlebende Ehegatte/Lebenspartner wird die güterrechtliche Lösung z. B. dann wählen, wenn im Nachlass ein sehr hoher Zugewinn steckt. Er wird die güterrechtliche Lösung nicht wählen, wenn der Zugewinn gering ist, dass Vermögen des Erblassers allerdings groß ist.

Erfolgt der Zugewinnausgleich nach der **erbrechtlichen Lösung** (§ 1371 Abs. 1 BGB) mit pauschal $^{1}/_{4}$ der Erbschaft, gilt der Betrag, der bei der güterrechtlichen Lösung als Ausgleichsforderung geltend gemacht werden könnte (= **fiktive Ausgleichsforderung**) herabgesetzt nach dem Verhältnis Steuerwert zu Verkehrswert des Endvermögens des Verstorbenen, **nicht als stpfl. Erwerb** (§ 5 Abs. 1 ErbStG). Sofern Steuerbefreiungen bei der Ermittlung der Bereicherung des Überlebenden berücksichtigt worden sind, gilt lediglich der Teil der fiktiven Ausgleichsforde-

100 vgl. zuletzt BFH vom 1.12.2021, BStBl 2022 II S. 518 NWB PAAAI-62728.

101 R E 5.1 Abs. 2 u. Abs. 3 ErbStR.

rung nicht als Erwerb i.S.d. § 3 ErbStG, der dem steuerpflichtigen Teil des Nachlasses insgesamt entspricht.[102, 103]

Grundsätzlich ist also beim pauschalierten Zugewinnausgleich (der überlebende Ehegatte hat seine gesetzliche Erbschaft nicht ausgeschlagen) der steuerfrei bleibende Teil des fiktiven (rechnerischen) Zugewinnausgleichs in **folgenden Schritten** zu ermitteln:

(1) Endvermögen jedes Ehegatten zum Verkehrswert und zum Steuerwert

(2) indiziertes Anfangsvermögen jedes Ehegatten zu Verkehrswerten (kann negativ sein).

(3) fiktive Ausgleichsforderung des überlebenden Ehegatten

= $^1/_2$ x Differenz der beiden Zugewinne nach Verkehrswerten (wenn positiv)

(4) steuerfreier Teil der fiktiven Ausgleichsforderung (§ 5 Abs. 1 ErbStG)

$$= \text{fiktive Ausgleichsforderung} \times \frac{\text{Steuerwert des Endvermögens des Verstorbenen}}{\text{Verkehrswert des Endvermögens des Verstorbenen}}$$

Erfolgt der Zugewinnausgleich nach der **güterrechtlichen Lösung** (§ 1371 Abs. 2 BGB), gehört die ganze Ausgleichsforderung nicht zum stpfl. Erwerb (§ 5 Abs. 2 ErbStG). Da es sich um einen schuldrechtlichen Anspruch ggü. den Erben und gerade nicht um eine dingliche Beteiligung an den Nachlassgegenständen handelt, enthält § 5 Abs. 2 ErbStG keine zu § 5 Abs. 1 Satz 6 ErbStG analoge Regelung.

Besonders zu beachten ist:

1) Der Zugewinn nach erbrechtlicher Lösung (§ 1371 Abs. 1 BGB) ist ein zusätzlicher Erbteil, der gleichzeitig zu einem Freibetrag nach § 5 Abs. 1 ErbStG führt. Der Zugewinn nach der güterrechtlichen Lösung (§ 1371 Abs. 2 BGB) mindert als Nachlassverbindlichkeit (§ 10 Abs. 5 Nr. 2 ErbStG) von vornherein die Bereicherung der Erben (§ 5 Abs. 2 ErbStG).

2) Bei der güterrechtlichen Lösung ist der Zugewinnausgleich vom Verkehrswert des Nachlasses und danach der Pflichtteil vom Verkehrswert des Nachlasses abzüglich des Zugewinnausgleichs zu ermitteln.

6.3 Frühere Erwerbe von derselben Person

Alle Erwerbe innerhalb der letzten 10 Jahre von derselben Person werden zusammengerechnet. Von der für den Gesamtbetrag ermittelten Steuer wird die Steuer abgezogen, welche für die früheren Erwerbe zur Zeit des letzten Erwerbs zu erheben gewesen wäre. Für die früheren Erwerbe bleibt deren **früherer steuerlicher Wert** maßgebend. Ein Erwerb von Grundbesitz vor dem 1.1.2009 ist mit dem maßgebenden Grundbesitzwert (§ 138 BewG) anzusetzen. Vorerwerbe mit negativem Steuerwert sind von der Zusammenrechnung ausgenommen.

Bei der Berücksichtigung früherer Erwerbe nach § 14 ErbStG ist die Erbschaft- oder Schenkungsteuer für den letzten Erwerb so zu berechnen, dass sich der dem Steuerpflichtigen zur Zeit dieses Erwerbs zustehende persönliche Freibetrag tatsächlich auswirkt, soweit er nicht innerhalb von 10 Jahren vor diesem Erwerb verbraucht worden ist. War die früher für die Vorerwerbe tatsächlich zu erhebende Steuer höher als die fiktiv zu ermittelnde Steuer zur Zeit des Letzterwerbs, so ist die frühere tatsächliche Steuer abzuziehen.

Die durch jeden weiteren Erwerb veranlasste Steuer darf 50 % dieses Erwerbs nicht übersteigen. Es ist mindestens die Erbschaftsteuer zu zahlen, die sich für den Letzterwerb ohne Zusammenrechnung ergeben würde.

102 § 5 Abs. 1 Satz 6 ErbStG, GLE vom 13.9.2021, BStBl 2021 I S. 1837 NWB CAAAH-94532.

103 Zur Berechnung des steuerfreien Teils der fiktiven Ausgleichsforderung siehe R E 5.1 ErbStR, H E 5.1 ErbStH.

BEISPIEL

Vater schenkt seinem Sohn im Jahr 2024 550.000 € und im Jahr 2027 weitere 300.000 €. Die Berechnung der Steuer für die Schenkung im Jahr X ist wie folgt vorzunehmen:

Dem Erwerb im Jahr 2027 (300.000 €) wird der Erwerb im Jahr 2024 (550.000 €) zugerechnet. Die Steuer für diesen Gesamtbetrag beträgt:

		850.000 €
./. Freibetrag (§ 16 Abs. 1 Nr. 2 ErbStG	./. 400.000 €	
		450.000 €
Steuersatz 15 %		67.500 €

Davon ist die Steuer abzuziehen, welche für den Erwerb im Jahre 2024 im Jahr 2027 gewesen wäre

	550.000 €
./. Freibetrag	./. 400.000 €
	150.000 €
Steuersatz 11 %	16.500 €
Die Steuer beträgt: 67.500 € ./. 16.500 € =	51.000 €

Ist die tatsächlich für die in die Zusammenrechnung einbezogenen früheren Erwerbe zu entrichtende Steuer höher als die fiktive nach § 14 Abs. 1 Satz 2 ErbStG, ist nach § 14 Abs. 1 Satz 3 ErbStG diese tatsächliche Steuer abzuziehen.

V. Fallbearbeitung von Erbschaftsteuerklausuren

1. Klausurübung „Sport ist Mord"

Der Fokus der Klausur liegt auf der Bewertung von Grundbesitz für Zwecke der Erbschaftsteuer und den diesbezüglichen Begünstigungsregelungen. Ein weiterer Schwerpunkt dieser Klausur ist die Aufteilung der Nachlassverbindlichkeiten. Insbesondere durch die Kombination mehrerer Problemfelder in einem komplexen Sachverhalt bietet die Klausur mit einem erhöhten Schwierigkeitsgrad eine gute Grundlage zur Vorbereitung auf die schriftliche StB-Prüfung. Zudem werden klassische Problemfelder des Erbschaftsteuer- sowie Bewertungsrechts angesprochen und vertieft. Die Bearbeitungszeit beträgt max. 2,5 Zeitstunden. Rechtsstand der Übungsklausur ist Dezember 2024.

1.1 Sachverhalt – 40 Punkte

Der ehemalige Unternehmer Ernst Ernsthaft verstarb am 25.9.2024 durch einen Herzinfarkt beim Joggen. Ernst lebte bis zu seinem Tode mit seiner 20 Jahre jüngeren Ehefrau Evelin zusammen. Die Ehegatten hatten 2005 anlässlich der Eheschließung einen Ehevertrag geschlossen, welcher einen Zugewinnausgleich ausschloss. Sein Sohn Hans, geboren am 29.3.2006, lebt in Dubai. Evelin wurde im wirksamen Testament von Ernst als Alleinerbin bestimmt, da sie keine sonstigen Versorgungsansprüche hat. Hans hatte im Jahr 2010 bereits einen erheblichen Geldbetrag von Ernst erhalten. Einen weiteren Zufluss von Geld an Hans – anlässlich seines Todes – wollte Ernst mit seinem Testament definitiv ausschließen. Nach dem Tod von Ernst ist Evelin zu ihrem Sohn nach Dubai gezogen.

1.1.1 Das Haus in München

In München hatte Ernst sich ein großes Grundstück, welches mit einer dauernden Last belastet war, am 6.3.2018 gekauft, um im Alter versorgt zu sein. Evelin hatte, um Ernst eine Freude zu machen, die Maklerkosten (25.000 €) anlässlich des Grundstückskaufs aus ihrer eigenen Tasche bezahlt. Hans hatte hingegen die Notarkosten (8.000 €) bezahlt.

Ernst hatte das Grundstück in München in den Jahren 2019 und 2020 mit einem Zweifamilienhaus mit zusätzlicher Einliegerwohnung bebauen lassen (Kosten: 520.000 €). Das Haus wurde im November 2020 bezugsfertig. Die auf dem Grundstück ruhende dauernde Last war wie folgt bestimmt: Der jeweilige Eigentümer des Grundstücks hatte an John Johns (geb. 13.11.1956) und dessen Ehefrau Julie (geb. 30.9.1953) eine Leibrente zu bezahlen. Die jeweils am ersten eines jeden Monats fällige Rente beträgt 5.000 € und sinkt nach dem Tode des erstversterbenden Ehegatten auf 3.000 € (bis zum Tode des überlebenden Ehegatten). Die Rente läuft maximal bis August 2045, d. h. die entsprechende letzte Rate ist am 1.8.2045 fällig. Sowohl John Johns als auch seine Ehefrau leben noch.

Das Haus besteht aus zwei gleich großen Wohnungen mit je 100 qm Fläche und der Einliegerwohnung mit 70 qm. Das Erdgeschoss des Hauses war an den Pensionär Hans Hart vermietet. Die letzte Miete, die Ernsthaft erhielt, war die April-Miete des Jahres 2024. Danach hat der durchaus solvente Hans Hart nicht mehr gezahlt. Mit Hans Hart hatte Ernsthaft im Jahr 2022 einen unbefristeten Mietvertrag abgeschlossen, welcher eine am ersten des Monats fällige monatliche Miete von 2.300 € vorsah. Hinzu kamen noch Nebenkosten i. H. v. 410 € monatlich. Der sparsame Hans Hart hatte im Januar 2024 – unter Hinweis auf den Umstand, dass vergleichbare Wohnungen mittlerweile für 20 €/qm zu haben seien – um eine Absenkung der Miete auf 20 €/qm nachgesucht; dieses hatte Ernst jedoch abgelehnt. Die Wohnung im ersten Stock war zu Wohnzwecken an die Programmiererin Clara für 17 €/qm zzgl. Nebenkosten (150 € für die Heizung, 70 € für den Strom und 60 € für Wasser) vermietet. In der Einliegerwohnung lebte Ernst Ernsthaft selbst.

Üblicherweise sind für Wohnungen dieser Art in München – soweit diese Wohnzwecken dienen – folgende Mieten ortsüblich gewesen:

2022:	14 €/qm ohne Nebenkosten
2023:	16 €/qm ohne Nebenkosten
ab 2024:	17 €/qm ohne Nebenkosten

Das Grundstück hat – ausweislich des Kaufvertrages – eine Fläche von 910 qm. Der Gutachterausschuss der Landeshauptstadt München hat für das Objekt in München den Wert des Grund und Bodens zum 31.12.2023 auf 900 €/qm festgestellt, weitere Werte außer den Bodenwerten hat der Gutachterausschuss nicht ermittelt. Ein von Hans beauftragter Gutachter hat zum Todestag von Ernst einen reinen Grundstückswert (Grund und Boden nebst Gebäude und Außenanlagen) für die Immobilie in München von 900.000 € festgestellt.

Als Hans vom Tod seines Vaters Ernst erfuhr, überlegte er sich, ob er den Pflichtteil geltend machen sollte. Bis jetzt hat er aber noch keinen Pflichtteilanspruch gegenüber Evelin geltend gemacht.

1.1.2 Die Einzelfirma

Ernsthaft betrieb eine vorsteuerabzugsberechtigte bilanzierende Einzelfirma als Grafiker. Aus Vereinfachungsgründen kann das Verwaltungsvermögen i. S. d. § 13b Abs. 4 ErbStG mit 30 % des gemeinen Werts des Einzelunternehmens angenommen werden. Verbleibende Schulden (§ 13b Abs. 6 ErbStG) liegen nicht vor. Junges Verwaltungsvermögen und junge Finanzmittel liegen ebenfalls nicht vor.

Hinsichtlich dieser Firma hat Evelin Folgendes festgestellt:

Die Firma hatte in den vorangegangenen Jahren folgende Gewinne gem. § 4 Abs. 1 Satz 1 EStG:

Bilanzsteuergewinn 2021:	200.000 €
Bilanzsteuergewinn 2022:	210.000 €
Bilanzsteuergewinn 2023:	220.000 €

Der angemessene Unternehmerlohn für Ernsthaft betrug in allen drei Jahren 5.000 € monatlich.

Ernsthaft hatte im Jahr 2023 ein ausschließlich betrieblich genutztes unbebautes Grundstück im Wert von 220.000 € in seinen Betrieb eingelegt, nachdem er im Jahr 2023 ein im Jahr 2017 erworbenes ausschließlich betrieblich genutztes unbebautes Grundstück 60.000 € teurer verkaufen konnte als er es angeschafft hatte. Im Zusammenhang mit dem im Jahr 2023 eingelegten Grundstück hat Ernsthaft im Jahr 2023 4.500 € Aufwendungen getätigt. Im Jahr 2022 hatte Ernsthaft eine Teilwertabschreibung an einem betrieblichen Wirtschaftsgut i. H.v. 17.000 € vorgenommen. Im Jahr 2024 liefen die Geschäfte des Ernsthaft als Grafiker atypisch schlecht. Der Substanzwert des Betriebes beträgt 1.500.000 €.

1.1.3 Die weiteren Vermögensgegenständen

Das Segelboot

Der Erblasser hat am 6.3.2024 von seiner Schwester Sylvia ein Segelboot zum Preis von 3.000 € gekauft. Wegen unaufschiebbarer Verpflichtungen der Schwester in Dubai konnte das Boot noch nicht übergeben werden. Ernsthaft hat das Boot auch noch nicht bezahlt.

Die Lebensversicherung

Ernsthaft hatte 2021 eine Lebensversicherung über 1.000.000 € zugunsten seines Sohnes Hans abgeschlossen. Die am 1.9.2024 fällige Prämienzahlung i. H. v. 5.000 € war noch nicht bezahlt.

Das Konto

Ernsthaft hatte zum Todeszeitpunkt ein Bankguthaben von 1.501.104 € in der Form von Festgeld.

Die Erbschaftsteuerschuld

Ernsthaft hatte von seinem Bruder im Jahr 2023 im Wege des Erbganges 20.000 € erhalten. Unter Berücksichtigung diverser Vorschenkungen hat der Steuerberater von Evelin errechnet, dass die diesbezügliche – noch nicht beglichene – Erbschaftsteuerschuld des Ernsthaft 3.000 € betragen wird.

Beerdigungskosten

Evelin Ernsthaft hat die Kosten (10.100 €) für die Beerdigung von Ernst Ernsthaft übernommen, zudem rechnet sie noch mit Pflichtteilsansprüchen von Hans i. H. v. 200.000 €, obwohl dieser bisher noch nichts gesagt hat.

1.2 Aufgabenstellung

Ermitteln Sie die zutreffend festzusetzende Erbschaftsteuer für Evelin Ernsthaft. Gehen Sie dabei auf alle durch den Sachverhalt aufgeworfenen Rechtsfragen ein. Erforderliche Anträge gelten allgemein als gestellt, jedoch hat Evelin keinen Antrag auf 100 %-ige Steuerbefreiung des Betriebsvermögens gestellt. Selbst ermittelte Beträge sind ggf. auf volle € abzurunden. Begründen Sie Ihre Entscheidungen unter Angabe der maßgebenden Vorschriften.

1.3 Bearbeitungshinweise

Gehen Sie, sofern erforderlich, von folgenden Angaben/Werten aus:

- Baupreisindex Gebäudearten 1.01–5.1. Anlage 24, Teil II., BewG: 164,0;
- Baupreisindex Gebäudearten 5.2–18.2. Anlage 24, Teil II., BewG: 166,9;
- Regionalfaktoren stehen seitens der Gutachterausschüsse nicht zur Verfügung.

1.4 Lösungshinweise

1.4.1 Steuerpflicht

Evelin Ernsthaft (EF) ist unbeschränkt steuerpflichtig mit dem gesamten Vermögensanfall, da der Erblasser Inländer ist, § 2 Abs. 1 Nr. 1 Satz 1 i.V. m. Satz 2 Buchst. a ErbStG i.V. m. § 8 AO. Sie ist nach § 20 Abs. 1 Satz 1 ErbStG Steuerschuldnerin. Es liegt ein Erwerb von Todes wegen durch Erbanfall vor, § 1 Abs. 1 Nr. 1 i.V. m. § 3 Abs. 1 Nr. 1 ErbStG i.V. m. § 1922 BGB. Bewertungsstichtag ist der Tag der Steuerentstehung, § 11 ErbStG, mithin der Todestag (25.9.2024), § 9 Abs. 1 Nr. 1 ErbStG.

Als steuerpflichtiger Erwerb gilt die Bereicherung der EF (§ 10 Abs. 1 Satz 1 ErbStG). Bei Erwer- [2,5]
ben von Todes wegen gilt als Bereicherung der Betrag, der sich ergibt, wenn von dem nach § 12 ErbStG zu ermittelnden Wert des gesamten steuerpflichtigen Vermögensanfalls die abzugsfähigen Nachlassverbindlichkeiten abgezogen werden (§ 10 Abs. 1 Satz 2 ErbStG). EF fällt in die Steuerklasse I (§ 15 Abs. 1 Stkl. I Nr. 1 ErbStG). Sie ist Steuerschuldnerin nach § 20 Abs. 1 Satz 1 ErbStG und hat den Erwerb innerhalb von drei Monaten nach Kenntniserlangung gem. § 30 Abs. 1 ErbStG dem zuständigen Finanzamt anzuzeigen. Der Sohn Hans ist kein Erbe, da ein wirksames Testament vorliegt. Da er seinen Pflichtteilsanspruch bisher nicht geltend gemacht hat, hat er auch nicht aufgrund eines geltend gemachten Pflichtteils gem. § 1 Abs. 1 Nr. 1 i.V. m. § 3 Abs. 1 Nr. 1 Alt. 3 ErbStG von Todes wegen erworben.

1.4.2 Bewertung des Grundvermögens

Das Grundstück in München stellt eine wirtschaftliche Einheit des Grundvermögens und somit Grundbesitz dar (§ 2 Abs. 1, § 19 Abs. 1, § 176 Abs. 1 BewG). Für Zwecke der Erbschaftsteuer ist ein Grundbesitzwert (§ 157 Abs. 3 BewG) auf den Todestag festzustellen, § 12 Abs. 3 ErbStG. Da das Grundstück zum Nachlass gehört, ist ein gesondertes Feststellungsverfahren gem. § 151 Abs. 1 Satz 1 Nr. 1, Abs. 2 BewG veranlasst. Örtlich zuständig ist das Lagefinanzamt, § 152 Nr. 1 BewG.

[1] ► Wert: Maßgeblich sind die tatsächlichen Verhältnisse und die Wertverhältnisse zum Besteuerungszeitpunkt, § 157 Abs. 1 BewG (§ 151 Abs. 1 Satz 1 Nr. 1 BewG).

► Art: Bebautes Grundstück, § 180 BewG; gemischt genutztes Grundstück, § 181 Abs. 1 Nr. 2, Abs. 7 BewG (§ 151 Abs. 2 Nr. 1 BewG).

► Zurechnung: EF zu 1/1 (§ 151 Abs. 2 Nr. 2 BewG, § 39 Abs. 1 AO, § 1922 BGB).

[0,5] Die Bewertung erfolgt nach dem Ertragswertverfahren (§ 182 Abs. 1, Abs. 3 Nr. 1, 184-188 BewG):[104]

[2] Für das an Hans Hart vermietete Erdgeschoss wird ebenso wie bei der Wohnung, welche an Clara vermietet ist, die vereinbarte Miete angesetzt, § 186 Abs. 1 BewG, auch wenn Ernsthaft tatsächlich keine Miete mehr erhielt. Für die selbstgenutzte Einliegerwohnung wird die übliche Miete angesetzt, § 186 Abs. 2 Satz 1 Nr. 1 BewG. Die Betriebskosten sind nicht einzubeziehen, § 186 Abs. 1 Satz 2 BewG. Des Weiteren ist von einer Sollmiete auszugehen (R B 186.1 Abs. 1 Satz 5 ErbStR). Maßgeblich ist der vertraglich für 12 Monate geschuldete Mietzins (§ 186 Abs. 1 Satz 1 BewG), auch wenn dieser über der ortsüblichen Miete liegt, da die Abweichung nicht mehr als 20 % beträgt, § 186 Abs. 2 Satz 1 Nr. 2 BewG.

Bei der Ermittlung des Gebäudeertragswertes gem. § 184 Abs. 1 und § 185 BewG ist unerheblich, ob Ernst die Kosten allein getragen hat; auf die Aufwendungen von EF und H kommt es nicht an.

Ermittlung Bodenwert (§ 184 Abs. 1, Abs. 2 i. V. m. § 179 Satz 1 BewG):

[1]		Grundfläche	910 qm
	x	Bodenrichtwert	900 €/qm
	=	**Bodenwert** (910 qm x 900 €/qm; §§ 179 Satz 1, 184 Abs. 2 BewG) =	819.000 €

Ermittlung Gebäudeertragswert (§ 184 Abs. 1, Abs. 3 i. V. m. § 185 BewG):

[1] Ansatz der vereinbarten bzw. üblichen Mieten (§ 186 Abs. 1 und Abs. 2 Satz 1 Nr. 1 BewG):

EG:	2.300 € x 12 Monate =	27.600 €
1. OG:	100 qm x 17 €/qm x 12 Monate =	20.400 €
Einliegerwohnung:	70 qm x 17 €/qm x 12 Monate =	14.280 €
	insgesamt	62.280 €
=	**Rohertrag** (§ 186 BewG)	62.280 €

./. **Bewirtschaftungskosten** (§ 187 Abs. 2, 3 i. V. m. Anlage 23 BewG)

[1]		Verwaltungskosten gem. Anlage 23 BewG (Wohnnutz.)	230 €/Wohnung
	x	Anpassung Verbraucherpreisindex gem. § 187 Abs. 3 BewG i. V. m. BMF vom 29.1.2024, BStBl I S. 191	x 117,8/77,1
	=	indizierte Verwaltungskosten (kaufmännische auf volle Euro gerundet, Rz. 34, AEBew JStG 2022)	351 €/Wohnung
	x	3 Wohnungen	./. 1.053 €
		Instandhaltungsk. gem. Anlage 23 BewG (Wohnnutz.)	9 €/qm
	x	Anpassung Verbraucherpreisindex gem. § 187 Abs. 3 BewG i. V. m. BMF vom 29.1.2024, BStBl I S. 191	x 117,8/77,1
	=	indizierte Instandhaltungskosten (kaufmännische auf eine Nachkommastelle gerundet, Rz. 34, AEBew JStG 2022)	13,8 €/qm
	x	270 qm Wohnfläche (100 qm + 100 qm + 70 qm)	./. 3.726 €

104 Siehe dazu auch Schema und Beispiel in Gleich lautende Erlasse der obersten Finanzbehörden der Länder v. 20.3.2023 (AEBew JStG 2022) - S 3015, BStBl 2023 I S. 738 NWB VAAAJ-36842, Rz. 16 f.

	Mietausfallwagnis gem. Anlage 23 BewG (Wohnnutz.)	2 %		
x	jährlicher Rohertrag (s. o.)	x 62.280 €		
		./. 1.246 €	./. 6.025 €	
=	**Reinertrag des Grundstücks** (§ 185 Abs. 1 BewG)	56.255 €		
	Bodenwertverzinsung (§ 185 Abs. 2 i.V. m. § 188 BewG):			[1]
	Bodenwert (s. o.)		819.000 €	
x	pauschaler Liegenschaftszins (§ 188 Abs. 2 Satz 2 Nr. 1 BewG)		3,5 %	
=	Bodenwertverzinsung (819.000 € x 3,5 % =) ./. 28.665 €			
=	**Gebäudereinertrag**		27.590 €	[2]
x	Vervielfältiger (§ 185 Abs. 3 BewG)			
	Gesamtnutzungsdauer des Gebäudes gem. Anlage 22 BewG		80 Jahre	
./.	Alter des Gebäudes im Besteuerungszeitpunkt		./. 4 Jahre	
	Restnutzungsdauer		76 Jahre	
	Vervielfältiger (Anlage 21 BewG)		x 26,48	
=	**Gebäudeertragswert** (27.592 € x 26,48 =)		730.583 €	[1]
+	Bodenwert (s. o.)		819.000 €	[1]
=	**Ertragswert** (§ 184 Abs. 3 BewG)		1.549.583 €	

Mindestwert (§ 184 Abs. 3 Satz 2 BewG) [0,5]

= Bodenwert 819.000 € ist geringer, Ansatz unterbleibt.

Nachweis eines niedrigeren gemeinen Wertes, § 198 BewG, liegt vor (900.000 €).

Grundbesitzwert der Immobilie nach Ertragswertverfahren (§ 151 Abs. 1 Satz 1 Nr. 1 BewG)	900.000 €	[1,0]
Kürzung um den Verschonungsabschlag i. H. v. 10 % bezogen auf den Wert, der auf die vermietete Wohnung entfällt (§ 13d Abs. 1 und 3 ErbStG):		
900.000 € x 200 qm/270 qm x 10 % =	./. 66.667 €	
Ansatz Grundbesitz	833.333 €	

1.4.3 Bewertung des Betriebsvermögens

Das Einzelunternehmen stellt eine wirtschaftliche Einheit des Betriebsvermögens dar (§ 2 Abs. 1, § 96 BewG i.V. m. § 18 Abs. 1 Nr. 1 EStG i.V. m. § 95 Abs. 1 Satz 1 BewG). Der Betriebsvermögenswert ist gem. § 12 Abs. 5 ErbStG i.V. m. § 151 Abs. 1 Satz 1 Nr. 2 BewG gesondert festzustellen. Maßgeblich sind die Verhältnisse zum Besteuerungszeitpunkt (§ 157 Abs. 5 Satz 1 BewG). Dieses ist der Todestag als Bewertungsstichtag, § 9 Abs. 1 Satz 1, § 11 ErbStG. Örtlich zuständig für die gesonderte Feststellung ist das Geschäftsleitungsfinanzamt (§ 152 Nr. 2 BewG). [1]

Zurechnung: EF (§ 151 Abs. 2 Nr. 2 Satz 2 BewG, § 39 Abs. 1 AO, § 1922 BGB; R B 151.4 Abs. 1 und 151.2 Abs. 2 Nr. 1 ErbStR).

Als Wert des Betriebsvermögens des Einzelunternehmens ist nach § 109 Abs. 1 BewG der gemeine Wert anzusetzen. Für die Ermittlung des gemeinen Werts gilt § 11 Abs. 2 BewG entsprechend (§ 157 Abs. 5 Satz 2 BewG). Da Verkäufe innerhalb des letzten Jahres vor dem Bewertungsstichtag nicht vorliegen und keine marktüblichen Bewertungsmethoden oder spezielle Ertragswertverfahren zur Anwendung kommen, ist das vereinfachte Ertragswertverfahren (§ 11 Abs. 2 Satz 4 i.V. m.

§§ 199-203 BewG) für die Ermittlung des Betriebsvermögenswerts anwendbar, sofern dies nicht zu offensichtlich unzutreffenden Ergebnissen führt (§ 199 Abs. 2 BewG).

[2] Grundlage für die Bewertung des betriebsnotwendigen Vermögens bildet der zukünftig nachhaltig erzielbare Jahresertrag, § 201 Abs. 1 und 2 BewG. Ausgangswert ist hier der Bilanzsteuergewinn, § 202 Abs. 1 Satz 1 BewG.

Das im Jahre 2023 eingelegte Grundstück ist als sogenanntes junges Betriebsvermögen mit dem eigenständig zu ermittelnden gemeinen Wert anzusetzen (§ 200 Abs. 4 BewG). Entsprechend ist der Ausgangswert nach § 202 Abs. 1 Satz 1 BewG ggf. nach § 202 Abs. 1 Satz 2 Nr. 1 Buchst. f und Nr. 2 Buchst. f BewG zu korrigieren.

[4]	**2021**	**2022**	**2023**
Bilanzsteuergewinn (§ 202 Abs. 1 Satz 1 BewG)	200.000 €	210.000 €	220.000 €
Teilwertabschreibung (§ 202 Abs. 1 Satz 2 Nr. 1 Buchst. a BewG)		+ 17.000 €	
Aufwendungen junges Betriebsvermögen (§ 202 Abs. 1 Satz 2 Nr. 1 Buchst. f BewG)			+ 4.500 €
Einmaliger Veräußerungsgewinn (§ 202 Abs. 1 Satz 2 Nr. 2 Buchst. b BewG)			./. 60.000 €
Unternehmerlohn (§ 202 Abs. 1 S. 2 Nr. 2 Buchst. d BewG)	./. 60.000 €	./. 60.000 €	./. 60.000 €
Betriebsergebnis vor Ertragsteueraufwand	140.000 €	167.000 €	104.500 €
Ertragsteueraufwand 30 % (§ 202 Abs. 3 BewG)	./. 42.000 €	./. 50.100 €	./. 31.350 €
Betriebsergebnis	98.000 €	116.900 €	73.150 €
Summe			288.050 €

[0,5]

Durchschn. Jahresertrag (§ 201 Abs. 1 i.V. m. Abs. 2 Satz 3, 4 BewG) (1/3)	96.016 €
Kapitalisierungsfaktor (§ 203 Abs. 1 BewG)	x 13,75
Ertragswert des betriebsnotwendigen Vermögens	1.320.220 €
Junges Betriebsvermögen (Grundstück; § 200 Abs. 4 BewG)	220.000 €
Wert Betriebsvermögen nach dem vereinfachten Ertragswertverfahren	1.540.220 €
Mindestens Substanzwert, § 11 Abs. 2 Satz 3 BewG	1.500.000 €

[0,5] Betriebsvermögenswert somit	1.540.220 €
Wert Verwaltungsvermögen gesamt (lt. Aufgabenstellung 30 % des gemeinen Werts des Betriebsvermögens):	462.066 €

Steuerpflichtiges Verwaltungsvermögen i. S. d. § 13b Abs. 7 ErbStG:

Es liegen keine verbleibenden Schulden (§ 13b Abs. 6 ErbStG) vor, da sich die gesondert festgestellten Schulden laut Sachverhalt bereits voll bei der Ermittlung des Verwaltungsvermögens i. S. d. § 13b Abs. 4 ErbStG ausgewirkt haben. Der ermittelte Wert von 462.066 € stellt somit auch den Nettowert des Verwaltungsvermögens i. S. d. § 13b Abs. 6 ErbStG dar. Von diesem wird nach § 13b Abs. 7 ErbStG ein Teil von 10 % des Betrags, der sich ergibt, wenn der Wert des Betriebsvermögens um den Nettowert des Verwaltungsvermögens gekürzt wir, als unschädliches Verwaltungsvermögen angesehen.

[1] Nettowert des Verwaltungsvermögens		462.066 €
Wert des Betriebsvermögens	1.540.220 €	
./. Nettowert des Verwaltungsvermögens	./. 462.066 €	
	1.078.154 €	
davon 10 % = unschädlich		./. 107.816 €
steuerpflichtiges Verwaltungsvermögen		354.250 €

Begünstigtes Vermögen i. S. d. § 13b Abs. 2 ErbStG:

	Begünstigungsfähiges Vermögen (Betriebsvermögenswert):		1.540.220 €	[1]
./.	steuerpflichtiges Verwaltungsvermögen		./. 354.250 €	
=	Begünstigtes Vermögen		1.185.970 €	
./.	Regelverschonung (85 %; § 13a Abs. 1 Satz 1 ErbStG)		./. 1.008.075 €	
			177.895 €	
	./. Abzugsbetrag (§ 13a Abs. 2 ErbStG)	150.000 €		[0,5]
	Abschmelzung:(177.895 € ./. 150.000 €) x 1/2 =	./. 13.948 €		
	= verbleibender Abzugsbetrag	136.052 €	./. 136.052 €	
	steuerpflichtiges begünstigtes Vermögen	41.843 €		[0,5]
	zzgl. steuerpflichtiges Verwaltungsvermögen	354.250 €		
	zu versteuern		396.093	

1.4.4 Übriges Vermögen

Mietforderung an Hans Hart

Die Mietforderung ist eine Kapitalforderung. Die Bewertung erfolgt mit dem Nennwert (§ 12 Abs. 1 ErbStG i. V. m. § 12 Abs. 1 Satz 1 BewG). [0,5]

Summe Mietforderung: 2.300 € + 410 € = 2.710 € x 5 = 13.550 €

Lebensversicherung

Hier liegt ein Vertrag zugunsten Dritter (Sohn) vor (§ 3 Abs. 1 Nr. 4 ErbStG). Der Anspruch gehört nicht zum Nachlass, daher kein Ansatz. [0,5]

Lieferanspruch Segelboot

Es liegt ein schwebendes Geschäft vor, Sachforderung und Kapitalschuld sind anzusetzen. Sachforderung entsteht mit Kaufvertragsabschluss. Die Bewertung erfolgt mit gemeinem Wert (§ 12 Abs. 1 ErbStG i. V. m. § 9 Abs. 1 BewG) = gemeiner Wert des Bootes (§ 9 Abs. 2 BewG, R B 9.3 Abs. 1 Satz 1 ErbStR). Sachforderung ist nicht steuerfrei gem. § 13 Abs. 1 Nr. 1 Buchst. b ErbStG, weil kein körperlicher Gegenstand gegeben ist. Das Boot selbst ist nicht anzusetzen da dieses zum Todeszeitpunkt noch nicht vorhanden war. [1] 3.000 €

Bankguthaben

Das Bankguthaben (1.501.104 €) ist eine Kapitalforderung. Die Bewertung erfolgt mit dem Nennwert (§ 12 Abs. 1 ErbStG i. V. m. § 12 Abs. 1 Satz 1 BewG) = 1.501.104 €. [0,5]

Summe Bankguthaben: 1.501.104 €

1.4.5 Nachlassverbindlichkeiten

Verbindlichkeit Erwerb Haus München

Die Rentenschuld gegenüber dem Ehepaar Johns ist als Erblasserschuld gem. § 10 Abs. 5 Nr. 1 ErbStG abzugsfähig. Sie ist wirtschaftlich direkt dem Grundstück zurechenbar. Die Rentenschuld ist grundsätzlich auflösend befristet. Die Befristung wird über § 14 BewG berücksichtigt (§ 8 i. V. m. § 7 Abs. 1 BewG). Die Bewertung erfolgt mit dem Kapitalwert, § 12 Abs. 1 ErbStG i. V. m. § 13 Abs. 1 i. V. m. § 14 Abs. 3 i. V. m. § 15 BewG.

Alter des Ehemanns am Stichtag (13.11.1956)	= 67 Jahre
Alter der Ehefrau am Stichtag (30.9.1953)	= 70 Jahre

Maximale Laufzeit der Rente am Stichtag (1.10.2024 bis 1.8.2045)	= 20 Jahre und 11 Monate

Berechnung Wert Lebenszeitrente der Ehegatten (§ 14 Abs. 1 Satz 4 BewG i. V. m. BMF vom 1.12.2023, BStBl 2024 I S. 2044 NWB GAAAJ-54012):

Vervielfältiger Mann, 67 J.	= 10,834
Vervielfältiger Frau, 70 J.	= 11,099
Vervielfältiger der Höchstrente (Anlage 9a zu § 13 Abs. 1 BewG):	
Vervielfältiger 20 Jahre:	12,279
Vervielfältiger 21 Jahre:	12,631
Differenz: 0,352 (12,279 ./. 12,631); für 11 Monate = 0,323 (0,352 x 11/12)	
Wert für 20 Jahre und 11 Monate (interpoliert: 12,279 + 0,323):	12,602

Da die Höchstrente einen größeren Vervielfältiger hat als der größte Vervielfältiger beider Ehegatten, kommt diese nicht zum Ansatz (§ 13 Abs. 1 BewG).

Wert der Rente bis zum Tod des Mannes: 5.000 € x 12 x 10,834 =	650.040 €
Wert der Rente bis zum Tod der Frau: 3.000 € x 12 x (11,099 ./. 10,834) =	9.540 €
Gesamtwert Verbindlichkeit Haus	659.580 €

[2,5] Abzugsfähig sind gem. § 10 Abs. 6 Satz 1, 3 ErbStG lediglich 833.333 €/900.000 € x 659.580 € = 610.722 €

Kaufpreisverbindlichkeit Boot

[0,5] § 10 Abs. 5 Nr. 1 ErbStG; direkt zurechenbar. Es liegt ein schwebendes Geschäft vor. Kapitalschuld und Sachleistungsverpflichtung sind anzusetzen (R B 9.3 Abs. 1 Satz 1 ErbStR). Die Bewertung erfolgt mit dem Nennwert, § 12 Abs. 1 ErbStG i. V. m. § 12 Abs. 1 Satz 1 BewG: 3.000 €.

Prämienzahlung zur Lebensversicherung

[0,5] Diese stellt eine Erblasserschuld dar. Diese ist eine Nachlassverbindlichkeit gem. § 10 Abs. 5 Nr. 1 ErbStG. Die Kapitalschuld kommt zum Ansatz mit Nennwert, § 12 Abs. 1 Satz 1 BewG: 5.000 €. Allerdings ist eine anteilige Zurechnung (und ggf. Kürzung) nach § 10 Abs. 6 Satz 5 ff. ErbStG vorzunehmen, da die Schuld nicht mit einem einzelnen Vermögensgegenstand im wirtschaftlichen Zusammenhang steht (GLE vom 13.9.2021, BStBl I S. 1837 NWB CAAAH-945332). Zum Ansatz s. u.

Steuerschuld Erbschaftsteuer

[0,5] Es liegt eine Erblasserschuld gem. § 10 Abs. 5 Nr. 1 ErbStG vor; diese ist abzugsfähig (die eigene Erbschaftsteuer ist nicht abzugsfähig, § 10 Abs. 8 ErbStG). Die Schuld ist – auch ohne Bescheid – bereits entstanden, § 9 Abs. 1 ErbStG, mit dem Erbgang nach dem Bruder. Ansatz mit dem Nennwert, § 12 Abs. 1 ErbStG, § 12 Abs. 1 Satz 1 BewG: 3.000 €. Allerdings ist eine anteilige Zurechnung (und ggf. Kürzung) nach § 10 Abs. 6 Satz 5 ff. ErbStG vorzunehmen, da die Schuld nicht mit einem einzelnen Vermögensgegenstand im wirtschaftlichen Zusammenhang steht (GLE vom 13.9.2021, BStBl 2021 I S. 1837 NWB CAAAH-94532). Zum Ansatz s. u.

Pflichtteilsanspruch

[0,5] Der Pflichtteilsanspruch ist zwar zivilrechtlich entstanden. Der Anspruch wurde tatsächlich nicht geltend gemacht, daher kein Ansatz als Nachlassverbindlichkeit i. S. d. § 10 Abs. 5 Nr. 2 ErbStG.

Erbfallkosten (§ 10 Abs. 5 Nr. 3 ErbStG)

[0,5] Die Beerdigungskosten sind mit dem Pauschbetrag i. H. v. 10.300 € abgegolten.[105] Gem. § 10 Abs. 6 Satz 6 ErbStG sind diese Nachlassverbindlichkeiten von der anteiligen Zurechnung und Kürzung nach § 10 Abs. 6 Satz 5 ff. ErbStG ausgenommen.

105 Ab 1.1.2025: 15.000 €.

Grundstück in München	900.000 €	[1]
Einzelunternehmen	1.540.220 €	
Mietforderung an Hans Hart	13.550 €	
Lieferanspruch Segelboot	3.000 €	
Bankguthaben	1.501.104 €	
Wert der Nachlassgegenstände	3.957.874 €	

[2]

		abzugsfähig
Verbindlichkeit Erwerb Haus München	659.580 €	610.722 €
Kaufpreisverbindlichkeit Boot	3.000 €	3.000 €
Prämienzahlung Lebensversicherung (Anteilige Zurechnung erforderl.)	*5.000 €*	
Steuerschuld Erbschaftsteuer (Anteilige Zurechnung erforderlich)	*3.000 €*	
Beerdigungskosten (§ 10 Abs. 6 Satz 6 ErbStG)	10.300 €	10.300 €
Anteilige Zurechnung (§ 10 Abs. 6 Satz 5, 7 ErbStG)		

[2]

Nettowert des nach §§ 13a, 13b ErbStG begünstigten Vermögens	1.185.970 €	
Nettowert des **nicht** nach §§ 13a, 13b ErbStG begünstigten Verm.	354.250 €	
Nettowert des nach § 13d ErbStG begünstigten Vermögens		
900.000 € ./. 659.580 € =	240.420 €	
Nettowert des anderen Vermögens		
13.550 € + 3.000 € + 1.501.104 € ./. 3.000 € =	1.514.654 €	
Summe	3.295.294 €	
Prämienzahlung Lebensversicherung	5.000 €	
Steuerschuld Erbschaftsteuer	3.000 €	
Summe anteilig zuzurechnender Schulden	8.000 €	
davon entfallen auf das nach §§ 13a, 13b ErbStG begünstigte Vermögen		
8.000 € x 1.185.970 €/3.295.294 € =	2.879 €	
abzugsfähig i. H. v. 41.843/1.185.970 € = 3,53 % (§ 10 Abs. 6 Satz 10 ErbStG)	./. 2.777 €	102 €
davon entfallen auf das **nicht** nach §§ 13a, 13b ErbStG begünst. Verm.		
8.000 € x 354.250 €/3.295.294 € =	860 €	860 €
8.000 € x 240.420 €/3.295.294 € =	584 €	
abzugsfähig i. H. v. 833.333 €/900.000 € = 92,60 % (§ 10 Abs. 6 Satz 9 ErbStG)	./. 43 €	541 €
davon entfallen auf das andere Vermögen		
8.000 € x 1.514.654 €/3.295.294 € =	3.677 €	3.677 €
Insgesamt abzugsfähige Nachlassverbindlichkeiten		./. 629.202 €

Bereicherung (§ 10 Abs. 1 S. 2 ErbStG) 2.117.878 €

1.4.6 Erbschaftsteuer

[1]	Persönlicher Freibetrag (§ 15 Abs. 1 Stkl. I Nr. 1 i.V. m. § 16 Abs. 1 Nr. 1 ErbStG)	./. 500.000 €
	Versorgungsfreibetrag (§ 17 Abs. 1 ErbStG); keine Kürzung gem. Satz 2, da EF keine Versorgungsbezüge erhält.	./. 256.000 €
	steuerpflichtiger Erwerb (§ 10 Abs. 1 Satz 1 ErbStG)	1.361.878 €
	abgerundet (§ 10 Abs. 1 S. 6 ErbStG)	1.361.800 €

Erbschaftsteuer gem. § 19 Abs. 1 ErbStG in Stkl.I für den gesamten Betrag; keine besondere Entlastung gem. § 19a Abs. 4 ErbStG, da EF ohnehin Stkl. I angehört.

Steuersatz	x 19 %
Erbschaftsteuer	258.742 €

1.5 Punkteschlüssel

[40,0]

Von	Bis	Note
38,0	40,0	1,0
35,0	37,5	1,5
32,5	34,5	2,0
29,5	32,0	2,5
27,0	29,0	3,0
23,5	26,5	3,5
20,0	23,0	4,0
16,0	19,5	4,5
12,0	15,5	5,0
8,0	11,5	5,5
0,0	7,5	6,0

2. Klausurübung „Aus Schreck verstorben“

Der Fokus der Klausur liegt auf der Bewertung von Betriebsvermögen für Zwecke der Erbschaftsteuer und den diesbzgl. Begünstigungsregelungen. Insbesondere durch die Kombination mehrerer Problemfelder in einem komplexen Sachverhalt bietet die Klausur mit einem erhöhten Schwierigkeitsgrad eine gute Grundlage zur Vorbereitung auf die schriftliche StB-Prüfung. Zudem werden klassische Problemfelder des Erbschaftsteuer- sowie Bewertungsrechts angesprochen und vertieft. Die Bearbeitungszeit beträgt max. 2,5 Zeitstunden. Rechtsstand der Übungsklausur ist Dezember 2024.

2.1 Sachverhalt – 40 Punkte

Am 24.12.2023 verstarb Unternehmer Anton Alt (A) aus Hamburg im Alter von 95 Jahren tragisch an einem akuten Herzinfarkt auf einer privaten Weihnachtsfeier, nachdem seine Ehefrau Chantal Jung-Alt (EF) ihm eröffnet hatte, ihn für seinen Sohn Ben Alt (B, geb. am 24.9.1991, wohnhaft in Argentinien) verlassen zu wollen. EF beabsichtigte, zu B nach Argentinien zu ziehen. Gemäß dem gültigen Erbvertrag zwischen A und B aus dem Jahr 2021 ist B als Alleinerbe eingesetzt. EF soll nur den seltenen Mercedes 300 Oldtimer erhalten, den A im Jahr 2022 für 800.000 € gekauft hatte und seitdem als Dekoration im Eingangsbereich seines Unternehmens ausstellt. Aufgrund der schlechten allgemeinen Wirtschaftsentwicklung fiel der Marktwert des Wagens allerdings bereits im Sommer 2023 auf 600.000 € und hat sich seitdem auch nicht mehr erholt. B hat die angemessenen Kosten für die Beerdigung von A i. H. von 3.000 € übernommen.

Sein Vermögen hat A mit seinem Einzelunternehmen (vorsteuerabzugsberechtigt und bilanzierend) als Großhändler für Autoteile gemacht. Firmenstandort ist Hamburg. Das Wj. entspricht dem Kj. Das Unternehmen hat in den vergangenen Jahren folgende Bilanzgewinne i. S. des § 4 Abs. 1 Satz 1 EStG erzielt:

- Bilanzgewinn 2020: 100.000 €;
- Bilanzgewinn 2021: 150.000 €;
- Bilanzgewinn 2022: 180.000 €.

Um seine monatlichen privaten Ausgaben decken zu können, hat A in allen drei Jahren einen angemessenen monatlichen **Unternehmerlohn** i. H. von 7.000 € entnommen. 2019 erwarb A eine Statue, die er zu Dekorationszwecken in der Lobby des Unternehmens aufstellen ließ. Im Jahr 2020 konnte er diese dann mit 300.000 € Gewinn wieder verkaufen. Hintergrund des Verkaufs war, dass der Platz in der Lobby zur Ausstellung des Mercedes 300 benötigt wurde. Beim Erwerb dieses edlen Fahrzeugs im Betriebsvermögen hatte er im Jahr 2022 Gutachterkosten i. H. von 50.000 € aufgewendet.

A war in seiner Freizeit ein begeisterter Bastler und Tüftler. Im Dezember 2021 konnte er so ein neues **Patent für Autoteile** im Wert von 120.000 € für ausschließlich betriebliche Zwecke in seinen Betrieb einlegen. Die diesbezügliche Abschreibung betrug – jeweils zutreffend – 4.000 € für 2021 und 48.000 € für 2022. Am Todestag des A lag der gemeine Wert des Patents bei 100.000 €. Daneben musste er im Jahr 2021 eine Teilwertabschreibung i. H. von 15.000 € auf einen betrieblich genutzten Transporter vornehmen. Der Ertragsteueraufwand wurde in allen drei Jahren (2020–2022) korrekt mit 100.000 € erfasst.

Zum Todeszeitpunkt beläuft sich der Bestand des **betrieblichen Bankkontos** auf 50.000 €. Des Weiteren bestehen Forderungen aus Lieferungen und Leistungen i. H. von 150.000 €. Die Schulden betrugen 50.000 €. Wie oben bereits dargestellt wurden von A in den letzten Jahren monatlich 7.000 € aus dem Unternehmen entnommen, um den eigenen Lebensunterhalt zu finanzieren. Geldeinlagen hatte er seit Jahrzehnten keine getätigt.

Soweit nicht anders angegeben, sind die Wirtschaftsgüter der Einzelfirma im Todeszeitpunkt länger als zwei Jahre zuzurechnen. Der Substanzwert des Betriebs gem. § 11 Abs. 2 Satz 3 BewG beträgt unzweifelhaft 2.500.000 €.

Mit notariellem Kaufvertrag v. 26.9.2018 hatte A darüber hinaus ein **unbebautes Grundstück** mit einer Fläche von 990 m² **in Lüneburg** erworben. Am 23.10.2018 wurde er in das Grundbuch eingetragen und begann bereits im Oktober 2018 damit, auf dem Grundstück ein Gebäude für 750.000 € zu errichten. Das Gebäude hat zwei Stockwerke mit einer Wohn-/Nutzfläche von jeweils 150 m^2 und wurde am 10.1.2019 fertiggestellt sowie bezugsfertig.

Das Grundstück liegt in einem Gebiet mit der Geschossflächenzahl (GFZ) 0,4. Aufgrund persönlicher Kontakte konnte A aber erreichen, dass das Grundstück mit einer GFZ von 0,5 bebaut werden durfte. Der Bodenrichtwert für gleichartige Grundstücke im Richtwertgebiet mit einer GFZ von 0,4 wurde vom Gutachterausschuss der Stadt Lüneburg zum 1.1.2023 auf 600 €/m^2 bestimmt. Zum 1.1.2024 wurde dieser auf 750 €/m2 bestimmt.

A konnte das Erdgeschoss des Hauses als Ladengeschäft mit zusätzlichen Büroräumen an einen Versicherungsvertreter vermieten (30-Jahresvertrag mit Staffelmiete). Aufgrund der dynamischen Entwicklung am Mietmarkt und der Staffelmiete bliebt die Miete nicht immer unverändert. Die angemessene und ortsübliche monatliche Miete, die jeweils am 15. des Monats fällig ist, betrug ab 1.2.2019 zunächst 5.000 € zzgl. 1.000 € Nebenkosten. Ab 1.1.2023 betrug die angemessene Miete 6.000 € zzgl. 1.250 € Nebenkosten.

Im Obergeschoss des Objekts befindet sich eine gleichgroße und gleichwertige Wohnung, die A an D vermietete. D musste für diese Wohnung nur 1.000 € monatlich inkl. 250 € Nebenkosten zahlen, obwohl ab 1.1.2023 der Marktpreis hierfür 15 €/m^2 zzgl. 500 € Nebenkosten betrug. Damit beabsichtigte A, sich bei seiner Stieftochter einzuschleimen, denn diese hielt nicht viel von dem deutlich älteren Mann an der Seite ihrer Mutter.

Einen an das Gebäude grenzenden Schuppen mit 50 m^2 ließ A im Oktober 2021 zu einer kleinen Wohnung umbauen. Hierbei handelt es sich um keinen selbständig nutzbaren Gebäudeteil. Eigentlich stand der Schuppen immer leer. Wie A jedoch wenige Sekunden vor seinem Tod erfuhr, hatten B und EF die Räumlichkeiten in der Vergangenheit auch für ihre regelmäßigen heimlichen Treffen genutzt. Für diese Räumlichkeiten wäre ab 1.1.2023 ein Mietpreis von 12,50 €/m^2 nebst 200 € Nebenkosten üblich gewesen.

Da B nicht an die steuerliche Bewertung nach dem BewG glaubt, lässt er ein Sachverständigengutachten über den Wert des Grundstücks erstellen. Danach beträgt der Grundstückswert zum Todeszeitpunkt genau 1.000.000 €.

Als weitere Immobilie besaß A ein **zu Wohnzwecken fremdvermietetes, freistehendes Einfamilienhaus mit Keller- und Erdgeschoss in Hamburg**. Das Dachgeschoss ist nicht ausgebaut. Bezugsfertig war das Objekt am 31.12.1980. Da das gesamte Objekt nicht mehr auf dem neuesten Stand ist, ist es der Standardstufe „Basis" zuzuordnen. Die Bruttogrundfläche beträgt 240 m^2. Das Grundstück hat eine Grundfläche von 1.500 m^2. Der Bodenrichtwert beträgt 60 €/m^2.

Zum Todeszeitpunkt hatte A zudem ein **Sparbuch** bei der ausländischen „Tax-free-Bank", dass ein Guthaben i. H. von 2.000.000 € auswies. Deutschland hat mit dem ausländischen Staat ein Abkommen geschlossen, das am 1.1.2024 rechtswirksam wurde. Danach war die Bank mit Fälligkeit zum 1.12.2023 verpflichtet, 500.000 € Quellensteuern an Deutschland zu Lasten des Kontos des A zu überweisen. In weiser Voraussicht hatte die Bank während der Verhandlungen zwischen dem ausländischen Staat und Deutschland, die vom 1.1.2023 bis 1.9.2023 dauerten, eine Verfügungssperre für alle Kunden, und damit auch den A, eingerichtet.

Weiterhin hatte A im Januar 2023 bei einem Luxus-Hersteller aus Berlin ein individuell für ihn gefertigtes **Motorrad** bestellt. Der Kaufpreis betrug 250.000 €. Nach dem Kaufvertrag sollte der Gefahrübergang auf den Käufer zwei Tage nach der Aufforderung des Händlers an den Käufer, das Motorrad abzuholen, erfolgen. Im Rahmen des Bestellvorgangs musste A eine Anzahlung i. H. von 125.000 € leisten. Am 20.12.2023 erhielt A die Mitteilung, dass das Motorrad abholbereit sei, konnte dieses aber nicht mehr vor seinem Tod abholen. Am 27.12.2023 wurde über das Vermögen des Motorradherstellers das Insolvenzverfahren eröffnet. Der Insolvenzverwalter verlangte sodann die Restzahlung i. H. von 125.000 € in die Insolvenzmasse und erklärte zugleich, dass das Motorrad nicht geliefert werden könne. Der Motorradhersteller hatte in seiner Wut über das Insolvenzverfahren am 29.12.2023 so viele Böller gegen das Motorrad geworfen, dass es völlig ausbrannte. Am 1.1.2024 wurde das Insolvenzverfahren nach dem Auftauchen neuer Verbindlichkeiten mangels Masse eingestellt.

2.2 Aufgabenstellung

Ermitteln Sie die zutreffende festzusetzende Erbschaftsteuer für B. Gehen Sie dabei auf alle durch den Sachverhalt aufgeworfenen Rechtsfragen ein. Steuerliche Wahlrechte sollten so ausgeübt werden, dass eine möglichst geringe erbschaftsteuerliche Belastung entsteht; ggf. erforderliche Anträge gelten als gestellt. Begründen Sie Ihre Entscheidungen unter Angabe der maßgebenden Vorschriften. Alle erforderlichen Nachweise gelten als erbracht.

2.3 Bearbeitungshinweise

HINWEIS

Gehen Sie, sofern erforderlich, von folgenden Angaben/Werten aus:

- Baupreisindex Gebäudearten 1.01–5.1. Anlage 24, Teil II., BewG: 164,0;
- Baupreisindex Gebäudearten 5.2–18.2. Anlage 24, Teil II., BewG: 166,9;
- Regionalfaktoren stehen seitens der Gutachterausschüsse nicht zur Verfügung.

2.4 Lösungshinweise

2.4.1 Steuerpflicht

B ist im Erbvertrag als **Alleinerbe** nach **A** benannt. Erbschaftsteuerlich liegt somit ein Erwerb von Todes wegen durch Erbanfall des A gem. **§ 1 Abs. 1 Nr. 1 i.V. m. § 3 Abs. 1 Nr. 1 Alternative 1 ErbStG i.V. m. § 1922 BGB** vor. Aufgrund der Regelungen im Erbvertrag ist **EF** als Ehefrau keine Erbin. Sie soll nur den Mercedes 300 erhalten und erwirbt damit lediglich ein **Vermächtnis** i. S. des **§ 1 Abs. 1 Nr. 1 i.V. m. § 3 Abs. 1 Nr. 1 Alternative 2 ErbStG i.V. m. §§ 2174, 2147 BGB**. Ein Erwerb der EF durch Pflichtteilsanspruch liegt dagegen nicht vor, da sie diesen Anspruch mangels Hinweisen im Sachverhalt bisher nicht geltend gemacht hat (**§ 3 Abs. 1 Nr. 1 Alternative 3 ErbStG**).

B ist als durch den Erbvertrag bestimmter Alleinerbe **unbeschränkt erbschaftsteuerpflichtig** mit dem gesamten Vermögensanfall, denn der Erblasser **A** war aufgrund seines Wohnsitzes in Hamburg Inländer (**§ 2 Abs. 1 Nr. 1 Satz 2 Buchst. a ErbStG i.V. m. § 8 AO**).

HINWEIS

Für die unbeschränkte Steuerpflicht reicht es nach § 2 Abs. 1 Nr. 1 Satz 1 ErbStG aus, wenn einer der am Erbfall Beteiligten Inländer ist. Unbeachtlich ist somit, dass der Wohnsitz des B Argentinien ist.

Bewertungsstichtag ist der Todestag von A am 24.12.2023 als Tag der Steuerentstehung gem. [2,5] **§§ 11 i.V. m. 9 Abs. 1 Nr. 1 ErbStG**. Steuerschuldner ist B als Erwerber i. S. des **§ 20 Abs. 1 Satz 1 ErbStG**. Er gehört als Sohn gem. **§ 15 Abs. 1 Stkl. I Nr. 2 ErbStG** der Steuerklasse I an. Um den steuerpflichtigen Erwerb zu ermitteln, werden vorab die Werte auf den Bewertungsstichtag am 24.12.2023 festgestellt, für die in §§ 151 und 157 BewG ein förmliches Feststellungsverfahren vorgesehen ist. Der Erwerb ist gegenüber dem FA nach **§ 30 Abs. 1 ErbStG** innerhalb von drei Monaten nach Kenntniserlangung anzuzeigen.

2.4.2 Bewertung des Einzelunternehmens

Gemäß **§ 12 Abs. 5 ErbStG** ist der Wert des Einzelunternehmens mit dem auf den Bewertungsstichtag 24.12.2023 (**§ 11, § 9 Abs. 1 Nr. 1 ErbStG**) festzustellenden Wert anzusetzen. Bei dem Einzelunternehmen handelt es sich um einen Gewerbebetrieb gem. **§ 95 Abs. 1 BewG**. Der Wert des Einzelunternehmens als Betriebsvermögenswert ist demnach nach **§ 151 Abs. 1 Satz 1 Nr. 2 und § 157 Abs. 5 BewG** unter Berücksichtigung der tatsächlichen Verhältnisse und der Wertverhältnisse zum Bewertungsstichtag festzustellen (§ 12 Abs. 5 ErbStG i.V. mit § 151 Abs. 1 Satz 1 Nr. 2 i.V. m. § 109 Abs. 1 i.V. m. § 11 Abs. 2 BewG). Örtlich zuständig für die gesonderte Feststellung ist gem. **§ 152 Nr. 2 BewG** das Betriebsfinanzamt.

Da Verkäufe innerhalb des letzten Jahres vor dem Bewertungsstichtag nicht vorliegen und keine marktüblichen Bewertungsmethoden oder spezielle Ertragswertverfahren zur Anwendung kommen, ist der **gemeine Wert** nach **§ 11 Abs. 2 Satz 2 BewG** im **vereinfachten Ertragswertverfahren** zu ermitteln, wobei die §§ 199–203 BewG zu berücksichtigen sind (**§ 11 Abs. 2 Satz 4 BewG**).

Mangels gegenteiliger Sachverhaltsangaben ist davon auszugehen, dass das vereinfachte Ertrags- [1,5] wertverfahren nicht zu offensichtlich unzutreffenden Ergebnissen führt (**§ 199 Abs. 2 BewG**).

HINWEIS

Zu beachten ist, dass die Summe der gemeinen Werte der zum Betriebsvermögen gehörenden Wirtschaftsgüter und sonstigen aktiven Ansätze abzgl. der zum Betriebsvermögen gehörenden Schulden und sonstigen Abzüge (sog. Substanzwert oder Mindestwert) unter Anwendung der §§ 99 und 103 BewG nicht unterschritten werden darf (§ 11 Abs. 2 Satz 3 BewG). Zur Ermittlung des Ertragswerts ist der zukünftig nachhaltig erzielbare Jahresertrag gem. §§ 201 und 202 BewG mit dem Kapitalisierungsfaktor nach § 203 BewG zu multiplizieren. Dabei ist gem. § 201 Abs. 1 und 2 BewG der Jahresertrag regelmäßig aus den Betriebsergebnissen der letzten drei Jahre vor dem Bewertungsstichtag abgelaufenen Wj. abzuleiten.

Folgende **Korrekturen nach § 202 Abs. 1 BewG** sind vorzunehmen:

- Da A nicht selbst mit Statuen gehandelt hat, ist der Erlös aus der Veräußerung der einen **Statue** als außerordentlicher Ertrag zu behandeln und aus dem Gewinn 2020 i. H. von 300.000 € **herauszurechnen (§ 202 Abs. 1 Satz 2 Nr. 2 Buchst. b BewG)**.
- Bei dem Patent mit einem gemeinen Wert i. H. von 100.000 € am Bewertungsstichtag handelt es sich um gesondert anzusetzendes junges Betriebsvermögen gem. § 200 Abs. 4 BewG, da es innerhalb von zwei Jahren vor dem Bewertungsstichtag eingelegt worden ist. Die Abschreibung von 4.000 € im Jahr 2021 und von 48.000 € im Jahr 2022 sind dem Gewinn hinzuzurechnen (**§ 202 Abs. 1 Satz 2 Nr. 1 Buchst. f BewG**).
- Der seltene und edle **Mercedes 300** mit einem gemeinen Wert von 600.000 € am Bewertungsstichtag ist als Ausstellungsstück und Deko in der Lobby kein betriebsnotwendiges Vermögen i. S. von § 200 Abs. 2 BewG. Die Aufwendungen für **Gutachterkosten** im Jahr 2022 i. H. von 50.000 € sind ebenfalls hinzuzurechnen (**§ 202 Abs. 1 Satz 2 Nr. 1 Buchst. f BewG**).
- Ebenso ist die **Teilwertabschreibung auf den betrieblich genutzten Transporter** i. H. von 15.000 € im Jahr 2021 hinzuzurechnen (**§ 202 Abs. 1 Satz 2 Nr. 1 Buchst. a BewG**).
- Der **Ertragsteueraufwand** ist in jedem der drei Jahre (2020–2022) mit 100.000 € hinzuzurechnen (**§ 202 Abs. 1 Satz 2 Nr. 1 Buchst. e BewG**). Eine Korrektur erfolgt sodann über die pauschale Berücksichtigung des **§ 200 Abs. 3 BewG**. Zu beachten ist hierbei jedoch, dass im **Jahr 2020 ein negatives Betriebsergebnis** vor Ertragsteueraufwand verbleibt, so dass hier **keine Korrektur** zu erfolgen hat oder möglich ist.

HINWEIS

Zudem ist keine Zusammenfassung mit den beiden anderen Jahren möglich, weil der Aufwand nur für jedes Jahr zu ermitteln ist.

Der **Betriebsvermögenswert** ist danach wie folgt zu ermitteln:

[5,0]

	2020	2021	2022
Gewinn i. S. des § 4 Abs. 1 EStG (§ 202 Abs. 1 Satz 1 BewG)	100.000 €	150.000 €	180.000 €
Teilwertabschreibung (§ 202 Abs. 1 Satz 2 Nr. 1 Buchst. a BewG)		+ 15.000 €	
AfA Patent (§ 202 Abs. 1 Satz 2 Nr. 1 Buchst. f, § 200 Abs. 4 BewG)		+ 4.000 €	+ 48.000 €
Gutachterkosten Mercedes (§ 202 Abs. 1 Satz 2 Nr. 1 Buchst. f, § 200 Abs. 2 BewG)			+ 50.000 €
Außerordentlicher Ertrag Statue (§ 202 Abs. 1 Satz 2 Nr. 2 Buchst. b BewG)	./. 300.000 €		
Unternehmerlohn A (§ 202 Abs. 1 Satz 2 Nr. 2 Buchst. d BewG)	./. 84.000 €	./. 84.000 €	./. 84.000 €
Ertragsteueraufwand (§ 202 Abs. 1 Satz 2 Nr. 1 Buchst. e BewG)	+ 100.000 €	+ 100.000 €	+ 100.000 €
Betriebsergebnis vor Ertragsteueraufwand	./. 184.000 €	185.000 €	294.000 €
Ertragsteueraufwand 30 % (§ 202 Abs. 3 BewG)	./. 0 €	./. 55.500 €	./.88.200 €
Betriebsergebnis	**./. 184.000 €**	**129.500 €**	**205.800 €**

Summe	151.300 €
Durchschnittlicher Jahresertrag (§ 201 Abs. 1 i.V. mit Abs. 2 Satz 3, 4 BewG) als 1/3 der Summe	50.433 €
Kapitalisierungsfaktor (§ 203 Abs. 1 BewG)	x 13,75
Ertragswert des betriebsnotwendigen Vermögens	= 693.454 €
Nicht betriebsnotwendiges Vermögen als Mercedes 300 (§ 200 Abs. 2 BewG)	+ 600.000 €
Junges Betriebsvermögen als eingelegtes Patent (§ 200 Abs. 4 BewG)	+ 100.000 €
Wert des Betriebsvermögens nach dem vereinfachten Ertragswertverfahren	**1.393.454 €**

Da der im Sachverhalt vorgegebene **Mindestwert nach § 11 Abs. 2 Satz 3 BewG mit 2.500.000 €** den Wert im vereinfachten Ertragswertverfahren überschreitet, ist dieser **maßgeblich**. Damit ergibt sich ein Betriebsvermögenswert von 2.500.000 €, der gem. § 12 Abs. 5 ErbStG i.V. m. § 151 Abs. 1 Satz 1 Nr. 2, § 157 Abs. 5 BewG festzustellen und B zuzurechnen ist (**§ 151 Abs. 2 Nr. 2 Satz 2 BewG, § 39 Abs. 1 AO, § 1922 BGB**).[106]

Bei der Einzelfirma handelt es sich um begünstigungsfähiges Vermögen nach **§ 13b Abs. 1 Nr. 2 ErbStG**. Das begünstigungsfähige Vermögen ist **begünstigt, soweit** sein gemeiner Wert den um das unschädliche Verwaltungsvermögen i. S. des § 13b Abs. 7 ErbStG gekürzten Nettowert des Verwaltungsvermögens i. S. des § 13b Abs. 6 ErbStG übersteigt (**§ 13b Abs. 2 Satz 1 ErbStG**). Dagegen ist das begünstigungsfähige Vermögen **in vollem Umfang nicht begünstigt**, wenn das Verwaltungsvermögen i. S. des § 13b Abs. 4 ErbStG vor Anwendung des § 13b Abs. 3 ErbStG sowie der Schuldenverrechnung und des Freibetrags nach § 13b Abs. 4 Nr. 5 ErbStG sowie der § 13b Abs. 6 und 7 ErbStG mind. 90 % des gemeinen Werts der Einzelfirma beträgt (**§ 13b Abs. 2 Satz 2 ErbStG, sog. 90 %-Test**).

Zunächst sind das Verwaltungsvermögen, der Nettowert des Verwaltungsvermögens sowie das unschädliche Verwaltungsvermögen zu ermitteln. Die Summe der gemeinen Werte der Finanzmittel, der jungen Finanzmittel, der Vermögensgegenstände des Verwaltungsvermögens, der Schulden und des jungen Verwaltungsvermögens sind durch das örtlich zuständige FA gesondert festzustellen (**§ 13b Abs. 10 Satz 1, 2 ErbStG**).[107] [1,5]

Gehen Sie bei der Ermittlung des begünstigten Vermögens und des steuerpflichtigen Vermögens der in R E 13b.9 Abs. 2 ErbStR enthaltenen Schrittfolge vor. HINWEIS

Finanzmittel gem. § 13b Abs. 4 Nr. 5 Satz 1 ErbStG[108]	
Bankbestand	50.000 €
Forderungen aus Lieferungen und Leistungen	+ 150.000 €
Festzustellender Wert der Finanzmittel	200.000 €
Junge Finanzmittel gem. § 13b Abs. 4 Nr. 5 Satz 2 ErbStG	
Da die Differenz zwischen den Einlagen und Entnahmen des A nicht positiv ist, liegen keine jungen Finanzmittel vor.	– €
Festzustellender Wert junger Finanzmittel	– €
Verwaltungsvermögen gem. § 13b Abs. 4 Nr. 1–4 ErbStG	
Mercedes 300 (§ 13b Abs. 4 Nr. 3 ErbStG)	600.000 €
Festzustellender Wert des Verwaltungsvermögens	600.000 €
Junges Verwaltungsvermögen gem. § 13b Abs. 7 Satz 2 ErbStG	
Für Verwaltungsvermögen, das noch keine zwei Jahre zum Betriebsvermögen zählt (sog. junges Verwaltungsvermögen), kann keine Begünstigung in Anspruch genommen werden (§ 13b Abs. 7 Satz 2 ErbStG). Hierzu gehört nicht nur innerhalb des Zweijahreszeitraums eingelegtes Verwaltungsvermögen, sondern auch Verwaltungsvermögen, das in-	

[1,5]

106 R B 151.4 Abs. 1 und 151.2 Abs. 2 Nr. 1 ErbStR.

107 R E 13b.30 Abs. 1 ErbStR.

108 R E 13b.23 ErbStR.

nerhalb dieses Zeitraums aus betrieblichen Mitteln angeschafft oder hergestellt worden ist.[109]

Das betrifft hier den Mercedes 300 mit Erwerb im Jahr 2022. Dieser ist in voller Höhe zu versteuern.	600.000 €
Festzustellender Wert jungen Verwaltungsvermögens	600.000 €
Schulden	
Schulden lt. Sachverhalt	50.000 €
Festzustellender Wert Schulden	50.000 €

Wert des steuerpflichtigen Betriebsvermögens[110]

[5,0]

90 %-Test i. S. des § 13b Abs. 2 Satz 2 ErbStG (sog. Einstiegstest)				
Verwaltungsvermögen lt. gesonderter Feststellung				600.000 €
Finanzmittel lt. gesonderter Feststellung				+ 200.000 €
Brutto-Verwaltungsvermögen i. S. des § 13b Abs. 2 Satz 2 ErbStG				800.000 €
Verwaltungsvermögen für den 90 %-Test / Festgestellter Betriebsvermögenswert	=	800.000 € / 2.500.000 €	=	32,00 %

Somit liegt kein übermäßiges Verwaltungsvermögen i. S. des § 13b Abs. 2 Satz 2 ErbStG vor.

Verwaltungsvermögen i. S. des § 13b Abs. 4 ErbStG inkl. Finanzmitteltest		
Verwaltungsvermögen lt. gesonderter Feststellung		600.000 €
Finanzmittel lt. gesonderter Feststellung	200.000 €	
Junge Finanzmittel lt. gesonderter Feststellung	– €	– €
Schulden lt. gesonderter Feststellung	./. 50.000 €	
Finanzmittel nach Schuldenabzug	150.000 €	
Sockelbetrag (15 % x 2.500.000 € =)	./. 375.000 €	
Verbleibende Finanzmittel	– €	– €
Verwaltungsvermögen i. S. des § 13b Abs. 4 ErbStG		600.000 €
Prüfung § 13a Abs. 10 Satz 2 ErbStG[111]		
Maßgebendes Verwaltungsvermögen i. S. des § 13b Abs. 4 ErbStG		600.000 €

Maßgebendes Verwaltungsvermögen / Festgestellter Betriebsvermögenswert	=	600.000 € / 2.500.000 €	=	**24,00 %**

Nettowert des Verwaltungsvermögens i. S. des § 13b Abs. 6 ErbStG

Hier liegen **keine verbleibenden Schulden** vor, da sich die Schulden lt. gesonderter Feststellung bereits voll bei der Ermittlung des Verwaltungsvermögens i. S. des § 13b Abs. 4 ErbStG ausgewirkt haben.

Steuerpflichtiges Verwaltungsvermögen i. S. des § 13b Abs. 7 ErbStG

Vom Nettowert des Verwaltungsvermögens wird nach § 13b Abs. 7 Satz 1 ErbStG ein Teil von 10 % des Betrags, der sich ergibt, wenn der Wert des Betriebsvermögens um den Nettowert des Verwaltungsvermögens gekürzt wird, als unschädliches Verwaltungsvermögen angesehen. Die Ermittlung des unschädlichen Verwaltungsvermögens kann im vorliegenden Fall unterbleiben, da das **Verwaltungsvermögen i. S. des § 13b Abs. 4 ErbStG vollumfänglich** aus **jungem Verwaltungsvermögen** besteht, das nicht unschädliches Verwaltungsvermögen sein kann (**§ 13b Abs. 7 Satz 2 ErbStG**).

109 R E 13b.27 Satz 1 und 2 ErbStR.
110 R E 13b.9 Abs. 2 ErbStR, H E 13a.21 ErbStH.
111 H E 13a.21 ErbStH.

Begünstigtes Vermögen i. S. des § 13b Abs. 2 ErbStG		
Begünstigungsfähiges Vermögen als Betriebsvermögenswert		2.500.000 €
Steuerpflichtiges Verwaltungsvermögen		./. 600.000 €
Begünstigtes Vermögen		1.900.000 €

Die sog. Optionsvariante nach § 13a Abs. 10 ErbStG kommt nicht in Betracht, da das Verwaltungsvermögen mit 24,00 % mehr als 20 % des Betriebsvermögens beträgt (**§ 13a Abs. 10 Satz 2 ErbStG**). Der Verschonungsabschlag beträgt somit 85 % (**§ 13a Abs. 1 Satz 1 ErbStG**). Voraussetzung ist jedoch, dass der Erbe die Behaltensfrist nach § 13a Abs. 6 ErbStG und die Lohnsummenregelungen des § 13a Abs. 3 ErbStG erfüllt.

Begünstigtes Vermögen		1.900.000 €
Verschonungsabschlag i. H. von 85 % (§ 13a Abs. 1 Satz 1 ErbStG)		./. 1.615.000 €
		285.000 €
Abzugsbetrag (§ 13a Abs. 2 ErbStG)	150.000 €	
Abschmelzung: (285.000 € ./. 150.000 €) x 1/2 =	./. 67.500 €	
Verbleibender Abzugsbetrag	82.500 €	./. 82.500 €
Steuerpflichtiges begünstigtes Vermögen		202.500 €
Steuerpflichtiges Verwaltungsvermögen		+ 600.000 €
Zu versteuern		**802.500 €**

2.4.3 Bewertung des Gebäudes in Lüneburg

Für das Grundstück in Lüneburg ist nach § 19 Abs. 1 BewG und gem. § 12 Abs. 3 ErbStG für Zwecke der Erbschaftsteuer unter Berücksichtigung der tatsächlichen Verhältnisse und der Wertverhältnisse zum Bewertungsstichtag ein **Grundbesitzwert** auf den Todestag zu ermitteln und gesondert festzustellen (**§ 151 Abs. 1 Satz 1 Nr. 1 i. V. mit § 157 Abs. 1 Satz 1 und Abs. 3 BewG**). Dabei sind auch Feststellungen über die Art und die Zurechnung zu treffen (**§ 151 Abs. 2 Nr. 1 und 2 BewG**). Für die Feststellung ist das Lage-FA örtlich zuständig (**§ 152 Nr. 1 BewG**).

Der Bewertung ist der gemeine Wert gem. § 9 BewG zugrunde zu legen. Sie ist nach **§ 177 BewG und § 157 Abs. 3 BewG** unter Anwendung der §§ 159 und 176–198 BewG durchzuführen. Die wirtschaftliche Einheit des Grundstücks umfasst den Grund und Boden, das Gebäude sowie etwa vorhandene Außenanlagen und das Zubehör (**§ 176 Abs. 1 Nr. 1 BewG**).

Das im Zeitpunkt des Todes bebaute Grundstück (**§ 180 Abs. 1 BewG**) dient berechnet nach der [1,5]
Wohn- oder Nutzfläche zu (200 m² von 350 m² =) 57,1 % Wohnzwecken und zu (150 m² von 350 m² =) 42,9 % gewerblichen Zwecken. Zudem handelt es sich nicht um ein Ein- oder Zweifamilienhaus bzw. Wohnungs- oder Teileigentum. Folglich liegt der Art nach ein **gemischt genutztes Grundstück nach § 181 Abs. 1 Nr. 5, Abs. 7 BewG** vor. Die Wertermittlung erfolgt gem. **§ 182 Abs. 3 Nr. 2 BewG** im **Ertragswertverfahren nach §§ 184–188 BewG**, da sich für die Immobilie auf dem örtlichen Grundstücksmarkt eine übliche Miete ermitteln lässt. Zu ermitteln sind der Bodenwert gem. § 184 Abs. 1 und 2 i. V. mit § 179 BewG und der Gebäudeertragswert nach § 184 Abs. 1 i. V. mit § 185 BewG.[112]

Ermittlung des Bodenwerts gem. § 184 Abs. 1, Abs. 2 i. V. m. § 179 Satz 1 BewG:

Bei dem Bodenwert ist von dem vom Gutachterausschuss festgestellten Bodenrichtwert auf den 1.1.2023 für die gesamte Fläche von 990 m² auszugehen. Weichen die GFZ des Bodenrichtwertgrundstücks von den Umrechnungskoeffizienten gem. der Tabelle in H B 179.2 „Abweichende planungsrechtlich zulässige Geschossflächenzahl“ ErbStH ab, sind die Umrechnungskoeffizienten und der Bodenwert wie folgt zu berechnen:

112 Schema und Beispiel in Rz. 16 f. AEBew JStG 2022.

[1,0]	Grundfläche	990 m²
	Bodenwert/m² (0,72/0,66 x 600 €/m²; abgerundet[113])	x 654,54/m²
	Bodenwert (990 m² x 654,54 €/m²; abgerundet[114])	**647.994 €**

Ermittlung des Gebäudeertragswerts gem. § 184 Abs. 1 und Abs. 3 i.V. mit § 185 BewG:

Ausgangsgröße für den Gebäudeertragswert ist der Rohertrag des Grundstücks gem. § 186 Abs. 1 Satz 1 BewG. Maßgeblich für den Rohertrag ist die im Besteuerungszeitpunkt als Sollmiete vereinbarte vertraglich für zwölf Monate geschuldete Jahresmiete nach § 186 Abs. 1 Satz 1 BewG oder die übliche Miete nach § 186 Abs. 2 BewG. Die Betriebskostenumlagen sind gem. § 186 Abs. 1 Satz 2 BewG nicht einzubeziehen.[115]

Für das **Erdgeschoss** ist gem. § 186 Abs. 1 Satz 1 BewG die tatsächliche Miete anzusetzen. Maßgeblich ist die vereinbarte Miete zum Bewertungsstichtag.[116] Für die **an D vermietete Wohnung** weicht die tatsächliche Miete von 1.000 € gem. **§ 186 Abs. 2 Satz 1 Nr. 2 BewG** um mehr als 20 % von der üblichen Miete von (15,00 € x 150 m² =) 2.250 € ab, so dass die übliche Miete anzusetzen ist. Der von A **umgebaute Schuppen (Apartment)** ist gem. § 186 Abs. 2 Satz 1 Nr. 1 BewG die ab 2023 übliche Miete von 12,50 €/m² anzusetzen. Dies ergibt bei 50 m² eine monatliche Miete von 625,00 €. Die Nutzung durch EF und B ist unerheblich.

[4,5]	Erdgeschoss: 6.000 € x 12 Monate	72.000 €
	Wohnung Obergeschoss: 2.250 € x 12 Monate	+ 27.000 €
	Appartement: 625 € x 12 Monate	+ 7.500 €
	Rohertrag gem. § 186 Abs. 1 BewG	**106.500 €**

Bewirtschaftungskosten gem. § 187 Abs. 2 Satz 3 i.V. mit Anlage 23 BewG

Verwaltungskosten gem. Anlage 23 BewG (Wohnnutzung)	230 €/Wohnung
Anpassung Verbraucherpreisindex (§ 187 Abs. 3 BewG i.V. mit BMF, Schreiben v. 27.1.2023[117])	x 122,2/81,6
Indizierte Verwaltungskosten[118]	344 €/Wohnung
Hier: 2 Wohnungen	**./. 688 €**
Instandhaltungskosten gem. Anlage 23 BewG (Wohnnutzung)	9 €/m²
Anpassung Verbraucherpreisindex (§ 187 Abs. 3 BewG i.V. mit BMF, Schreiben v. 27.1.2023[119])	x 122,2/81,6
Indizierte Verwaltungskosten[120]	13,50 €/m²
(150 m² + 50 m² =) 200 m² Wohnfläche	**./. 2.700 €**
Mietausfallwagnis gem. Anlage 23 BewG (Wohnnutzung)	2 %
Jährlicher Rohertrag Wohnnutzung (27.000 € + 7.500 €)	x 34.500 €
	./. 690 €

113 R B 179.3 Abs. 1 Satz 1 ErbStR.

114 R B 179.3 Abs. 1 Satz 2 ErbStR.

115 R B 186.2 Abs. 1 ErbStR.

116 R B 186.1 Abs. 1 Satz 5 und 7 ErbStR.

117 BMF, Schreiben v. 27.1.2023 - IV EF 7 - S 3224/23/10001 :001, BStBl 2023 I S. 216 NWB LAAAJ-32888.

118 Kaufmännisch auf volle Euro gerundet; vgl. Gleich lautende Erlasse der obersten Finanzbehörden der Länder v. 20.3.2023 (AEBew JStG 2022) - S 3015, BStBl 2023 I S. 738 NWB VAAAJ-36842, Rz. 34.

119 BMF, Schreiben v. 27.1.2023 - IV EF 7 - S 3224/23/10001 :001, BStBl 2023 I S. 216 NWB LAAAJ-32888.

120 Kaufmännisch auf eine Nachkommastelle gerundet; Gleich lautende Erlasse der obersten Finanzbehörden der Länder v. 20.3.2023 (AEBew JStG 2022) - S 3015, BStBl 2023 I S. 738 NWB VAAAJ-36842, Rz. 34.

Bewirtschaftungskosten Wohnnutzung			**./. 4.078 €**
Verwaltungskosten gem. Anlage 23 BewG (gewerbliche Nutzung)		3 %	
Jährlicher Rohertrag gewerbliche Nutzung (72.000 €)		x 72.000 €	
		./. 2.160 €	
Instandhaltungskosten gem. Anlage 23 BewG (gewerbliche Nutzung)		9 €/m²	
Anpassung Verbraucherpreisindex (§ 187 Abs. 3 BewG i.V. m. BMF, Schreiben v. 27.1.2023[121])		x 122,2/81,6	
Indizierte Verwaltungskosten[122]		13,50 €/m²	
150 m² Nutzfläche		**./. 2.025 €**	
Mietausfallwagnis gem. Anlage 23 BewG (Wohnnutzung)		4 %	
Jährlicher Rohertrag gewerbliche Nutzung (72.000 €)		x 72.000 €	
		./. 2.880 €	
Bewirtschaftungskosten gewerbliche Nutzung			**./. 7.065 €**
Reinertrag gem. § 185 Abs. 1 BewG			**95.537 €**
Bodenwertverzinsung gem. § 185 Abs. 2 i.V. m. § 188 BewG			
Bodenwert		647.994 €	
Pauschaler Liegenschaftszins (§ 188 Abs. 2 Satz 2 Nr. 2 BewG)		x 4,5 %	
Bodenwertverzinsung			**./. 29.160 €**
Gebäudereinertrag gem. § 185 Abs. 2 BewG			**66.197 €**
Vervielfältiger gem. § 185 Abs. 3 BewG i.V. m. Anlage 21 BewG			
Liegenschaftszins		4,5 %	
Restnutzungsdauer		76 Jahre	
Gesamtnutzungsdauer des Grundstücks nach Anlage 22 BewG (gemischt genutztes Grundstück)	80 Jahre		
Alter des Gebäudes im Besteuerungszeitpunkt (2023 ./. 2019)	./. 4 Jahre		
Restnutzungsdauer (§ 185 Abs. 3 Satz 3 BewG)	76 Jahre		
Vervielfältiger (§ 185 Abs. 3 Satz 1 und 2 i.V. mit Anlage 21 BewG)			x 21,44
Gebäudeertragswert			**1.419.264 €**
Bodenwert			+ 647.994 €
Grundbesitzwert/Ertragswert gem. § 184 Abs. 3 BewG			**2.067.258 €**

Der Mindestwert gem. § 184 Abs. 3 Satz 2 BewG ist der Bodenwert i. H. von 647.994 €. Dieser ist niedriger als der Ertragswert, so dass ein Ansatz unterbleibt. Der Verkehrswert gem. des

121 BMF, Schreiben v. 27.1.2023 - IV EF 7 - S 3224/23/10001 :001, BStBl 2023 I S. 216 NWB LAAAJ-32888.

122 Kaufmännisch auf eine Nachkommastelle gerundet; Gleich lautende Erlasse der obersten Finanzbehörden der Länder v. 20.3.2023 (AEBew JStG 2022) - S 3015, BStBl 2023 I S. 738 NWB VAAAJ-36842, Rz. 34.

Sachverständigengutachtens nach § 198 Abs. 1, 2 BewG ist mit 1.000.000 € niedriger als der Ertragswert. Somit erfolgt hier der **Ansatz des Verkehrswerts**.

Feststellungsinhalte nach **§ 151 Abs. 1 Satz 1 Nr. 1 und Abs. 2 BewG** sind:

[0,5]
- **Wert** (1.000.000 €; § 151 Abs. 1 Satz 1 Nr. 1 BewG),
- **Art** (bebautes Grundstück, gemischt genutztes Grundstück; § 151 Abs. 2 Nr. 1 BewG),
- **Zurechnung** (B; § 151 Abs. 2 Nr. 2 BewG, § 39 Abs. 1 AO, § 1922 BGB)[123].

Für das **Grundstück in Lüneburg** erhält B **keine Steuerbefreiung gem. § 13 Abs. 1 Nr. 4 EF ErbStG**, da er die Wohnung nicht bezieht. Die gelegentliche Nutzung der kleineren Wohnung (Apartment im ehemaligen Schuppen) ändert daran nichts.

Eine Steuerbefreiung gem. **§ 13d Abs. 1 und Abs. 3 ErbStG** kommt in Betracht, **soweit** das gemischt genutzte Grundstück zu **Wohnzwecken** vermietet wird. Für die Vermietung zu gewerblichen Zwecken kommt eine Steuerbefreiung hingegen nicht in Betracht.

[1,0]	200 m²/350 m² x 1.000.000 € x 90 %	514.286 €
	150 m²/350 m² x 1.000.000 € x 100 %	+ 428.571 €
		942.857 €

2.4.4 Bewertung des Gebäudes in Hamburg

Der Grundbesitz ist für die Erbschaftsteuer nach § 12 Abs. 3 ErbStG mit dem Grundbesitzwert anzusetzen, der nach § 151 Abs. 1 Satz 1 Nr. 1 BewG auf den Zeitpunkt der Entstehung der Steuer vom Lage-FA (§ 152 Nr. 1 BewG) gesondert festgestellt wird. Diese Grundbesitzbewertung erfolgt gem. § 157 Abs. 1 und 3 BewG unter Berücksichtigung der tatsächlichen Verhältnisse und der Wertverhältnisse zum Besteuerungszeitpunkt. Die Feststellungsbescheide sind Grundlagenbescheide i. S. von § 171 Abs. 10 und § 182 AO.

[1,5] Nach **§ 182 Abs. 4 Nr. 1 BewG** ist der Grundbesitzwert als gemeiner Wert (§ 177 BewG) für das Einfamilienhaus nach § 180 Abs. 1, § 181 Abs. 1 Nr. 1, Abs. 2 und 9 BewG im **Sachwertverfahren nach §§ 189–191 BewG** zu ermitteln, da keine Vergleichspreise des Gutachterausschusses vorliegen.[124] Der Bodenwert ist getrennt vom Gebäudesachwert zu ermitteln.

[4,5] **Ermittlung des Bodenwerts gem. § 189 Abs. 2 i. V. m. § 179 Satz 1 BewG:**

	Fläche		1.500 m²
	Bodenrichtwert)		x 60/m²
	Bodenwert (1.500 m² x 60 €/m²)		**90.000 €**
	Ermittlung des Gebäudesachwerts gem. § 189 Abs. 1 i.V. mit § 190 BewG:		
	Regelherstellungskosten (§ 190 Abs. 1 und 2 BewG[125])	695 €/m²	
	Baupreisindex (§ 190 Abs. 3 Satz 2 i.V. mit Abs. 4 BewG i.V. mit BMF, Schreiben v. 30.1.2023[126])	x 164,0/100,0	
	Brutto-Grundfläche EFH (§ 190 Abs. 3 Satz 2 BewG)	x 240 m²	
	Durchschnittliche HK des Gebäudes	273.552 €	
	Regionalfaktor (§ 190 Abs. 3 Satz 1 i.V. mit Abs. 5 Satz 1 und 3 BewG)	x 1,0	
	Alterswertminderungsfaktor (§ 190 Abs. 3 Satz 1 i. V. m. Abs. 6 BewG[127])		
	Gesamtnutzungsdauer gem. Anlage 22 BewG		

123 R B 151.2 Abs. 2 Nr. 1 ErbStR.

124 Schema und Beispiel s. Gleich lautende Erlasse der obersten Finanzbehörden der Länder v. 20.3.2023 - S 3015 (AEBew JStG 2022), BStBl 2023 I S. 738 NWB VAAAJ-36842, Rz. 43 f.

125 Anlage 24 BewG, 1.02, Standardstufe 3 „Basis".

126 BMF, Schreiben v. 30.1.2023 - IV EF 7 - S 3225/20/10001 :004, BStBl 2023 I S. 217 NWB AAAAJ-32896.

127 Vgl. Gleich lautende Erlasse der obersten Finanzbehörden der Länder v. 20.3.2023 - S 3015 (AEBew JStG 2022), BStBl 2023 I S. 738 NWB VAAAJ-36842, Rz. 52–56.

Gebäudealter (§ 190 Abs. 6 Satz 3 BewG): 2023 ./. 1980	80 Jahre	
Restnutzungsdauer (§ 190 Abs. 6 Satz 2 BewG)	./. 43 Jahre	
Mind. 30 %, hier: 24 Jahre; § 190 Abs. 6 Satz 5 BewG	37 Jahre	
Alterswertminderungsfaktor: 37/80 (§ 190 Abs. 6 Satz 1 BewG[128])	x 0,462	
Gebäudesachwert EFH		**126.381 €**
Vorläufiger Sachwert gem. § 189 Abs. 3 Satz 1 BewG		**216.381 €**
Wertzahl (§ 191 i.V. mit Anlage 25 BewG)	x 1,0	
Keine Interpolation nötig[129]:		
Wertzahl für vorl. Sachwert 200.000 € und BRW 60 €/m² = 1,0		
Wertzahl für vorl. Sachwert 300.000 € und BRW 60 €/m² = 1,0		
Grundbesitzwert nach Sachwertverfahren		**216.381 €**

Gemäß **§ 12 Abs. 3 ErbStG i.V. mit § 151 Abs. 1 Satz 1 Nr. 1 und Abs. 2, § 157 Abs. 1 BewG** sind folgende **Feststellungen** zu treffen:

- **Wert** (216.381 €; § 151 Abs. 1 Satz 1 Nr. 1 BewG), [0,5]
- **Art** (bebautes Grundstück, Einfamilienhaus; § 151 Abs. 2 Nr. 1 BewG),
- **Zurechnung** (B; § 151 Abs. 2 Nr. 2 BewG, § 1922 BGB).

Das zu Wohnzwecken fremdvermietete Einfamilienhaus ist gem. **§ 13d Abs. 1 und 3 ErbStG** mit 90 % anzusetzen. Dies ergibt **194.743 €.** [0,5]

2.4.5 Bewertung des übrigen Vermögens

Bankguthaben

Das Bankguthaben ist als Kapitalforderung i. S. des § 12 Abs. 1 ErbStG i.V. mit § 12 Abs. 1 BewG mit dem Nennwert anzusetzen. **Abzuziehen** ist aber die schon **vor dem Bewertungsstichtag entstandene Verpflichtung** zur Zahlung von 500.000 €, so dass sich ein Nennwert von 1.500.000 € ergibt. [1,0]

Kapitalforderung	1.500.000 €

Motorrad

Im Zeitpunkt des Todes von A am 24.12.2023 war das Motorrad noch vorhanden, da die Zerstörung durch den Besitzer des herstellenden Unternehmens erst am 29.12.2023 erfolgte. Vorliegend ist jedoch zu problematisieren, ob **am Bewertungsstichtag nach § 11 BewG** das **Motorrad oder ein Sachleistungsanspruch anzusetzen** ist. Aufgrund der Vereinbarung zwischen A und dem Hersteller sowie dessen **Mitteilung am 20.12.2023** ist die Preisgefahr schon **am 22.12.2023 auf A übergegangen**. Mit Blick auf den Sachverhalt ist es auch denkbar, dass zu diesem Zeitpunkt bereits das Eigentum auf A durch Vereinbarung eines Besitzkonstituts zwischen dem Hersteller und A nach **§ 930 BGB** übergehen sollte. In diesem Fall müsste das Motorrad mit seinem gemeinen Wert von 250.000 € nach § 12 Abs. 1 ErbStG i.V. m. § 9 BewG an-

128 Zugunsten gerundet auf drei Nachkommastellen; vgl. Gleich lautende Erlasse der obersten Finanzbehörden der Länder v. 20.3.2023 - S 3015 (AEBew JStG 2022), BStBl 2023 I S. 738 NWB VAAAJ-36842, Rz. 53 Satz 2.

129 Vgl. Gleich lautende Erlasse der obersten Finanzbehörden der Länder v. 20.3.2023 - S 3015 (AEBew JStG 2022), BStBl 2023 I S. 738 NWB VAAAJ-36842, Rz. 64.

gesetzt und gem. § 13 Abs. 1 Nr. 1 Buchst. b ErbStG mit 12.000 € steuerbefreit werden, da der Sohn die entsprechende Befreiung in Anspruch nehmen könnte.

Jedoch ist zu beachten, dass der Übergang der Preisgefahr nicht zwingend bedeutet, dass auch das Eigentum übergeht. Somit wird hier aufgrund des nicht gänzlich genauen Sachverhalts davon ausgegangen, dass **A mangels Übergabe noch nicht Eigentümer geworden** ist und daher lediglich ein **Sachleistungsanspruch auf Übereignung des Motorrads** bestand. Dieser ist ebenfalls mit dem gemeinen Wert anzusetzen nach **§ 12 Abs. 1 ErbStG i.V. m. § 9 BewG**[130], aber **nicht gem. § 13 Abs. 1 Nr. 1 Buchst. b ErbStG steuerbefreit** ist, weil noch kein beweglicher körperlicher Gegenstand im Nachlass enthalten ist.

HINWEIS

Bitte beachten Sie, dass hier auch die anderslautende Auslegung denkbar ist und mit hinreichenden Argumenten vertreten werden kann. Damit soll Ihnen hier gezeigt werden, dass auch die Sachverhalte bisweilen nicht frei an kleinen Unklarheiten sein können und daher unterschiedliche Lösungsansätze denkbar werden.

Zwar wird der Hersteller direkt nach dem Bewertungsstichtag vermögenslos und überschuldet, da am 27.12.2023 das **Insolvenzverfahren** eröffnet und am 1.1.2024 mangels Masse eingestellt wurde. Dennoch ist der Sachleistungsanspruch am Bewertungsstichtag nicht wertlos, denn dieser war schon **vor** Eröffnung des Insolvenzverfahrens begründet worden. Da der **Insolvenzverwalter** laut Sachverhalt die Restzahlung i. H. von 125.000 € in die Insolvenzmasse und damit die **Erfüllung des Kaufvertrags verlangt**, bestand im Zeitpunkt des Todes von A in jedem Fall noch der Anspruch auf Lieferung des Motorrads. Dieser Anspruch wäre vom Insolvenzverwalter auch erfüllt worden, wenn das Motorrad nicht durch den Besitzer des Unternehmens zerstört worden wäre.

[2,5]	Wert des Sachleistungsanspruchs	125.000 €
	Zusammenfassung	
	Einzelunternehmen	802.500 €
	Grundstück Lüneburg	+ 942.857 €
	Grundstück Hamburg	+ 194.743 €
	Kapitalforderung gegen die Bank	+ 1.500.000 €
	Sachleistungsanspruch	+ 125.000 €
	Vermögensanfall nach Steuerwerten gem. § 10 Abs. 1 Satz 2 ErbStG	3.565.100 €

2.4.6 Nachlassverbindlichkeiten

Nachlassverbindlichkeiten nach § 10 Abs. 5 Nr. 1 ErbStG

Diese Nachlassverbindlichkeit ist direkt – i. S. eines wirtschaftlichen Zusammenhangs i. S. des **§ 10 Abs. 6 ErbStG** – einem nicht steuerbefreiten Vermögensgegenstand (hier: dem Motorrad) zuzuordnen, so dass die Verbindlichkeit voll steuerlich absetzbar ist.

[0,5]	Restkaufpreisschuld Motorrad gem. § 12 Abs. 1 ErbStG i.V. mit § 12 Abs. 1 BewG	125.000 €

Nachlassverbindlichkeit nach § 10 Abs. 5 Nr. 2 ErbStG

Da sich das Sachvermächtnis auf einen konkreten Gegenstand bezieht, besteht mit diesem ein wirtschaftlicher Zusammenhang i. S. des § 10 Abs. 6 ErbStG. Der Mercedes 300 stellt allerdings als **junges Verwaltungsvermögen kein begünstigtes Vermögen i. S. des § 13b Abs. 2 ErbStG** dar. Dementsprechend kann es sich auch nicht um nach § 13a ErbStG befreites Vermögen handeln. **§ 10 Abs. 6 Satz 4 ErbStG greift** somit hier **nicht**: Die Nachlassverbindlichkeit ist vollumfänglich abzugsfähig. Als Sachvermächtnis ist der Mercedes 300 mit dem gemeinen Wert anzusetzen.

130 R B 9.1 Abs. 1 ErbStR.

Sachvermächtnis Mercedes 300 gem. § 12 Abs. 1 ErbStG i.V. mit § 9 BewG	600.000 €	[1,0]

Nachlassverbindlichkeit nach § 10 Abs. 5 Nr. 3 ErbStG

Als sonstige Nachlassverbindlichkeiten ist gem. § 10 Abs. 5 Nr. 3 ErbStG der Pauschbetrag i. H. von 10.300 € anzusetzen, da die **Beerdigungskosten** diesen Betrag **nicht** übersteigen. Gemäß **§ 10 Abs. 6 Satz 6 ErbStG** sind diese Nachlassverbindlichkeiten von der anteiligen Zurechnung und Kürzung nach § 10 Abs. 6 Satz 5 ff. ErbStG ausgenommen.

Beerdigungspauschale gem. § 10 Abs. 5 Nr. 3 ErbStG	**10.300 €**	[0,5]

2.4.7 Erbschaftsteuerermittlung

Vermögensanfall nach Steuerwerten	3.565.100 €
Restkaufpreisschuld Motorrad	./. 125.000 €
Sachvermächtnis Mercedes 300	./. 600.000 €
Bestattungskosten gem. § 10 Abs. 5 Nr. 3 ErbStG	./. 10.300 €
Bereicherung gem. § 10 Abs. 1 Satz 2 ErbStG	**2.829.800 €**
Ermittlung des steuerpflichtigen Erwerbs und der festzusetzenden Erbschaftsteuer	
Bereicherung gem. § 10 Abs. 1 Satz 2 ErbStG	2.829.800 €
Persönlicher Freibetrag nach § 15 Abs. 1 Stkl. I Nr. 2 i.V. m. § 16 Abs. 1 Nr. 2 ErbStG	./. 400.000 €
Ein besonderer Versorgungsfreibetrag kommt aufgrund der Vollendung des 27. Lebensjahrs nicht mehr in Betracht (§ 17 Abs. 2 ErbStG)	
Steuerpflichtiger Erwerb nach § 10 Abs. 1 Satz 1 ErbStG	./. 2.429.800 €
Abgerundet gem. § 10 Abs. 1 Satz 6 ErbStG	2.429.800 €
Steuersatz gem. § 19 Abs. 1 ErbStG	x 19 %
Erbschaftsteuer	**461.662 €**

Eine Härteausgleichsregelung des **§ 19 Abs. 3 ErbStG** kommt **nicht** zur Anwendung, weil nach Tabelle in H E 19 „Härteausgleich" ErbStH die entsprechenden Grenzen überschritten sind. Da der Erbe zur Steuerklasse I gehört, ist ein Entlastungsbetrag nach **§ 19a ErbStG** ist **nicht** zu ermitteln. [2,0]

2.5 Punkteschlüssel

Summe der Punkte [40,0]

Von	Bis	Note
38,0	40,0	1,0
35,0	37,5	1,5
32,5	34,5	2,0
29,5	32,0	2,5
27,0	29,0	3,0
23,5	26,5	3,5
20,0	23,0	4,0
16,0	19,5	4,5
12,0	15,5	5,0
8,0	11,5	5,5
0,0	7,5	6,0

3. Klausurübung „Sonderfälle der Erbschaftsteuerklausur“

Der Fokus der Klausur liegt auf den erbrechtlichen Erwägungen, der Regelung zum Zugewinnausgleich nach § 5 ErbStG und einem Sachverhalt, welcher eine Beratungssituation abdeckt. Insbesondere durch die Kombination mehrerer Problemfelder in einem komplexen Sachverhalt bietet die Klausur mit einem erhöhten Schwierigkeitsgrad eine gute Grundlage zur Vorbereitung auf die schriftliche StB-Prüfung. Zudem werden klassische Problemfelder des Erbschaftsteuer- sowie Bewertungsrechts angesprochen und vertieft. Die Bearbeitungszeit beträgt max. 2,5 Zeitstunden. Rechtsstand der Übungsklausur ist Dezember 2024.

3.1 Sachverhalt 1 – 16 Punkte

3.1.1 Sachverhalt

Der Architekt und Diplom-Ingenieur Ernst Ernstmann (E), wohnhaft in Hamburg, ist am 2.4.2024 verstorben. E hinterlässt seine Ehefrau Brigitte Ernstmann (EF) und die ehelichen Kinder Anita (A) – 21 Jahre alt –, Bettina (B) – 19 Jahre alt – und Claudia (C) – 14 Jahre alt –. Außerdem hat E einen 9-jährigen nichtehelichen Sohn Sven Sörensen (S), wohnhaft bei Pflegeeltern in Wesel. E hatte bei Geburt seines Sohnes die Vaterschaft anerkannt. Da die Mutter von S in Folge der Geburt gestorben war, hatte das Vormundschaftsgericht einen Rechtsanwalt zum Vormund bestellt.

Die Eheleute Ernstmann haben im gesetzlichen Güterstand gelebt. E hinterlässt ein Vermögen im Verkehrswert von 5.400.000 €, der entsprechende Steuerwert seines Endvermögens beträgt 5.000.000 €. Beim Tod des E sind Nachlassverbindlichkeiten – einschließlich Steuerschulden allerdings ohne Bestattungskosten – i. H. v. 200.000 € vorhanden. Hausrat und andere bewegliche körperliche Gegenstände sind im Nachlass nicht enthalten. Sachliche Steuerbefreiungen finden keine Anwendung. Ein Testament hat E nicht verfasst. Der zivilrechtliche Zugewinnausgleichsanspruch der F beläuft sich auf 300.000 €. Der Rechtsanwalt hat für S die erbrechtlichen Ansprüche unmittelbar nach dem Tod von E geltend gemacht. Als Witwe des E hat EF keine Versorgungsansprüche. Den Kindern stehen ebenfalls keine Versorgungsansprüche aus Anlass des Todes des Erblassers zu.

3.1.2 Aufgabenstellung

1. Welche erbrechtlichen Folgen ergeben sich?
2. Welche Erbschaftsteuer ist bei erbrechtlichem Zugewinnausgleich festzusetzen?
3. Welche Erbschaftsteuer ist bei güterrechtlichem Zugewinnausgleich festzusetzen?

3.1.3 Bearbeitungshinweise

HINWEIS

Gehen Sie, sofern erforderlich, von folgenden Angaben/Werten aus:

- Baupreisindex Gebäudearten 1.01–5.1. Anlage 24, Teil II., BewG: 164,0;
- Baupreisindex Gebäudearten 5.2–18.2. Anlage 24, Teil II., BewG: 166,9;
- Regionalfaktoren stehen seitens der Gutachterausschüsse nicht zur Verfügung

3.2 Lösungshinweise

AUFGABE

[1,0] Mit dem Tode von E am 2.4.2024 (Erbfall) geht dessen Vermögen (Erbschaft) als Ganzes auf die Erben über (§ 1922 BGB). Da der Erblasser kein Testament verfügt hat, tritt gesetzliche Erbfolge ein. Die Abkömmlinge A, B, C und S sind gem. § 1924 Abs. 1 BGB gesetzliche Erben der ersten Ordnung. Als Kinder erben sie zu gleichen Teilen (§ 1924 Abs. 4 BGB). EF als überlebende Ehegattin des Erblassers ist gem. § 1931 Abs. 1 BGB neben Verwandten der ersten Ordnung zu $^1/_4$ der Erbschaft als gesetzliche Erbin berufen. Dabei ist es unerheblich, ob es sich bei den Abkömmlingen um eheliche oder nichteheliche Kinder des Erblassers handelt.

[0,5] Da E am 2.4.2024 verstorben ist, werden EF, A, B, C und S Mitglieder einer Erbengemeinschaft (vgl. § 2032 BGB).

Gem. § 1931 Abs. 3 BGB bleiben die Vorschriften des § 1371 unberührt. Die Eheleute Ernsthaft haben im gesetzlichen Güterstand der Zugewinngemeinschaft gelebt (§ 1363 BGB). Wird der Güterstand der Zugewinngemeinschaft durch den Tod eines Ehegatten beendet, so wird der Ausgleich des Zugewinns gem. § 1371 Abs. 1 BGB dadurch verwirklicht, dass sich der gesetzliche Erbteil des überlebenden Ehegatten um $^1/_4$ der Erbschaft erhöht (sog. erbrechtliche Lösung). Bei Annahme der Erbschaft stehen EF somit $^2/_4$ des Nachlasses zu. [0,5]

Der Nachlass von E i. H. v. (Nachlasswert 5.400.000 € ./. Nachlassverbindlichkeiten 200.000 € =) 5.200.000 € entfällt wertmäßig mit $^2/_4$ = 2.600.000 € auf EF und mit je $^1/_8$ = 650.000 € auf A, B, C und S. [0,5]

AUFGABE

Der Erbschaftsteuer unterliegt der Erwerb von Todes wegen (§ 1 Abs. 1 Nr. 1 ErbStG). Als Erwerb von Todes wegen gilt nach § 3 Abs. 1 Nr. 1 ErbStG der Erwerb durch Erbanfall am 2.4.2024 (§ 1922 BGB). Der Steuerpflicht unterliegt somit der Erbanfall bei EF, A, B, C und S. Die unbeschränkte Steuerpflicht ist gegeben, denn die Ehefrau des Erblassers und seine Kinder haben ihren Wohnsitz in der Bundesrepublik (§ 2 Abs. 1 Nr. 1 Satz 1 i. V. m. Satz 2 Buchst. a ErbStG i. V. m. § 8 AO). Die Erbschaftsteuer entsteht gem. § 9 Abs. 1 Nr. 1 ErbStG bei Erwerb von Todes wegen mit dem Tode des Erblassers am 2.4.2024. Die Erben sind gem. § 20 Abs. 1 Satz 1 ErbStG Steuerschuldner und haben den Erwerb innerhalb von drei Monaten nach Kenntniserlangung nach § 30 Abs. 1 ErbStG beim zuständigen Finanzamt anzuzeigen. [1]

Als steuerpflichtiger Erwerb gilt die Bereicherung (§ 10 Abs. 1 Satz 1 ErbStG). Bei Erwerben von Todes wegen gilt als Bereicherung der Betrag, der sich ergibt, wenn von dem nach § 12 ErbStG zu ermittelnden Wert des gesamten steuerpflichtigen Vermögensanfalls die abzugsfähigen Nachlassverbindlichkeiten abgezogen werden (§ 10 Abs. 1 Satz 2 ErbStG). Die vom Erblasser herrührenden Schulden i. H. v. 200.000 € und die durch den Erbanfall verursachten Verbindlichkeiten sind Nachlassverbindlichkeiten gem. § 10 Abs. 5 ErbStG. [0,5]

Bei der überlebenden Ehefrau EF gilt der Betrag, den sie im Fall des § 1371 Abs. 2 BGB als Ausgleichsforderung geltend machen könnte, nicht als Erwerb i. S. d. § 3 ErbStG (§ 5 Abs. 1 Satz 1 ErbStG), denn der Güterstand der Zugewinngemeinschaft wird durch den Tod des Ehemannes E beendet, und der Zugewinn wird nicht nach § 1371 Abs. 2 BGB ausgeglichen.

Der Nachlass des Erblassers ist bei der Ermittlung des als Ausgleichsforderung steuerfreien Betrages mit einem höheren Wert als dem nach den steuerlichen Bewertungsgrundsätzen maßgebenden Wert angesetzt worden. Insoweit gilt höchstens der dem Steuerwert des Nachlasses entsprechende Betrag nicht als Erwerb i. S. d. § 3 ErbStG (§ 5 Abs. 1 Satz 5 ErbStG). Für die Ermittlung der Ausgleichsforderung ist das Endvermögen des Ehemannes anzusetzen. Endvermögen ist das Vermögen, das einem Ehegatten nach Abzug der Verbindlichkeiten bei der Beendigung des Güterstandes gehört (vgl. § 1375 Abs. 1 BGB). Das Endvermögen des Erblassers betrug am 2.4.2024 (Wert des Vermögens 5.400.000 € ./. Verbindlichkeiten 200.000 € =) 5.200.000 €. Zur Ermittlung des entsprechenden Betrags ist demnach von (Steuerwert 5.000.000 € ./. Verbindlichkeiten 200.000 €) 4.800.000 € auszugehen. Die Ausgleichsforderung von 300.000 € gilt demzufolge nach § 5 Abs. 1 Satz 5 ErbStG i. H. v. [1]

$$\frac{4.800.000\,€ \times 300.000\,€}{5.200.000\,€} = 276.923\,€ \text{ nicht als Erwerb i. S. d. § 3 ErbStG}$$

HINWEIS

Bei der Ermittlung der steuerfreien fiktiven Ausgleichsforderung sind die Nachlassverbindlichkeiten nach § 10 Abs. 5 Nr. 3 ErbStG nicht zu berücksichtigen, da diese erst in der Person der Erben entstehen.

HINWEIS

Sollten Vermögensgegenstände des Nachlasses im Rahmen der Ermittlung der Bereicherung (teilweise) steuerbefreit sein, so wäre eine sich an die Verhältnisrechnung des § 5 Abs. 1 Satz 5 ErbStG anschließende weitere Verhältnisrechnung notwendig (§ 5 Abs. 1 Satz 6 ErbStG; siehe auch GLE vom 13.9.2021, BStBl 2021 I S. 1837 NWB CAAAH-94532. Die festzusetzende Erbschaftsteuer ermittelt sich wie folgt:

Steuerwert des Nachlasses (§ 12 ErbStG)	5.000.000 €	[0,5]
Nachlassverbindlichkeiten (§ 10 ErbStG)	./. 210.300 €	
Bereicherung (§ 10 Abs. 1 Satz 2 ErbStG)	4.789.700 €	
Anteil EF ($^2/_4$)	2.394.850 €	
Anteil A, B, C und S (jeweils $^1/_8$)	598.712 €	
	F	
Bereicherung (§ 10 Abs. 1 Satz 2 ErbStG)	2.394.850 €	[1,5]

Zugewinnausgleich (§ 5 Abs. 1 ErbStG)	./. 276.923 €
Freibetrag (§ 16 Abs. 1 Nr. 1 ErbStG)	./. 500.000 €
Versorgungsfreibetrag (§ 17 Abs. 1 ErbStG)	./. 256.000 €
steuerpflichtiger Erwerb (§ 10 Abs. 1 Satz 1 ErbStG)	1.361.927 €
abgerundet (§ 10 Abs. 1 Satz 6 ErbStG)	1.361.900 €
Steuersatz (§ 19 Abs. 1 ErbStG i. V. m. § 15 Abs. 1 Stkl. I Nr. 1 ErbStG)	x 19 %
Erbschaftsteuer	258.761 €

[0,5] Ein Härteausgleich nach § 19 Abs. 3 ErbStG kommt nicht in Betracht, denn der Grenzwert bei Steuerklasse I beträgt 667.400 € (H E 19 ErbStH „Tabelle der maßgebenden Grenzwerte für die Anwendung des Härteausgleichs") und der steuerpflichtige Erwerb liegt deutlich höher.

[2]

	A	B	C	S
Bereicherung (§ 10 Abs. 1 Satz 2 ErbStG)	598.712 €	598.712 €	598.713 €	598.713 €
Freibetrag (§ 16 Abs. 1 Nr. 2 ErbStG)	./. 400.000 €	./. 400.000 €	./. 400.000 €	./. 400.000 €
Versorgungs-FB (§ 17 Abs. 2 ErbStG)	./. 10.300 €	./. 20.500 €	./. 30.700 €	./. 41.000 €
steuerpflichtiger Erwerb (§ 10 Abs. 1 Satz 1 ErbStG)	188.412 €	178.212 €	168.013 €	157.713 €
abgerundet (§ 10 Abs. 1 Satz 6 ErbStG)	188.400 €	178.200 €	168.000 €	157.700 €
Steuersatz (§ 19 Abs. 1 ErbStG i. V. m. § 15 Abs. 1 Stkl. I Nr. 2 ErbStG)	x 11 %	x 11 %	x 11 %	x 11 %
Erbschaftsteuer	20.724 €	19.602 €	18.480 €	17.347 €

[0,5] Ein Härteausgleich nach § 19 Abs. 3 ErbStG kommt nicht in Betracht, denn der Grenzwert bei Steuerklasse I beträgt 82.600 €[131] und die steuerpflichtigen Erwerbe liegen deutlich darüber.

AUFGABE

[1,0] Gem. § 1371 Abs. 3 BGB kann EF aber auch die Erbschaft ausschlagen und den Ausgleich des Zugewinns und den Pflichtteil verlangen. Der Pflichtteil kann in diesem Fall von EF auch dann verlangt werden, wenn ihr dieser nach den erbrechtlichen Bestimmungen nicht zustünde. Erbrechtlich nämlich würde ihr der Pflichtteil gem. § 2303 Abs. 2 Satz 1 BGB nur zustehen, wenn sie vom Erblasser durch Verfügung von Todes wegen von der Erbfolge ausgeschlossen worden wäre. E hat aber keine Verfügung von Todes wegen getroffen. Dennoch steht EF der Pflichtteilsanspruch neben dem güterrechtlichen Zugewinnausgleich zu, wenn sie die Erbschaft ausschlägt. Schlägt EF die Erbschaft aus, hat sie zunächst den Anspruch auf güterrechtlichen Zugewinnausgleich i. H. v. 300.000 €.

[1,0] Neben der güterrechtlichen Zugewinnausgleichsforderung steht EF der Pflichtteilsanspruch zu. Der Pflichtteilsanspruch besteht in der Hälfte des Werts des gesetzlichen Erbteils (§ 2303 Abs. 1 Satz 2 BGB). Der gesetzliche Erbteil beträgt $^{1}/_{4}$, der Pflichtteil somit $^{1}/_{8}$ der Erbschaft. Bei Ermittlung der Bemessungsgrundlage ist jedoch der Nachlass von 5.200.000 € um den güterrechtlichen Zugewinnausgleich von 300.000 € auf 4.900.000 € zu kürzen. Der Pflichtteilsanspruch beträgt demzufolge wertmäßig ($^{1}/_{8}$ von 4.900.000 € =) 612.500 €. Wenn EF die Erbschaft ausschlägt, verbleiben als Erben die Kinder A, B, C und S zu je $^{1}/_{4}$ (§ 1924 Abs. 1, 4 BGB).

[1,0] Bei Ausschlagung der Erbschaft steht EF der güterrechtliche Zugewinnausgleich zu (§ 1371 Abs. 3 und Abs. 2 BGB, §§ 1373-1383 BGB). Dieser beträgt 300.000 €. Wird der Zugewinn nach § 1371 Abs. 2 BGB ausgeglichen, so gehört die Ausgleichsforderung (§ 1378 BGB) gem. § 5 Abs. 2 ErbStG nicht zum Erwerb i. S. d. § 3 ErbStG. Gleichzeitig wird die Ausgleichsverpflichtung Nachlassverbindlichkeit gem. § 10 Abs. 5 Nr. 1 ErbStG bei den verbleibenden Erben. Der Pflichtteilsanspruch i. H. v. 612.500 €, den F geltend macht, gilt gem. § 3 Abs. 1 Nr. 1 ErbStG als Erwerb von Todes wegen.

131 H E 19 ErbStH „Tabelle der maßgebenden Grenzwerte für die Anwendung des Härteausgleichs".

Die Erbschaftsteuer ermittelt sich wie folgt:

	F
Geltend gemachter Pflichtteil (§ 3 Abs. 1 Nr. 1 ErbStG)	612.500 €
Freibetrag (§ 16 Abs. 1 Nr. 1 ErbStG)	./. 500.000 €
Versorgungsfreibetrag (§ 17 Abs. 1 ErbStG)	./. 256.000 €
steuerpflichtiger Erwerb (§ 10 Abs. 1 Satz 1, 6 ErbStG)	0 €

	Kinder	
Steuerwert des Nachlasses (§ 12 ErbStG)	5.000.000 €	[3]
Nachlassverbindlichkeiten (§ 10 Abs. 5 ErbStG)	./. 210.300 €	
Zugewinnausgleich (§ 10 Abs. 5 Nr. 1 ErbStG)	./. 300.000 €	
Pflichtteil (§ 10 Abs. 5 Nr. 2 ErbStG)	./. 612.500 €	
Bereicherung (§ 10 Abs. 1 Sattz 2 ErbStG)	3.877.200 €	

	A	B	C	S
Bereicherung (§ 10 Abs. 1 Satz 2 ErbStG)	969.300 €	969.300 €	969.300 €	969.300 €
Freibetrag (§ 16 Abs. 1 Nr. 2 ErbStG)	./. 400.000 €	./. 400.000 €	./. 400.000 €	./. 400.000 €
Versorgungs-FB (§ 17 Abs. 2 ErbStG)	./. 10.300 €	./. 20.500 €	./. 30.700 €	./. 41.000 €
Steuerpflichtiger Erwerb (§ 10 Abs. 1 Satz 1, 6 ErbStG)	559.000 €	548.800 €	538.600 €	528.300 €
Steuersatz (§ 19 Abs. 1 ErbStG i. V. m. § 15 Abs. 1 Stkl. I Nr. 2 ErbStG)	x 15 %	x 15 %	x 15 %	x 15 %
Erbschaftsteuer	83.850 €	82.320 €	80.790 €	79.245 €

3.3 Sachverhalt 2 – 24 Punkte

3.3.1 Sachverhalt und Aufgabenstellung

Trotz seiner 73 Jahre leitet der Unternehmer Udo Unruhig (U) noch immer den Betrieb für Installationstechnik, den er in fast 50 Jahren aufgebaut hat. Zu seinem Leidwesen haben weder sein Sohn S noch seine Tochter T Interesse am väterlichen Betrieb gezeigt. Er möchte den Betrieb und die Arbeitsplätze auch nach seinem Tod erhalten und hat deshalb zu seinen Nachfolgern seinen Neffen N, der im kaufmännischen Bereich des Unternehmens tätig ist, und seinen langjährigen technischen Leiter, den Ingenieur I, bestimmt, der nicht mit ihm verwandt ist. Der für die Erbschaftsteuer maßgebliche Wert des Unternehmens beträgt 3.500.000 €. Das Betriebsvermögen besteht zu 30 % aus Verwaltungsvermögen i. S. d. § 13b Abs. 4 ErbStG. Verbleibende Schulden (§ 13b Abs. 6 Satz 2 ErbStG) liegen nicht vor. Junges Verwaltungsvermögen und junge Finanzmittel liegen ebenfalls nicht vor. Außerdem besitzt U ein Grundstück mit dem erbschaftsteuerlich maßgeblichen Wert von 200.000 €, welches an das Betriebsgelände grenzt und das er für eine eventuelle Betriebserweiterung erworben hat. Aus einkommensteuerlichen Gründen hält er dieses derzeit an ein Bauunternehmen als Lagerplatz fremdvermietete Grundstück allerdings im Privatvermögen. Sein übriges Vermögen hat er schon vor einigen Jahren an seine Ehefrau übertragen, die ihrerseits wirksam auf Erbansprüche an ihn verzichtet hat.

U stellt sich vor, dass Sohn S und Tochter T nach seinem Tod je 200.000 € erhalten sollen. Dieses Geld sollen N und I aus Ersparnissen und Bankkrediten aufbringen, wenn ihnen der Betrieb übertragen wird. Wegen der günstigen Entwicklung des Unternehmens glauben sie, dass eine Erweiterung in einiger Zeit erforderlich sein wird. Deshalb möchten sie auch das für die Erweiterung vorgesehene Grundstück übernehmen. Hiermit sind alle Beteiligten einverstanden und bereit, dies für alle verbindlich (auch unter Verzicht auf eventuell höhere Pflichtteilsansprüche) in notarieller Form festzulegen.

Der von U konsultierte Notar schlägt folgende Gestaltungsmöglichkeiten vor, mit der die Beteiligten das gewollte Ziel erreichen könnten:

Fallkonstellation 1: U setzt N und I zu gleichen Teilen als Erben ein und belastet sie mit einem Geldvermächtnis zugunsten von S und T i. H. v. je 200.000 €.

Fallkonstellation 2: S, T, N und I errichten eine GmbH, an der sie zu gleichen Teilen beteiligt sind. U setzt diese GmbH zur Erbin ein. In der Satzung der GmbH wird festgelegt, dass nach Eintritt des Erbfalls die Anteile des S an N und der T an I gegen Zahlung von je 500.000 € (zuzüglich der Stammeinlage von S und T bei der Gründung) abzutreten sind.

U bittet Sie als seinen Steuerberater, die Vorschläge des Notars hinsichtlich der erbschaftsteuerlichen und gegebenenfalls schenkungsteuerlichen Auswirkungen zu überprüfen und zu berechnen, welche Steuern nach den gegenwärtigen Verhältnissen (in 2024) insgesamt jeweils anfallen würden.

3.3.2 Bearbeitungshinweise

Der geschilderte Sachverhalt unterliegt nur dem deutschen Erbschaftsteuerrecht. Auf die persönliche Steuerpflicht ist deshalb nicht einzugehen. Sowohl S als auch T haben das 27. Lebensjahr überschritten, der besondere Versorgungsfreibetrag nach § 17 ErbStG kommt daher nicht zur Anwendung. Auch mögliche Steuerbefreiungen nach § 13 ErbStG sind nicht zu behandeln. Der Pauschbetrag nach § 10 Abs. 5 Nr. 3 Satz 2 ErbStG ist nicht zu berücksichtigen. Eventuelle schenkungsteuerliche Folgen aus dem Verzicht auf Pflichtteilsansprüche sind nicht zu prüfen. Gehen Sie bei der Bearbeitung davon aus, dass die angegebenen Werte zutreffend ermittelt sind und nach heutiger Kenntnis für den künftigen Erbfall anzusetzen sind. Unterstellen Sie, dass der gemeine Wert der Gesellschaftsanteile dem anteiligen Wert des der Gesellschaft gehörigen Betriebsvermögens entspricht. Eine Überprüfung, ob die vom Notar vorgeschlagenen Gestaltungen zivilrechtlich wirksam sind und durchgesetzt werden können, brauchen Sie nicht vorzunehmen. Alle rechtlich erforderlichen Willenserklärungen sollen wirksam abgegeben und entsprechend erfüllt werden. Verfügungen oder Bestimmungen, die ausschließlich erbschaftsteuerliche oder schenkungsteuerliche Bedeutung haben, werden nicht abgegeben.

3.4 Lösungshinweise

3.4.1 Fallkonstellation 1

Erbschaftsteuerliche Belastung N und I

[0,5] N und I sind testamentarisch eingesetzt Erben. Sie erwerben jeweils das hälftige Unternehmen und das hälftige Grundstück steuerpflichtig (§ 1 Abs. 1 Nr. 1 ErbStG) durch Erbanfall gem. § 3 Abs. 1 Nr. 1 ErbStG i.V. m. § 1922 BGB. Sie sind nach § 20 Abs. 1 Satz 1 ErbStG Steuerschuldner und haben den Erwerb nach § 30 Abs. 1 ErbStG dem zuständigen Finanzamt innerhalb von drei Monaten nach Kenntniserlangung anzuzeigen. Bewertungsstichtag ist der Tag der Steuerentstehung, § 11 ErbStG, mithin der Todestag, § 9 Abs. 1 Nr. 1 ErbStG. Als steuerpflichtiger Erwerb gilt die Bereicherung (§ 10 Abs. 1 Satz 1 ErbStG). Bei Erwerben von Todes wegen gilt als Bereicherung der Betrag, der sich ergibt, wenn von dem nach § 12 ErbStG zu ermittelnden Wert des gesamten steuerpflichtigen Vermögensanfalls die abzugsfähigen Nachlassverbindlichkeiten abgezogen werden (§ 10 Abs. 1 Satz 2 ErbStG).

[1,0]	Der hälftige erbschaftsteuerliche Wert des Unternehmens (§ 12 Abs. 5 ErbStG) beträgt lt. Sachverhalt:	1.750.000 €
	Wert Verwaltungsvermögen gesamt (lt. Aufgabenstellung 30 % des gemeinen Werts des Betriebsvermögens):	525.000 €

Steuerpflichtiges Verwaltungsvermögen i. S. d. § 13b Abs. 7 ErbStG:

Es liegen keine verbleibenden Schulden (§ 13b Abs. 6 ErbStG) vor, da sich die gesondert festgestellten Schulden laut Sachverhalt bereits voll bei der Ermittlung des Verwaltungsvermögens i. S. d. § 13b Abs. 4 ErbStG ausgewirkt haben. Der ermittelte Wert von 525.000 € stellt somit auch den Nettowert des Verwaltungsvermögens i. S. d. § 13b Abs. 6 ErbStG dar. Von diesem wird nach § 13b Abs. 7 ErbStG ein Teil von 10 % des Betrags, der sich ergibt, wenn der

Wert des Betriebsvermögens um den Nettowert des Verwaltungsvermögens gekürzt wir, als unschädliches Verwaltungsvermögen angesehen.

	Nettowert des Verwaltungsvermögens	525.000 €	[0,5]
	Wert des Betriebsvermögens	1.750.000 €	
./.	Nettowert des Verwaltungsvermögens	./. 525.000 €	
		1.225.000 €	
	davon 10 % = unschädlich	./. 122.500 €	
	steuerpflichtiges Verwaltungsvermögen	402.500 €	

Begünstigtes Vermögen i. S. d. § 13b Abs. 2 ErbStG:

	Begünstigungsfähiges Vermögen (Betriebsvermögenswert):		1.750.000 €	[0,5]
./.	steuerpflichtiges Verwaltungsvermögen		./. 402.500 €	
=	Begünstigtes Vermögen		1.347.500 €	
./.	Regelverschonung (85 %; § 13a Abs. 1 Satz 1 ErbStG)		./. 1.145.375 €	
			202.125 €	
./.	Abzugsbetrag (§ 13a Abs. 2 ErbStG)	150.000 €		[1]
	Abschmelzung:			
	(202.125 € ./. 150.000 €) x 1/2 =	./. 26.062 €		
=	verbleibender Abzugsbetrag	123.938 €	./. 123.938 €	

steuerpflichtiges begünstigtes Vermögen	78.187 €		[0,5]
zzgl. steuerpflichtiges Verwaltungsvermögen	402.500 €		
zu versteuern		480.687 €	

S und T haben als Vermächtnisnehmer einen steuerpflichtigen Erwerb von Todes wegen (§ 1 Abs. 1 Nr. 1 i. V. m. § 3 Abs. 1 Nr. 1 ErbStG). Sie erwerben einen Geldanspruch und damit kein Produktivvermögen i. S. d. § 13b Abs. 1 ErbStG. Daher erhalten S und T keinen Verschonungsabschlag und keinen Abzugsbetrag nach § 13a Abs. 1, 2 ErbStG. [0,5]

N und I erwerben hälftig das Grundstück. Erbschaftssteuerlicher Grundbesitzwert i. S. d. § 12 Abs. 3 ErbStG (hälftig) lt. Sachverhalt: [0,5]

100.000 €

N und I erwerben das Grundstück als Miterben einer Grundstücksgemeinschaft (Erbengemeinschaft). Jeder Erbe hat entsprechend seiner Erbquote seine Mitberechtigung zu versteuern. Das Grundstück stellt kein Betriebsvermögen i. S. d. § 13b Abs. 1 ErbStG dar, da das Grundstück im Zeitpunkt der Steuerentstehung kein Betriebsgrundstück i. S. d. § 99 BewG ist (keine betriebliche Nutzung). Auf die zukünftige Verwendung bei den Erben ist nicht abzustellen. Vgl. R B 99 ErbStR, H B 99 ErbStH. [0,5]

580.687 €

Als Nachlassverbindlichkeiten sind gem. § 10 Abs. 5 Nr. 2 ErbStG die jeweils hälftigen Vermächtnisschulden abzuziehen (2 x 200.000 € x 1/2):

200.000 €

Allerdings ist eine anteilige Zurechnung (und ggf. Kürzung) nach § 10 Abs. 6 Satz 5 ff. ErbStG vorzunehmen, da die Schulden nicht mit einem einzelnen Vermögensgegenstand im wirtschaftlichen Zusammenhang stehen.[132]

132 GLE vom 13.9.2021, BStBl I S. 1837 NWB CAAAH-94532.

[2]	Grundstück	100.000 €		
	Einzelunternehmen	1.750.000 €		
	Wert der Nachlassgegenstände	1.850.000 €		
	Anteilige Zurechnung (§ 10 Abs. 6 Satz 5, 7 ErbStG)			
	Nettowert des nach §§ 13a, 13b ErbStG begünstigten Vermögens		1.347.500 €	
	Nettowert des **nicht** nach §§ 13a, 13b ErbStG begünstigten Verm.		402.500 €	
	Nettowert des anderen Vermögens		100.000 €	
	Summe		1.850.000 €	
	Summe anteilig zuzurechnender Schulden		200.000 €	
	davon entfallen auf das nach §§ 13a, 13b ErbStG begünstigte Vermögen			
	200.000 € x 1.347.500 €/1.850.000 € =		145.676 €	
	abzugsfähig i. H. v. 78.187 €/1.347.500 € = 5,80 %			
	(§ 10 Abs. 6 Satz 10 ErbStG)		./. 137.227 €	./. 8.449 €
	davon entfallen auf das **nicht** nach §§ 13a, 13b ErbStG begünst. Verm.			
	200.000 € x 402.500 €/1.850.000 € =		43.514 €	./. 43.514 €
	davon entfallen auf das andere Vermögen			
	200.000 € x 100.000 €/1.850.000 € =		10.811 €	./. 10.811 €
	Bereicherung (§ 10 Abs. 1 Satz 2 ErbStG), jeweils für N und I			517.913 €

Für N gilt:

[1,5]	**Bereicherung** (§ 10 Abs. 1 Satz 2 ErbStG)	517.913 €
	N fällt unter die Steuerklasse II (Abkömmling ersten Grades von Geschwistern, § 15 Abs. 1 Stkl. II Nr. 3 ErbStG). Er erhält als Freibetrag nach § 16 Abs. 1 Nr. 5 ErbStG:	./. 20.000 €
	steuerpflichtiger Erwerb (§ 10 Abs. 1 Satz 1 ErbStG)	497.913 €
	abgerundet (§ 10 Abs. 1 Satz 6 ErbStG)	497.900 €
	Steuersatz (§ 19 Abs. 1 ErbStG):	x 25 %
	Erbschaftsteuer	124.475 €

[0,5] Ein Härteausgleich nach § 19 Abs. 3 ErbStG kommt nicht in Betracht, denn der Grenzwert bei Steuerklasse II beträgt 359.900 €[133] und der steuerpflichtige Erwerb liegt deutlich höher.

Als Erwerber von Betriebsvermögen i. S. d. § 19a Abs. 2 ErbStG mit Steuerklasse II hat N Anspruch auf den Entlastungsbetrag nach § 19a ErbStG.

[1]	ErbSt: 25 % (Stkl. II) x 497.900 € =		124.475 €
	ErbSt: 15 % (Stkl. I) x 497.900 € =		74.685 €
	Verhältnis verbleibendes begünstigtes Vermögen (nach Anwendung des § 13a ErbStG) zum gesamten Vermögensanfall:		
	78.187 €/(480.687 € + 100.000 €) x 100 =		13,47 %
	Entlastungsbetrag:		
	13,47 % von 124.475 € =	16.767 €	
	13,47 % von 74.685 € =	./. 10.060 €	
		6.707 €	./. 6.707 €
	Erbschaftsteuer für N gesamt =	117.768 €	

133 H E 19 ErbStH [Tabelle der maßgebenden Grenzwerte für die Anwendung des Härteausgleichs].

Für I gilt:

Bereicherung (§ 10 Abs. 1 Satz 2 ErbStG)	517.913 €	[1,5]
I fällt unter die Steuerklasse III (übrige Erwerber, § 15 Abs. 1 Stkl. III ErbStG). Er erhält als Freibetrag nach § 16 Abs. 1 Nr. 7 ErbStG:	./. 20.000 €	
steuerpflichtiger Erwerb (§ 10 Abs. 1 Satz 1 ErbStG)	497.913 €	
abgerundet (§ 10 Abs. 1 Satz 6 ErbStG)	497.900 €	
Steuersatz (§ 19 Abs. 1 ErbStG):	x 30 %	
Erbschaftsteuer	149.370 €	

Als Erwerber von Betriebsvermögen i. S. d. § 19a Abs. 2 ErbStG mit Steuerklasse III hat I Anspruch auf den Entlastungsbetrag nach § 19a ErbStG.

ErbSt: 30 % (Stkl. III) x 497.900 € =	149.370 €	[1]
ErbSt: 15 % (Stkl. I) x 497.900 € =	74.685 €	

Verhältnis verbleibendes begünstigtes Vermögen (nach Anwendung des § 13a ErbStG) zum gesamten Vermögensanfall: 13,47 % (s. o.)

Entlastungsbetrag:

13,47 % von 149.370 € =	20.120 €		
13,47 % von 74.685 € =		./. 10.060 €	
		10.060 €	./. 10.060 €
Erbschaftsteuer für I gesamt =			139.310 €

Erbschaftsteuerliche Belastung S und T

T und S erwerben ein Vermächtnis gem. §§ 2147 ff. BGB. Es handelt sich um einen steuerpflichtigen Erwerb von Todes wegen (§ 1 Abs. 1 Nr. 1 i. V. m. § 3 Abs. 1 Nr. 1 ErbStG). Es handelt sich um einen schuldrechtlichen Geldanspruch gegenüber den Erben (Nachlassverbindlichkeiten für N und I). T und S sind nicht selbst Erben. Gleichwohl gilt der Vermächtnisgegenstand als vom Erblasser erworben, somit ist das Verhältnis Erblasser zum Vermächtnisnehmer maßgeblich für die Steuerklasse, Freibeträge, Tarif etc.

T und S sind nach § 20 Abs. 1 Satz 1 ErbStG Steuerschuldner und haben den Erwerb nach § 30 Abs. 1 ErbStG dem zuständigen Finanzamt innerhalb von drei Monaten nach Kenntniserlangung anzuzeigen. Bewertungsstichtag ist der Tag der Steuerentstehung, § 11 ErbStG, mithin der Todestag, § 9 Abs. 1 Nr. 1 ErbStG. Als steuerpflichtiger Erwerb gilt die Bereicherung (§ 10 Abs. 1 Satz 1 ErbStG). Bei Erwerben von Todes wegen gilt als Bereicherung der Betrag, der sich ergibt, wenn von dem nach § 12 ErbStG zu ermittelnden Wert des gesamten steuerpflichtigen Vermögensanfalls die abzugsfähigen Nachlassverbindlichkeiten abgezogen werden (§ 10 Abs. 1 Satz 2 ErbStG). [1]

T und S fallen in die Steuerklasse I (§ 15 Abs. 1 Stkl. I Nr. 2 ErbStG).

Das Vermächtnis ist als Kapitalforderung mit dem Nennwert anzusetzen

(§ 12 Abs. 1 ErbStG i. V. m. § 12 Abs. 1 Satz 1 BewG):	200.000 €	[1]
Freibetrag (§ 16 Abs. 1 Nr. 2 ErbStG): 400.000 € höchstens	./. 200.000 €	
steuerpflichtiger Erwerb (§ 10 Abs. 1 Satz 1, 6 ErbStG)	0 €	
Erbschaftsteuer für T und S jeweils:	0 €	

Bei dieser Gestaltungsalternative ergibt sich insgesamt eine ErbSt i. H. v.

117.768 € (N) + 139.310 € (I) + 0 € (T) + 0 € (S) = 257.078 €

3.4.2 Fallkonstellation 2

Für die GmbH ergibt sich

[0,5] Die GmbH ist als juristische Person des Privatrechts zivilrechtlich erbfähig (§ 1922 BGB). Sie ist auch persönlich steuerpflichtig i. S. d. ErbStG (§ 2 Abs. 1 Nr. 1 Satz 1 i.V. m. Satz 2 Buchst. d ErbStG i.V. m. §§ 10, 11 AO). Für die GmbH ergibt sich:

Die GmbH fällt in Steuerklasse III (übrige Erwerber, § 15 Abs. 1 Stkl. III ErbStG)	
Steuerwert Betriebsvermögen (§ 12 Abs. 5 ErbStG):	3.500.000 €
Wert Verwaltungsvermögen gesamt (lt. Aufgabenstellung 30 % des gemeinen Werts des Betriebsvermögens):	1.050.000 €

Steuerpflichtiges Verwaltungsvermögen i. S. d. § 13b Abs. 7 ErbStG:

[0,5] Es liegen keine verbleibenden Schulden (§ 13b Abs. 6 ErbStG) vor, da sich die gesondert festgestellten Schulden laut Sachverhalt bereits voll bei der Ermittlung des Verwaltungsvermögens i. S. d. § 13b Abs. 4 ErbStG ausgewirkt haben. Der ermittelte Wert von 1.050.000 € stellt somit auch den Nettowert des Verwaltungsvermögens i. S. d. § 13b Abs. 6 ErbStG dar. Von diesem wird nach § 13b Abs. 7 ErbStG ein Teil von 10 % des Betrags, der sich ergibt, wenn der Wert des Betriebsvermögens um den Nettowert des Verwaltungsvermögens gekürzt wir, als unschädliches Verwaltungsvermögen angesehen.

[0,5]	Nettowert des Verwaltungsvermögens	1.050.000 €
	Wert des Betriebsvermögens	3.500.000 €
	./. Nettowert des Verwaltungsvermögens	./. 1.050.000 €
		2.450.000 €
	davon 10 % = unschädlich	./. 245.000 €
	steuerpflichtiges Verwaltungsvermögen	805.000 €

Begünstigtes Vermögen i. S. d. § 13b Abs. 2 ErbStG:

[0,5]		Begünstigungsfähiges Vermögen (Betriebsvermögenswert):			3.500.000 €
		./. steuerpflichtiges Verwaltungsvermögen			./. 805.000 €
		= Begünstigtes Vermögen			2.695.000 €
	./.	Regelverschonung (85 %; § 13a Abs. 1 Satz 1 ErbStG)			./. 2.290.750 €
[0,5]			404.250 €		
	./.	Abzugsbetrag (§ 13a Abs. 2 ErbStG)		150.000 €	
		Abschmelzung: (404.250 € ./. 150.000 €) x ½ =	./. 127.125 €		
	=	verbleibender Abzugsbetrag		22.875 €	./. 22.875 €
[0,5]		steuerpflichtiges begünstigtes Vermögen			381.375 €
		zzgl. steuerpflichtiges Verwaltungsvermögen			805.000 €
		zu versteuern			1.186.375 €
[0,5]		Steuerwert Grundstück (§ 12 Abs. 3 ErbStG):			200.000 €
		Bereicherung (§ 10 Abs. 1 Satz .2 ErbStG)			1.386.375 €
		Freibetrag (§ 16 Abs. 1 Nr. 7 ErbStG)			./. 20.000 €
		steuerpflichtiger Erwerb (§ 10 Abs. 1 S. 1 ErbStG)			1.366.375 €
[0,5]		abgerundet (§ 10 Abs. 1 S. 6 ErbStG)			1.366.300 €
		Steuersatz (§ 19 Abs. 1 ErbStG)			x 30 %
		Erbschaftsteuer			409.890 €

Die Tarifermäßigung nach § 19a ErbStG kommt nicht in Betracht, da sie – anders als §§ 13a, 13b ErbStG – nur natürlichen Personen gewährt wird. [0,5]

Die Veräußerung der Anteile an der GmbH durch S und T ist nicht steuerschädlich i. S. d. § 13a Abs. 5 ErbStG, so dass es auch nicht nachträglich zum Wegfall des Verschonungsabschlags kommt. S und T haben weder die Anteile an der GmbH von Todes wegen erworben, noch haben sie die Begünstigungen nach §§ 13a, 13b ErbStG in Anspruch genommen. [1]

Für S und T gilt:

Die Abtretung der Gesellschaftsanteile der S und T an N und I gegen Zahlung von je 500.000 € gilt insoweit als Schenkung i. S. d. § 7 Abs. 7 ErbStG, soweit der Wert, der sich für den jeweiligen Anteil zur Zeit des Ausscheidens nach § 12 ErbStG ergibt, Abfindungsansprüche übersteigt. [0,5]

Der Steuerwert gem. § 12 ErbStG des Betriebsvermögens (einschließlich Grundstück) – entspricht lt. Sachverhalt dem gemeinen Wert – beträgt 3.700.000 €. Davon entfallen auf die 4 Gesellschafter jeweils $^1/_4$ = 925.000 €. [0,5]

Da die ausscheidenden Gesellschafter jeweils nur 500.000 € erhalten, kommt es bei den verbleibenden Gesellschaftern (N und I) jeweils zu einer Bereicherung i. H. v. 425.000 €. [0,5]

S und T sind nur zu genau 25 % (nicht zu mehr als 25 %) an der GmbH beteiligt, so dass die Erwerbe von N und I nicht unter die Begünstigungen nach §§ 13a, 13b ErbStG fallen können (§ 13b Abs. 1 Nr. 3 ErbStG). [0,5]

N und I unterliegen im Verhältnis zu T und S jeweils der Steuerklasse III (übrige Erwerber, § 15 Stkl. III ErbStG). Ihr steuerpflichtiger Erwerb beträgt jeweils:

Bereicherung durch Schenkung (§ 7 Abs. 7, § 10 Abs. 1 Satz 2 ErbStG)	425.000 €	[1,5]
Freibetrag (§ 16 Abs. 1 Nr. 7 ErbStG)	./. 20.000 €	
steuerpflichtiger Erwerb (§ 10 Abs. 1 Satz 1, 6 ErbStG)	405.000 €	
Steuersatz (§ 19 Abs. 1 ErbStG)	x 30 %	
Erbschaftsteuer	121.500 €	

Bei dieser Gestaltungsalternative ergibt sich insgesamt eine ErbSt i. H. v.:

409.890 € (GmbH) + 121.500 € (N) + 121.500 € (I) = 652.890 €

3.5 Punkteschlüssel

Summe der Punkte [40,0]

Von	Bis	Note
38,0	40,0	1,0
35,0	37,5	1,5
32,5	34,5	2,0
29,5	32,0	2,5
27,0	29,0	3,0
23,5	26,5	3,5
20,0	23,0	4,0
16,0	19,5	4,5
12,0	15,5	5,0
8,0	11,5	5,5
0,0	7,5	6,0

4. Klausurübung „Zu viel Strom auf der Leitung"

Der Fokus der Klausur liegt auf klassischen Problemen des Erbschaftsteuerrechts wie Grundbesitzbewertung und Bewertung von Beteiligungen an Kapitalgesellschaften. Insbesondere durch die Kombination mehrerer Problemfelder in einem komplexen Sachverhalt bietet die Klausur mit einem erhöhten Schwierigkeitsgrad eine gute Grundlage zur Vorbereitung auf die schriftliche StB-Prüfung. Zudem werden klassische Problemfelder des Erbschaftsteuer- sowie Bewertungsrechts angesprochen und vertieft. Die Bearbeitungszeit beträgt max. 2,5 Zeitstunden. Rechtsstand der Übungsklausur ist Dezember 2024.

4.1 Sachverhalt – 40 Punkte

Der ehemalige Unternehmer Andreas Andresen verstarb am 27.5.2024 durch einen Stromschlag. Andreas lebte bis zu seinem Tode mit seiner Ehefrau Jennifer zusammen; die Ehegatten lebten seit 1998 im Güterstand der Gütertrennung. Sein außerehelicher Sohn Jonas Andresen, geboren am 29.3.2006, lebt seit 2022 in Kanada. Jennifer und Andreas hatten ein gemeinschaftliches Testament in rechtlich wirksamer Weise errichtet, nach welchem Jennifer die alleinige Erbin ist. Erst nach dem Tode von Jennifer sollte Jonas etwas erben. Als Jonas vom Tod seines Vaters Andreas erfuhr, überlegte er sich, ob er den Pflichtteil geltend machen sollte. Bis jetzt hat er aber noch keinen Pflichtteilsanspruch gegenüber Jennifer – welche keinerlei Versorgungsbezüge erhält – geltend gemacht.

4.1.1 Das Haus in Hamburg

Zum Nachlass gehört ein freistehendes Einfamilienhaus in Hamburg mit einer großzügig geschnittenen, vom Erblasser selbstgenutzten Wohnung (Brutto-Grundfläche 280 qm). Das Gebäude hat einen gehobenen Standard. Ein Keller ist nicht vorhanden. Das Gebäude besteht aus einem Erdgeschoss und einem ausgebauten Dachgeschoss. Ein Vergleichswert liegt mangels vergleichbarer (regionaler) Objekte nicht vor. Auf dem Grundstück befindet sich eine freistehende Doppelgarage, deren überbaute Fläche 38 qm beträgt und in Massivbauweise errichtet wurde. Das 1.280 qm große Grundstück wurde im Jahre 2018 bebaut. Der zuständige Gutachterausschuss hat letztmals zum 31.12.2023 einen Bodenrichtwert von 350 €/qm ermittelt. Der Regionalfaktor beträgt 1,0. Aufgrund der emotionalen Bindung konnte Jennifer nicht in dem Haus wohnen bleiben, plante einen Verkauf des Hauses und zog direkt nach dem Tod von Andreas Andresen in eine angemietete Wohnung in Hamburg.

4.1.2 Die GmbH

Andreas Andresen war an der handwerklich tätigen Zweirad-GmbH mit Sitz in München beteiligt. Die GmbH hat ein Stammkapital von 300.000 €, davon sind 200.000 € einbezahlt. Andreas Andresen war am Stammkapital mit 165.000 € beteiligt. Die Beteiligung gehört bei ihm ertragsteuerlich zum Privatvermögen. Er hat seinen Anteil vollständig einbezahlt. Die GmbH wurde 2014 gegründet und bilanziert seither jeweils zum 31.12. eines Jahres. Eine Zwischenbilanz auf den Todestag des Andreas Andresen wurde nicht erstellt.

In der eingereichten Vermögensaufstellung wird das Betriebsvermögen mit 2.000.000 € ausgewiesen. Dabei wurden sämtliche Buchwerte, die den gemeinen Werten entsprechen, soweit sich aus dem Sachverhalt nichts anderes ergibt, aus der Steuerbilanz zum 31.12.2023 übernommen. Jennifer Andresen hat die Anteile an der Zweirad-GmbH im Februar 2025 veräußert.

Es ist von folgenden jährlichen Betriebsergebnissen i. S.v. § 202 BewG (vor § 202 Abs. 3 BewG) auszugehen:

2021:	+ 52.000 €
2022:	+ 164.000 €
2023:	./. 152.000 €

Der Steuerbilanz-/Handelsbilanzgewinn des Jahres 2024 beträgt 168.000 €. Die Ertragslage der Zweirad-GmbH hat sich im Jahr 2024 erheblich verbessert. Der Fortbestand der GmbH steht außer Frage.

Das zuständige Finanzamt hat hinsichtlich der Zweirad-GmbH Folgendes festgestellt:

1. Die Zweirad-GmbH hat am 1.0.2024 26 % der Anteile an der Motorrad Weiß GmbH in München für 280.000 € erworben. Der gemeine Wert dieser Anteile wurde zum Besteuerungszeitpunkt zutreffend mit 160.000 € gesondert festgestellt. Die Beteiligung ist betriebsnotwendig.
2. Die Gesellschafterversammlung der Zweirad GmbH hat am 1.5.2024 beschlossen, den Bilanzgewinn des Jahres 2023 i. H. v. 80.000 € auszuschütten. Die Ausschüttung erfolgte im Januar 2025 entsprechend den jeweiligen Beteiligungsverhältnissen der Gesellschafter.

4.1.3 Die Kamera

Der Erblasser hat am 25.9.2023 bei der Firma eines Freundes eine neue Digitalkamera zum Preis von 1.200 € inkl. USt gekauft. Beim Abschluss des Kaufvertrages hatte der Erblasser die Hälfte des Kaufpreises (600 €) angezahlt. Die andere Hälfte des Kaufpreises war in 3 Raten à 200 € (beginnend am 1.8.2026, letzte Rate am 1.8.2028) zu bezahlen. Am Todestag des Erblassers war das Gerät wegen Frachtproblemen noch nicht geliefert.

4.1.4 Motorrad

Andreas Andresen hatte am 24.12.2023 ein Motorrad der Marke Ducati von dem ehemaligen Rennfahrer Max Metzger gekauft. Da wegen Weihnachten die Liquiditätslage von Andresen schlecht war, vereinbarten Erwerber und Verkäufer eine Ratenzahlung bezüglich des Kaufpreises. Die zinslosen Ratenzahlungen sollten über 5 Jahre laufen. Die ersten 3 Jahre sollte Andresen 100 € pro Monat zahlen, in den letzten 2 Jahren sollte dann die monatliche Rate auf 300 € pro Monat steigen. Die erste Rate war laut Vertrag – nach Übergabe an Andresen nebst der ersten erfolgreichen Probefahrt im Mai 2024 – am 1.6.2024 fällig. Der Marktwert des Motorrads im Jahr 2024 betrug 9.000 €.

4.2 Aufgabenstellung

Ermitteln Sie die zutreffende festzusetzende Erbschaftsteuer für Jennifer Andresen, falls Jonas Andresen seinen Pflichtteilsanspruch nicht geltend gemacht hat, aber sich auch weigert, eine entsprechende Verzichtserklärung abzugeben. Gehen Sie dabei auf alle durch den Sachverhalt aufgeworfenen Rechtsfragen ein. Selbst ermittelte Beträge sind ggf. auf zwei Nachkommastellen zu runden. Begründen Sie Ihre Entscheidungen unter Angabe der maßgebenden Vorschriften.

4.3 Bearbeitungshinweise

HINWEIS

Gehen Sie, sofern erforderlich, von folgenden Angaben/Werten aus:

- Baupreisindex Gebäudearten 1.01–5.1. Anlage 24, Teil II., BewG: 164,0;
- Baupreisindex Gebäudearten 5.2–18.2. Anlage 24, Teil II., BewG: 166,9;
- Regionalfaktoren stehen seitens der Gutachterausschüsse nicht zur Verfügung.

4.4 Lösungshinweise

4.4.1 Steuerpflicht

Die Steuerpflicht tritt für den gesamten Vermögensanfall ein, weil der Erblasser ein Inländer war (§ 2 Abs. 1 Nr. 1 Satz 1 i.V.m. Satz 2 Buchst. a ErbStG i.V.m. § 8 AO), Steuerschuldner ist Jennifer Andresen (JA) als Erwerberin (§ 20 Abs. 1 Satz 1 ErbStG). Sie hat den Erwerb nach § 30 Abs. 1 ErbStG innerhalb von drei Monaten nach Kenntniserlangung dem zuständigen Finanzamt anzuzeigen.

[1,5] Es liegt ein Erwerb von Todes wegen durch Erbanfall vor (§ 1 Abs. 1 Nr. 1 i.V. m. § 3 Abs. 1 Nr. 1 ErbStG i.V. m. § 1922 BGB). Bewertungsstichtag ist der Tag der Steuerentstehung (§ 11 ErbStG = Todestag, 27.5.24, § 9 Abs. 1 Nr. 1 ErbStG).

Als steuerpflichtiger Erwerb gilt die Bereicherung (§ 10 Abs. 1 Satz 1 ErbStG). Bei Erwerben von Todes wegen gilt als Bereicherung der Betrag, der sich ergibt, wenn von dem nach § 12 ErbStG zu ermittelnden Wert des gesamten steuerpflichtigen Vermögensanfalls die abzugsfähigen Nachlassverbindlichkeiten abgezogen werden (§ 10 Abs. 1 Satz 2 ErbStG). JA fällt in die Steuerklasse I (§ 15 Abs. 1 Stkl. I Nr. 1 ErbStG).

4.4.2 Haus in Hamburg

[1] Das Grundstück stellt eine wirtschaftliche Einheit des Grundvermögens und somit Grundbesitz dar (§ 2 Abs. 1, § 19 Abs. 1, § 176 Abs. 1 BewG). Für Zwecke der Erbschaftsteuer ist ein Grundbesitzwert (§ 157 Abs. 3 BewG) auf den Todestag festzustellen, § 12 Abs. 3 ErbStG. Da das Grundstück zum Nachlass gehört, ist ein gesondertes Feststellungsverfahren gem. § 151 Abs. 1 Satz 1 Nr. 1, Abs. 2 BewG veranlasst. Örtlich zuständig ist das Lagefinanzamt, § 152 Nr. 1 BewG.

Der gemeine Wert eines Grundstücks kann nach dem Vergleichswertverfahren, dem Ertragswertverfahren oder dem Sachwertverfahren ermittelt werden (§ 182 Abs. 1 BewG). Das Sachwertverfahren (§ 182 Abs. 4 BewG i.V. m. §§ 189-191 BewG) gilt für:

- Grundstücke i. S. d. § 181 Abs. 2 BewG, soweit ein Vergleichswert nicht vorliegt,
- Geschäftsgrundstücke und gemischt genutzte Grundstücke, für die sich auf dem örtlichen Grundstücksmarkt eine übliche Miete nicht ermitteln lässt.

[1] Das Haus in Hamburg mit Doppelgarage stellt bewertungsrechtlich eine wirtschaftliche Einheit „Einfamilienhaus" dar, da es eine Wohnung enthält (§ 181 Abs. 2 i.V. m. Abs. 9 BewG). Da ein Vergleichswert nicht vorhanden ist, wird das bebaute Grundstück im Sachwertverfahren bewertet (§ 182 Abs. 4 Nr. 1 i.V. m. Abs. 2 Nr. 3 BewG). Hierbei ist der Gebäudewert gem. § 190 BewG getrennt vom Bodenwert zu ermitteln, § 189 Abs. 1 BewG.[134]

Für bebaute Grundstücke, die eine wirtschaftliche Einheit bilden und auf denen sich mehrere Gebäude befinden (z. B. Einfamilienhaus mit Garage), ist aufgrund von unterschiedlichen Regelherstellungskosten jeweils ein eigener Gebäudesachwert zu berechnen (siehe § 189 Abs. 1 BewG, der von „... Wert der Gebäude ..." spricht).

Die einzelnen Gebäudesachwerte und der Bodenwert der wirtschaftlichen Einheit bilden zusammen den vorläufigen Sachwert. Die anzuwendende Wertzahl bestimmt sich sodann nach der Grundstücksart.

[0,5] Der **Bodenwert** ermittelt sich gem. § 189 Abs.b2 i.V. m. § 179 Satz 1 BewG wie folgt:

	Grundfläche	1.280 qm
x	Bodenrichtwert	350 €/qm
=	**Bodenwert** (1.280 qm x 350 €/qm) =	448.000 €

[1,5] Der **Gebäudesachwert** des Einfamilienhauses ermittelt sich gem. § 189 Abs. 1 BewG nach § 190 BewG:

	Regelherstellungskosten (§ 190 Abs. 1 BewG; Anl. 24 BewG, GKL 1.21)	1.215 €/qm
x	Brutto-Grundfläche EFH	280 qm
x	Anpassung Baupreisindex gem. BMF v. 30.1.2024, BStBl 2024 I S. 192 NWB QAAAJ-58232	177,9/100,0
=	indizierte Regelherstellungskosten (abgerundet, vgl. Beispiel in H B 190.4 ErbStH)	605.215 €/qm

134 Schema und Beispiel s. Gleich lautende Erlasse der obersten Finanzbehörden der Länder v. 20.3.2023 -S 3015 (AEBew JStG 2022), BStBl 2023 I S. 738 NWB VAAAJ-36842, Rz. 43 f.

=	**durchschnittliche Herstellungskosten des Gebäudes**	605.215 €	
x	Regionalfaktor (§ 190 Abs. 3 Satz 1 i.V. m. Abs. 5 Satz.1 u. 3 BewG)	1,0	
./.	Alterswertminderungsfaktor (§ 190 Abs. 3 Satz 1 i.V. m. Abs. 6 BewG; Rz. 52-56, AEBew JStG 2022)		[1,5]
	Gesamtnutzungsdauer nach Anlage 22 BewG:	80 Jahre	
	Alter des Gebäudes (2024 ./. 2018):	6 Jahre	
	Restnutzungsdauer:	74 Jahre	
	Alterswertminderungsfaktor: 74/80 (§ 190 Abs. 6 Satz 1 BewG, zugunsten gerundet auf drei Nachkommastellen, Rz. 53 S. 2, AEBew JStG 2022 =	x 0,925	
=	**Gebäudesachwert des Einfamilienhauses** (§ 190 Abs. 1 und 2 BewG)	559.824 €	

Der **Gebäudesachwert** der Doppelgarage ermittelt sich gem. § 189 Abs. 1 Satz 1 BewG nach § 190 BewG: [1,5]

	Regelherstellungskosten (§ 190 Abs. 1 BewG; Anl. 24 BewG, GKL 14.1)	485 €/qm	
x	Brutto-Grundfläche Garage	38 qm	
x	Anpassung Baupreisindex gem. BMF v. 30.01.2024, BStBl 2024 I S. 192 NWB QAAAJ-58232	181,3/100,0	
=	indizierte Regelherstellungskosten (abgerundet, vgl. Beispiel in H B 190.4 ErbStH)	33.413 €/qm	
=	**Gebäudeherstellungswert**	33.413 €	
./.	Alterswertminderungsfaktor (§ 190 Abs. 3 Satz 1 i.V. m. Abs. 6 BewG; Rz. 52-56, AEBew JStG 2022)		
	Gesamtnutzungsdauer nach Anlage 22 BewG:	60 Jahre	[1,5]
	Alter des Gebäudes (2024 ./. 2018):	6 Jahre	
	Restnutzungsdauer:	54 Jahre	
	Alterswertminderungsfaktor: 54/60 (§ 190 Abs. 6 Satz 1 BewG, zugunsten gerundet auf drei Nachkommastellen, Rz. 53 Satz 2, AEBew JStG 2022 =	x 0,900	
=	Gebäudesachwert der Doppelgarage	30.072 €	[1]
	Vorläufiger Sachwert: § 189 Abs. 3 Satz 1 BewG	1.041.237 €	
	Wertzahl: § 189 Abs. 3 Satz 2 BewG i.V. m. § 191 Abs. 2 und Anl. 25 BewG	x 1,2	
	Grundbesitzwert: 1.249.484 €		

Feststellungsinhalte nach § 151 Abs. 1 Nr. 1 und 2 BewG: [1]

- Wert: 1.249.484 € (§ 151 Abs. 1 Satz 1 Nr. 1 BewG)
- Art: Bebautes Grundstück (§ 180 BewG), Einfamilienhaus (§ 181 Abs. 1 Nr. 1 und Abs. 2 BewG; § 151 Abs. 2 Nr. 1 BewG)
- Zurechnung: Jennifer Andresen (§ 151 Abs. 2 Nr. 2 BewG, § 39 Abs. 1 AO, § 1922 BGB)

4.4.3 GmbH-Anteil

Die GmbH stellt eine wirtschaftliche Einheit des Betriebsvermögens dar (§ 2 Abs. 1, § 97 Abs. 1 Satz 1 Nr. 1 BewG). Die Bewertung erfolgt mit dem gemeinen Wert unter Berücksichtigung der tatsächlichen Verhältnisse und der Wertverhältnisse zum Bewertungsstichtag (§ 11 i.V. m. § 9 Abs. 1 Nr. 1 ErbStG) (§ 157 Abs. 4 Satz 1 BewG) im Rahmen einer gesonderten Feststellung

(§ 12 Abs. 2 ErbStG, § 151 Abs. 1 Nr. 3 i.V.m. § 157 Abs. 4 Sat 2 i.V.m. § 11 Abs. 2 BewG). Örtlich zuständig ist das Geschäftsleitungsfinanzamt (§ 152 Nr. 3 BewG).

[2] Zurechnung: Jennifer Andresen (§ 151 Abs. 2 Nr. 2 Satz 2 BewG, § 39 Abs. 1 AO, § 1922 BGB; R B 151.5 Abs. 1 i.V.m. 151.2 Abs. 2 Nr. 1 ErbStR).

Die GmbH ist zur Abgabe der Feststellungserklärung aufzufordern (§ 153 Abs. 3 BewG). Sie ist demnach Beteiligte am Feststellungsverfahren (§ 154 Abs. 1 Satz 1 Nr. 2 BewG). Der Feststellungsbescheid ist ihr ebenfalls bekannt zu geben (§ 154 Abs. 2 BewG).

[1,5] Da die vorrangige Ableitung des gemeinen Werts aus Verkäufen nicht in Betracht kommt, erfolgt die Ermittlung unter Berücksichtigung der Ertragsaussichten der Kapitalgesellschaft (§ 11 Abs. 2 Satz 2 BewG). Dabei kann das vereinfachte Ertragswertverfahren nach § 11 Abs. 2 Satz 4 i.V.m. §§ 200-203 BewG zur Bewertung von Anteilen an nicht notierten Kapitalgesellschaften genutzt werden (§ 199 Abs. 1 BewG), wenn es nicht zu offensichtlich unzutreffenden Ergebnissen führt. Der Mindestwert darf nicht unterschritten werden (§ 11 Abs. 2 Satz 3 BewG).

Ausgangswert i.S.v. § 200 Abs. 1 i.V.m. § 202 Abs. 1 Satz 1 BewG ist der Gewinn oder Verlust gem. § 4 Abs. 1 Satz 1 EStG. Daran schließen sich die in § 202 Abs. 1 Satz 2 Nr. 1-3 BewG abschließend aufgeführten Korrekturen an. Weitere Korrekturen, insbesondere körperschaftsteuerlich gebotene Hinzu- und Abrechnungen (z.B. gem. § 4 Abs. 5 EStG, § 8a KStG, § 8b Abs. 5 KStG) erfolgen nicht (R B 202 Abs. 2 ErbStR).

[2]

	2021	2022	2023
Betriebsergebnisse	52.000 €	164.000 €	./. 152.000 €
Pauschaler Abschlag nach § 202 Abs. 3 BewG: 30 %	./. 15.600 €	./. 49.200 €	- €
Jahresertrag	36.400 €	114.800 €	./. 152.000 €

Der Jahresertrag beläuft sich auf (36.400 + 114.800 ./. 152.000 € = ./. 800 € : 3 =) ./. 267 €.

[1] Da sich hiernach ein negativer Wert für das betriebsnotwendige Vermögen i.S.v. § 200 Abs. 1 BewG ergeben würde, der auch durch Hinzurechnungen nach § 200 Abs. 2-4 BewG nicht ins Positive gewendet werden kann, kommt die Mindestwertregelung nach § 11 Abs. 2 Satz 3 BewG zur Anwendung.

[1] Im Rahmen der Mindestbewertung sind alle Bilanzansätze mit ihren gemeinen Werten anzusetzen (§ 109 Abs. 2 i.V.m. § 11 Abs. 2 Satz 3 BewG) mit Ausnahme der Kapitalkonten und Rücklagen (§ 103 Abs. 3 BewG). Zum Betriebsvermögen gehören z.B. auch selbst geschaffene oder entgeltlich erworbene immaterielle Wirtschaftsgüter. Ein etwaiger Geschäfts- oder Firmenwert wäre bei der Ermittlung des Substanzwerts einzubeziehen, unabhängig davon, ob er selbst geschaffen oder entgeltlich erworben wurde (R B 11.5 Abs. 3 Satz 4 und 5 ErbStR).

[1] Gewinnanteile der Gesellschafter können nur dann als Verbindlichkeiten der Gesellschaft ausgewiesen sein, wenn am Bewertungsstichtag ein Gewinnausschüttungsbeschluss vorliegt. Die Gesellschafter haben dann entsprechende Forderungen. Der Ausschüttungsbeschluss vom 1.5.2024 ist deshalb zum Bewertungsstichtag 27.5.2024 zu berücksichtigen.

[0,5] Ein Paketzuschlag ist in den Fällen der Bewertung mit dem Substanzwert nicht vorzunehmen (R B 11.8 Abs. 2 Satz 5 ErbStR).

Da der Bewertungsstichtag (Todestag des Erblassers 27.5.2024) nicht mit dem Abschlusszeitpunkt (31.12.) des vererbten Unternehmens übereinstimmt, müsste grundsätzlich auf den Bewertungsstichtag (27.5.2024) eine Zwischenbilanz erstellt werden. Wird keine Zwischenabschluss erstellt, der den Grundsätzen der Bilanzkontinuität entspricht, wird aus Vereinfachungsgründen der Wert des Vermögens der Kapitalgesellschaft aus der auf den Schluss des letzten vor dem Bewertungsstichtag endenden Wirtschaftsjahrs erstellten Vermögensaufstellung abgeleitet, sofern dies im Einzelfall nicht zu unangemessenen Ergebnissen führt und deshalb eine besondere Ermittlung des Substanzwerts auf den Bewertungsstichtag vorzunehmen ist. Dabei ist zunächst der Saldo der gemeinen Werte für die Wirtschaftsgüter, sonstigen aktiven Ansätze, Schulden und sonstigen Abzüge am Abschlusszeitpunkt zu bilden, die bei der Ermittlung des Substanzwerts der Kapitalgesellschaft oder des Betriebs anzusetzen sind (Ausgangswert). Aus dem Ausgangswert ist der Wert des Vermögens der Kapitalgesellschaft oder des Betriebs auf den Bewertungsstichtag unter vereinfachter Berücksichtigung der bis zum Bewertungsstichtag eingetretenen Veränderungen durch Korrekturen abzuleiten (R B 11.6 Abs. 2 und 3 ErbStR).

Hiernach ist wie folgt vorzugehen: [2,5]

Betriebsvermögen lt. Vermögensaufstellung vom 31.12.2023	2.000.000 €
R B 11.6 Abs. 3 Satz 2 Nr. 1 ErbStR: Gewinn	
Zeitanteilig 147/360 von 168.000 €	+ 68.600 €
R B 11.6 Abs. 3 Satz 2 Nr. 2 ErbStR: Motorrad Weiß GmbH	+ 160.000 €
Anschaffungskosten hierfür	./. 280.000 €
R B 11.6 Abs. 3 Satz 2 Nr. 3 ErbStR: Ausschüttungsbeschluss	./. 80.000 €
Mindestwert (Substanzwert)	1.868.600 €
auf den Erblasser entfallen 55 % =	1.027.730 €

Gemäß § 97 Abs. 1b BewG ist der gemeine Wert eines Anteils an einer Kapitalgesellschaft nach dem Verhältnis des Anteils am Nennkapital (Grund- oder Stammkapital) der Gesellschaft zum jeweiligen Wert des Betriebsvermögens der Kapitalgesellschaft im Besteuerungszeitpunkt zu bestimmen. War der Erblasser wie hier zu 55 % (165/300) an einer Kapitalgesellschaft beteiligt, entfallen auf ihn von dem Ertragswert der Kapitalgesellschaft 55 %. Das gilt auch dann, wenn das Nennkapital noch nicht vollständig eingezahlt ist. Nur wenn sich die Beteiligung am Vermögen und am Gewinn der Kapitalgesellschaft aufgrund einer ausdrücklichen Vereinbarung der Gesellschafter nach der jeweiligen Höhe des eingezahlten Nennkapitals richtet, ist der Ertragswert im Verhältnis der tatsächlich eingezahlten Anteile am Nennkapital aufzuteilen (§ 97 Abs. 1b Satz 3 BewG). Laut Sachverhalt hat der Erblasser seinen Anteil voll eingezahlt. [1,5]

Der Gewinnausschüttungsanspruch ist als übriges Vermögen zu erfassen [1]

(§ 12 Abs. 1 ErbStG i. V. m. § 12 Abs. 1 Satz 1 BewG): 55 % von 80.000 € = 44.000 €.

4.4.4 Weiteres Vermögen und Nachlassverbindlichkeiten

Für die Bewertung des übrigen Vermögens und der Schulden gelten gem. § 12 Abs. 1 ErbStG die §§ 1-16 des BewG.

Geldforderungen

Diese sind mit dem Nennwert zu bewerten (§ 12 Abs. 1 S. 1 BewG). Der Gewinnausschüttungsanspruch ist deshalb mit 44.000 € und die Mietforderungen mit (2 x 2.860 € =) 5.720 € zu bewerten. [1]

Schwebendes Geschäft

Bei schwebenden Geschäften sind sowohl der Lieferanspruch (Sachleistungsanspruch) als auch die Geldschuld gesondert anzusetzen, unabhängig davon, ob Gleichwertigkeit vorliegt oder nicht. Dabei entstehen Anspruch und Verpflichtung mit dem Zeitpunkt des Vertragsabschlusses (R.B 9.3 Abs. 1 ErbStR). [1]

Der Lieferanspruch auf die Kamera ist mit dem gemeinen Wert (§ 9 BewG) der Kamera zu bewerten: 1.200 €.

Die Geldschuld ist als Nachlassverbindlichkeit (§ 10 Abs. 5 Nr. 1 ErbStG) zu erfassen und mit dem Gegenwartswert zu bewerten, da sie unverzinslich ist und die Laufzeit mehr als ein Jahr beträgt (§ 12 Abs. 1 ErbStG i. V. m. § 12 Abs. 3 BewG). Es handelt sich um ein Tilgungsdarlehen mit einer ratenbezogenen Laufzeit von 3 Jahren. Hinzukommt – ebenfalls ratenbezogen – eine tilgungsfreie Zeit von 2 Jahren (siehe dazu auch Tz. 3.1.2, Bsp.3, Gleichlautender Ländererlass vom 9.9.2022, BStBl 2022 I S. 1351 NWB QAAAJ-24033). Aus Sicht des 27.5.2024 endet der Zeitraum, in dem keine Zahlung erfolgt, am 26.5.2026 (Aufschubzeit 2 Jahre; die erste Jahresrate wird am 1.8.2026 fällig). Laufzeitende ist der 26.5.2029 (Laufzeit 3 Jahre).

[1,5] Barwert am 27.5.2026:

Vervielfältiger für 3 Jahre lt. Tabelle 2 zum Gleichl. Ländererlass vom 9.9.2022 (a. a. O.):	2,772
2,772 x 200 € =	554,40 €
Gegenwartswert zum 27.05.2024:	
Abzinsungsfaktor für 2 Jahre lt. Tabelle 1 zum Gleichl. Ländererlass vom 9.9.2022 (a. a. O.):	0,898
554,40 x 0,898 =	497,85 €

Motorrad

[0,5] Die Bewertung erfolgt mit dem gemeinen Wert (§ 9 BewG). Für das Motorrad ist somit von 9.000 € auszugehen.

[1,5] Da der Kaufpreis für das Motorrad am Bewertungsstichtag noch nicht bezahlt, sondern in Raten zurückzuzahlen ist, liegt insoweit eine Kapitalschuld vor, die – da sie zinslos ist und eine Laufzeit von mehr als einem Jahr hat – mit dem Gegenwartswert zu bewerten ist (§ 12 Abs. 3 BewG). Die erste Rate ist am 1.6.2024 fällig. Somit ergibt sich keine tilgungsfreie Zeit (Aufschubzeit). Der Umstand, dass zunächst 100 € und nach 3 Jahren 300 € monatlich zu zahlen sind, erfordert eine besondere Berechnung:

Vervielfältiger lt. Tab.2 zum Erlass vom 9.9.2022 (a. a. O.) für 5 Jahre:	4,388
Vervielfältiger lt. Tab.2 zum Erlass vom 9.9.2022 (a. a. O.) für 3 Jahre:	2,772
4,388 x 3.600 € Jahreswert (300 € x 12 Monate) =	15.797 €
2,772 x 2.400 € Jahreswert (200 € x 12 Monate) =	./. 6.653 €
Gegenwartswert	9.144 €

4.4.5 Ermittlung Erbschaftsteuer

[0,5] Sohn Jonas ist pflichtteilsberechtigt (§ 2303 Abs. 1 Satz 1 BGB). Zivilrechtlich ist der Pflichtteilsanspruch entstanden. Als Nachlassverbindlichkeit kann dieser bei Jennifer Andresen erst abgezogen werden, wenn er geltend gemacht ist (§ 10 Abs. 5 Nr. 2 ErbStG). Dies ist lt. Sachverhalt nicht der Fall.

Grundvermögen

[1]	Haus in Kiel		1.249.484 €
	Keine Steuerbefreiung des Familienheims bei Erwerb von Todes wegen durch den überlebenden Ehegatten gem. § 13 Abs. 1 Nr. 4b ErbStG, da dieser Nutzung innerhalb von 10 Jahren nach dem Erwerb aufgibt (Behaltensregelung).		
	Übriges Vermögen		
[1]	GmbH-Anteil		1.027.730 €
	Der Verschonungsabschlag nach § 13a Abs. 1 ErbStG und der Abzugsbetrag nach § 13a Abs. 2 ErbStG können nicht in Anspruch genommen werden, da der GmbH-Anteil innerhalb eines Jahres nach dem Erbanfall veräußert wird (§ 13a Abs. 6 Satz 1 Nr. 4 i. V. m. Satz 2 ErbStG).		
	Geldforderungen		
[0,5]	Gewinnausschüttungsanspruch	44.000 €	
	Mietforderung	5.720 €	49.720 €
[0,5]	Sachleistungsanspruch Kamera		1.200 €
	Der Freibetrag nach § 13 Abs. 1 Nr. 1 Buchst. b ErbStG kommt nur für körperliche Nachlassgegenstände in Betracht.		

Motorrad		9.000 €	[0,5]
Freibetrag nach § 13 Abs. 1 Nr. 1 Buchst. b ErbStG		./. 9.000 €	
		0 €	
Vermögensanfall nach Steuerwerten		2.328.134 €	
Nachlassverbindlichkeiten			
§ 10 Abs. 5 Nr. 1 ErbStG:			
Restschuld Kamera; direkt zurechenbar:		498 €	[1,5]
Kaufpreisschuld Motorrad; direkt zurechenbar.		9.144 €	
Da das Motorrad dem Grunde nach der ErbSt unterliegt, findet der eingeschränkte Schuldenabzug nach § 10 Abs. 6 Satz 1, 3 ErbStG keine Anwendung (R E 10.10 Abs. 2 Satz 2 ErbStR).			
§ 10 Abs. 5 Nr. 3 ErbStG:			
Ansatz der Pauschale. Gem. § 10 Abs. 6 Satz 6 ErbStG sind diese Nachlassverbindlichkeiten von der anteiligen Zurechnung und Kürzung nach § 10 Abs. 6 Satz 5 ff. ErbStG ausgenommen.		10.300 €	[1]
	19.942 €	./. 19.942 €	[1]
Bereicherung (§ 10 Abs. 1 Satz 2 ErbStG)		2.308.192 €	
Wegen Gütertrennung der Ehegatten erfolgt keine Anwendung von § 5 ErbStG.			
Freibetrag (§ 16 Abs. 1 Nr. 1 i. V. m. § 15 Abs. 1 Stkl. I Nr. 1 ErbStG)		./. 500.000 €	
Versorgungsfreibetrag (§ 17 Abs. 1 ErbStG)		./. 256.000 €	
steuerpflichtiger Erwerb (§ 10 Abs. 1 Satz 1 ErbStG)		1.552.192 €	
abgerundet (§ 10 Abs. 1 Satz 6 ErbStG)		1.552.100 €	
Steuersatz (§ 19 Abs. 1 ErbStG)		x 19 %	
Erbschaftsteuer		294.899 €	
Überprüfung Härteausgleich, § 19 Abs. 3 ErbStG:			[1]
15 % von 600.000 €		90.000 €	
1/2 von (1.552.100 € ./. 600.000 €)		476.050 €	
ErbSt bei Härteausgleich		566.050 €	
Da die Anwendung der Härteausgleichsregelung ungünstiger ist, verbleibt es bei einer ErbSt von		294.899 €	

4.5 Punkteschlüssel

[40,0]

Von	Bis	Note
38,0	40,0	1,0
35,0	37,5	1,5
32,5	34,5	2,0
29,5	32,0	2,5
27,0	29,0	3,0
23,5	26,5	3,5
20,0	23,0	4,0
16,0	19,5	4,5
12,0	15,5	5,0

8,0	11,5	5,5
0,0	7,5	6,0